U0461801

内生稳态增长模型的生产结构

左大培 - 著

PRODUCTION STRUCTURE
OF ENDOGENOUS STEADY GROWTH MODEL

知识产权出版社
全国百佳图书出版单位
—北京—

图书在版编目（CIP）数据

内生稳态增长模型的生产结构 / 左大培著 .
—北京：知识产权出版社，2020.1
ISBN 978-7-5130-6619-8

Ⅰ. ①内… Ⅱ. ①左… Ⅲ. ①中国经济—经济增长—
研究 Ⅳ. ①F124.1

中国版本图书馆 CIP 数据核字（2019）第 264616 号

内容提要

本书论证了用总量生产函数讨论稳态特征上的数学规律性，将提高技术水平上的投入产出关系也化作自变量物品的总量生产函数，提出了将技术水平提高的作用与通常的生产要素的作用结合在一起的全自变量规模报酬概念，说明了所有自变量物品稳态增长率都为正所要求的各自变量物品总量生产函数在全自变量规模报酬上的性质，为内生经济增长理论研究提供了总量生产函数上的量化分析基础。

总 策 划：王润贵	**项目负责**：蔡　虹
套书责编：蔡　虹　石红华	**责任校对**：谷　洋
本书责编：张利萍	**责任印制**：刘译文

内生稳态增长模型的生产结构

左大培　著

出版发行：**知识产权出版社**有限责任公司	网　　址：http://www.ipph.cn
社　　址：北京市海淀区气象路 50 号院	邮　　编：100081
责编电话：010-82000860 转 8324	责编邮箱：caihongbj@163.com
发行电话：010-82000860 转 8101/8102	发行传真：010-82000893/82005070/82000270
印　　刷：三河市国英印务有限公司	经　　销：各大网上书店、新华书店及相关专业书店
开　　本：880mm×1230mm　1/32	印　　张：8.125
版　　次：2020 年 1 月第 1 版	印　　次：2020 年 1 月第 1 次印刷
字　　数：189 千字	定　　价：48.00 元
ISBN 978-7-5130-6619-8	

出版权专有　侵权必究

如有印装质量问题，本社负责调换。

出版说明

知识产权出版社自 1980 年成立以来，一直坚持以传播优秀文化、服务国家发展为己任，不断发展壮大，影响力和竞争力不断提升。近年来，我们大力支持经济类图书尤其是经济学名家大家的著作出版，先后编辑出版了《孙冶方文集》《于光远经济论著全集》《刘国光经济论著全集》和《苏星经济论著全集》等一批经济学精品力作，产生了广泛的社会影响。受此激励和鼓舞，我们和孙冶方基金会携手于 2018 年 1 月出版《孙冶方文集》之后，又精选再版孙冶方经济科学奖获奖作品。

"孙冶方经济科学奖" 是中国经济学界的最高奖，每两年评选一次，每届评选的著作奖和论文奖都有若干个，评选的对象是 1979 年以来的所有公开发表的经济学论著。其获奖成果基本反映了中国经济科学发展前沿的最新成果，代表了中国经济学研究各领域的最高水平。这次再版的孙冶方经济科学奖获奖作品，是我们从孙冶方经济科学奖于 1984 年首次评选到 2017 年第十七届共评选出的获奖著作中精选的 20 多部作品。这次再版，一方面是为了缅怀和纪念中国卓越的马克思主义经济学家和中国经济改革的理论先驱孙冶方同志；另一方面有助于系统回顾和梳理我国经济理论创新发展历程，对经济学同人深入研究当代中国经济学思想史，在继承基础上继续推动我国经济学理论创新、更好构建中国特色社会主义政治经济学都具有重要意义。

在编辑整理"孙冶方经济科学奖获奖作品选"时，有几点说明如下。

第一，由于这20多部作品第一版时是由不同出版社出版的，所以开本、版式、封面和体例不太一致，这次再版都进行了统一。

第二，再版的这20多部作品中，有一部分作品这次再版时作者进行了修订和校订，因此与第一版内容不完全一致。

第三，大部分作品由于第一版时出现很多类似"近几年""目前"等时间词，再版时已不适用了。但为了保持原貌，我们没有进行修改。

第四，本书再版时作者对文字与观点未作任何修订或校订，与第一版（中国社会科学出版社，1984年3月出版）内容一致，以保持历史原貌。

在这20多部作品编辑出版过程中，孙冶方经济科学基金会的领导和同事对本套图书的出版提供了大力支持和帮助；86岁高龄的著名经济学家张卓元老师亲自为本套图书作了思想深刻、内涵丰富的序言；这20多部作品的作者也在百忙之中给予了积极的配合和帮助。可以说，正是他们的无私奉献和鼎力相助，才使本套图书的出版工作得以顺利进行。在此，一并表示衷心感谢！

知识产权出版社
2019 年 6 月

内生稳态增长模型的生产结构

总　序

张卓元

知识产权出版社领导和编辑提出要统一装帧再版从 1984 年起荣获孙冶方经济科学奖著作奖的几十本著作，他们最终精选了 20 多部作品再版。他们要我为这套再版著作写序，我答应了。

趁此机会，我想首先简要介绍一下孙冶方经济科学基金会。孙冶方经济科学基金会是为纪念卓越的马克思主义经济学家孙冶方等老一辈经济学家的杰出贡献而于 1983 年设立的，是中国在改革开放初期最早设立的基金会。基金会成立 36 年来，紧跟时代步伐，遵循孙冶方等老一辈经济学家毕生追求真理、严谨治学的精神，在经济学学术研究、政策研究、学术新人发掘培养等方面不断探索，为繁荣我国经济科学事业做出了积极贡献。

由孙冶方经济科学基金会主办的"孙冶方经济科学奖"（著作奖、论文奖）是我国经济学界的最高荣誉，是经济学界最具权威地位、最受关注的奖项。评奖对象是改革开放以来经济理论工作者和实际工作者在国内外公开发表的论文和出版的专著。评选范围包括：经济学的基础理论研究、国民经济现实问题的理论研究，特别是改革开放与经济发展实践中热点问题的理论研究。强调注重发现中青年的优秀作品，为全面深化改革和经济建设，为繁荣和发展中国的经济学做出贡献。自 1984 年评奖活动启动以来，每两年评选一次，累计已评奖 17 届，共评出获奖著作55部，获奖论文175篇。由于孙冶方经济科学奖的评奖过程一直是开放、公开、公平、公正的，在作者申报和专家推荐的基础上，由全国著名综合性与财经类大学经济院系和中国社会科学院经济学科领域研究所各推荐一名教授组成的初评小组，进行独立评审，提出建议入围的论著。然后由基金会评奖委员会以公开讨论和无记名投票方式，以简单多数选定获奖作品。最近几届的票决结果还要进行公示后报基金会理事会最终批准。因此，所有获奖论著，都是经过权威专家几轮认真的公平公正的评审筛选后确定的，因此这些论著可以说代表着当时中国经济学研究成果的最高水平。

作为17届评奖活动的参与者和具体操作者，我不敢说我们评出的获奖作品百分之百代表着当时经济学研究的最高水平，但我们的确是尽力而为，只是限于我们的水平，肯定有疏漏和不足之处。总体来说，从各方面反映来看，获奖作品还是当时最具代表性和最高质量的，反映了改革开放后中国经济学研究的重大进展。也正因为如此，我认为知识产权出版社重新成套再版获奖专著，是很有意义和价值的。

首先，有助于人们很好地回顾改革开放40年来经济改革及其带来的经济腾飞和人民生活水平的快速提高。改革开放40年使中国社会经济发生了翻天覆地的变化。贫穷落后的中国经过改革开放30年的艰苦奋斗于2009年即成为世界第二大经济体，创造了世界经济发展历史的新奇迹。翻阅再版的获奖专著，我们可以清晰地看到40年经济奇迹是怎样创造出来的。这里有对整个农村改革的理论阐述，有中国走上社会主义市场经济发展道路的理论解释，有关于财政、金融、发展第三产业、消费、社会保障、扶贫等重大现实问题的应用性研究并提出切实可行的建议，有对经济飞速发展过程中经济结构、产业组织变动的深刻分析，有对中国新型工业化进程和中长期发展的深入研讨，等等。阅读这些从理论上讲好中国故事的著作，有助于我们了解中国经济巨变的内在原因和客观必然性。

其次，有助于我们掌握改革开放以来中国特色社会主义经济理论发展的进程和走向。中国的经济改革和发展是在由邓小平开创的中国特色社会主义及其经济理论指导下顺利推进的。中国特色社会主义理论体系也是在伟大的改革开放进程中不断丰富和发展的。由于获奖著作均系经济理论力作，我们可以从各个时段获奖著作中，了解中国特色社会主义经济理论是怎样随着中国经济市场化改革的深化而不断丰富发展的。因此，再版获奖著作，对研究中国经济思想史和中国经济史的理论工作者是大有裨益的。

最后，有助于年轻的经济理论工作者学习怎样写学术专著。获奖著作除少数应用性、政策性强的以外，都是规范的学术著作，大家可以从中学到怎样撰写学术专著。获奖著作中有几套经济史、经济思想史作品，都是多卷本的，都是作者几十年研究的结晶。我们在评奖过程中，争议最少的就是颁奖给那些经过几十年研究的上乘成果。过去苏星教授写过经济学研究要"积之十年"，而获奖的属于经济史和经济思想史的专著，更是积之几十年结出的硕果。

是为序。

2019 年 5 月

再版前言

内生稳态增长模型的生产结构

　　本书是对 2018 年诺贝尔经济学奖获得者保罗·罗默所创立的内生经济增长模型的一个数量分析上的贡献。传统的经济增长理论使用整个经济的总量生产函数并厘清了经济增长的稳态概念，论证了就长期来说的稳态下人均产出的增长依靠的是技术水平的提高，而内生经济增长理论则把技术水平的提高内生化，使用包括已有技术在内的各种生产要素的投入来说明技术水平如何提高。本书论证了用总量生产函数讨论稳态特征上的数学规律性，将提高技术水平上的投入产出关系也化作自变量物品的总量生产函数，提出了将技术水平提高的作用与通常的生产要素的作用结合在一起的全自变量规模报酬概念，说明了所有自变量物品稳态增长率都为正所要求的各自变量物品总量生产函数在全自变量规模报酬上的性质，为内生经济增长理论研究提供了总量生产函数上的量化分析基础。

左大培

2019 年 10 月 10 日

原版前言

本书是中国社会科学院重大课题《新经济增长理论的发展和比较研究》的主要成果，意在说明内生经济增长理论中稳态增长条件的生产结构。书中以严格的数学推导证明了，在将最终产品生产函数各个自变量的增长率都内生化之后，要使稳态增长率具备某些合意的特点，各种物品的生产函数应当具有哪些性质。这一论述将为研究内生经济增长模型确立判定和设立生产函数的准则。

对于经济增长理论的研究来说，本书论证的核心是一个有着基础性指导意义的原理。这一原理是，如果将最终产品总量生产函数各个自变量的增长率都内生化，而这些自变量的存量又都没有折旧，则要达到"卡尔多稳态"，即使所有自变量物品的稳态增长率都大于零且并不完全彼此相等，就必须至少满足下列3个条件中的一个：或者是至少有一种自变量物品（如劳动力）的增长率是外生给定的；或者是某几种自变量物品的生产全自变量规模报酬不变且在生产中不使用生产上不是全自变量规模报酬不变的物品；或者是各种不同自变量物品的生产既有全自变量规模报酬递增的，也有全自变量规模报酬递减的。

本书还论证了在哪些情况下，各种不同物品的稳态增长率解可能有相反的正负号，并且证明，在一些很平常的条件下，出现正负号相反的稳态增长率解只不过标志着一个经济最终将陷入增长率不断上升的爆炸性增长。

本书的这些论证显然对建立和运用经济增长理论模型有直接的指导意义。作者要感谢北京大学经济管理学院的李绍荣老师，他审读了本书的书稿并对书中的绝大多数数学论证都进行了审查。当然，本书是由作者自己独立完成的，对书中的任何错误和遗漏，都由作者自己承担全部责任。

左大培

2004 年 2 月 10 日

内生稳态增长模型的生产结构

目 录

内生稳态增长模型的生产结构

导　论

　　本书研究的对象是内生经济增长理论中稳态增长条件的生产结构。对 1986 年之后西方主流经济学中兴起的所谓"新增长理论"，本书主要从它的内生经济增长特性方面进行研究，而且将这种研究集中在它的稳态增长条件上。由于当代的经济增长理论都是以数学模型的形式表述的，本书对内生稳态增长理论的研究不能不是一种对数学模型的研究。我们是以数学形式阐明内生稳态增长理论模型的生产结构的。

　　当代的经济增长理论主要从供给方面研究长期经济增长的根源。它依据生产函数中表述的投入与产出之间的数量关系，力图通过说明投入增长的决定因素来解释最终产品生产能力的长期增长。这些经济增长模型这样做的目的，是从投入产出关系上解释卡尔多（N.Kaldor）所归纳的经济增长的几个特征性事实（stylized facts）。这些特征性事实中包括：最终产出与人均产出都趋于以稳定的增长率增长，每工人平均的资本不断增长，而资本—产出比在长期中稳定不变（Kaldor，1961，p.178）。这些特征事实意味着在长期中资本、劳动力与最终产出都以不变比率增长，最终产出与资本的增长率大致相等且二者都高于劳动力的增长率。对于最终产出与资本的增长率相等且二者都不变的经济增长状况，当代的经济增长理论已经赋予了特殊的称呼：稳态（Steady State）增长路径、平衡增长路径

（balanced growth path），而卡尔多所描述的上述特征性事实显然是这种经济增长状况中的一个特例。为了简便，我们将具有卡尔多描述的特征性事实的稳态称作"卡尔多稳态"。在新古典增长理论之后的经济增长理论中，这种稳态增长路径被看作均衡增长的一种特殊情况。

虽然18—19世纪的古典经济学对经济增长问题做过系统论述，但是规范化、模型化的现代经济增长理论研究却始于哈罗德—多马的经济增长模型。不久之后，经济增长理论研究的主流就从哈罗德—多马模型变为新古典增长理论。从此以后主流的经济增长模型一般都使用柯布—道格拉斯式的连续可微生产函数，假定整个经济时时处于均衡之中。

但恰恰是在这个基础上，稳态增长路径成了经济增长模型分析的焦点。这当然是出于新古典经济学一贯的走捷径行为方式：非稳态的经济增长路径即使是处于均衡状态下，也难于对其进行理论分析，更难于为其概括出简单的一般规则。但是研究成果的适用性也是一个重要的考虑因素——解释发达国家出现的卡尔多稳态一直是经济增长理论最主要的任务之一。

索洛等人构造的最初的新古典增长模型把最终产品的产量看成是资本和劳动这两种生产要素的增函数，而这三者之间的函数关系又取决于"技术"。这样，在最初的新古典增长模型中，最终产品的产量实际上是资本、劳动和技术这三种随时间而变化的自变量的函数。在索洛的模型体系中，劳动的增长率和"技术的增长率"（"技术进步速度"）都是外生给定的，而资本的增长率实际上取决于最终产品的增长率，因为资本的增加量取决于最终产品的产量和储蓄率，而储蓄率被看成外生给定的常数（Solow，1956）。

在新古典增长理论模型的基础上，对经济增长的模型分析

内生稳态增长模型的生产结构

沿着三个大的方向发展：第一个方向是给新古典增长模型补充上跨期最优化的消费决策分析，其主要功能是将储蓄占最终产品的比率（储蓄率）的决定内生化；第二个方向是将生产率的变化内生化，设计专门的模型来解释新古典增长模型中的"技术"因素如何发生变化；第三个方向上的研究成果至今仍然很少，它是将人口的增长率内生化，设计专门的模型来说明人口的增长率如何决定。

虽然上述三个发展方向都是把索洛模型中的某个给定条件内生化，但是第一个发展方向与后两个发展方向有明显的不同：第一个发展方向是把某种配置的比例（最终产品中用于资本形成的比例）内生化，做到这一点的途径是分析消费上的最优化行为；而后两个发展方向是把最终产品生产函数中某个自变量的增长率内生化，做到这一点的必要条件是为相应的自变量物品列出生产函数。

其实早在索洛的经济增长模型产生之前，甚至在现代的经济增长理论模型出现之前，拉姆齐就在1928年的一篇论文中，以数学模型论证了最优消费行为下的储蓄所必须满足的条件。拉姆齐的这篇论文力图说明，为了使未来无限期界中的总效用最大化，一个国家应当将其收入中的多少储蓄起来。它论证的是实现了这种最优化的储蓄在每个时点上所必须满足的条件（Ramsey，1928）。这篇论文已经建立了以最优化的消费行为来决定储蓄率的分析框架，但是它的数学模型在三十多年中都没有结合进经济增长的理论模型中。

只是到了20世纪60年代，在苏联的庞特里亚金（Pontryagin）等人阐发了最优控制理论中的最大值原理之后，卡斯（Cass）和库普曼斯（Koopmans）才将最优化的消费行为分析引进到经济增长模型中来，通过这种分析确定了经济增长模型中的内生储蓄率。他们的分析采用索洛式的总量经济模型，但是又假设消费者要通过其消费和储蓄决策将未来无限期界中的总效用最大化，而这样决定的每个时点上的最优消费、储蓄、资本存量和总产量自然决定了每个时点上的最优储蓄率（Cass，David，1965）。

将拉姆齐—卡斯—库普曼斯的最优消费模型结合进索洛的经济增长模型，不仅使新古典经济增长模型得以完善，还为以后的所有经济增长理论模型确立了一个准则：一个完整的经济增长理论模型必须包括以最优化行为分析来决定每个时点上的资源配置比例这一部分。在各种"新"经济增长模型或"内生"经济增长模型中，这已经成了数量分析中的常规和惯例。近年来出现的那些将总量生产函数的某一自变量增长率内生化的新增长模型，几乎都要以某种消费和厂商的个体最优化行为分析来决定，产品和各种生产资源中各有多大部分用在哪一种用途上。这些用途不仅包括消费、生产最终产品，还包括了技术研发和人力资本的培养等。

索洛以后对经济增长的模型分析发展的第二大方向是将生产率的变化内生化，设计专门的模型来解释新古典增长模型中的"技术"因素如何发生变化。这个方向上的重大发展，就是20世纪80年代以来兴起的"新"增长理论或"内生"增长理论分析。

这个方向上的发展又有两条不同的道路：一条道路是在最终产品生产函数自变量中加上"人力资本"，以"人力资本"数量的变化来说明物质资本和劳动这两种生产要素的生产率变化，而"人力资本"本身又是用各种生产要素、技术以致人力资本本身生产出来的；另一条道路则是设计专门的"生产函数"来解释"技术"本身的增长，这也就是所谓"将技术进步内生化"。而在"技术"本身的这些生产函数中，决定技术增长的自变量其实也就是决定最终产品产量的那些自变量。

内生稳态增长模型的生产结构

4

正是在这第二大方向上的突破导致了最近十几年中所谓"新增长理论"或"内生增长理论"的蓬勃兴起。在这个方向上，强调"人力资本"的分析以卢卡斯1988年的论文（Lucas，1988）为代表，而注重"将技术进步内生化"的模型则以保罗·罗默1986年和1990年的两篇论文为代表（Romer，P.M.，1986；Romer，P.M.，1990）。

注重人力资本的经济增长分析有其单独的发展历史，但是自卢卡斯1988年的论文发表之后，它也变成了将生产率增长"内生化"努力的一部分。在最近这些年中，这个方向上的发展也在设计各种各样的"生产函数"来解释"人力资本"的增长，这些人力资本生产函数中的自变量同样也是决定最终产品产量的那些自变量。这与"新增长理论"发展的主流汇合在一起，形成了一股将最终产品生产函数中的各种自变量本身的增长"内生化"的潮流，这股潮流以最终产品生产函数中的各种自变量本身的投入来解释这些自变量的增长。

现在，新古典增长模型中的那些决定最终产品产量的自变量，在新的经济增长模型中几乎都被内生化了。在绝大多数新一代的经济增长模型中，唯一没有内生化的是人口（劳动力）的增长率，它通常还被当作外生给定的增长率。

自新古典经济学产生之后，经济学家一般都把人口增长率的决定看作由别的学科解释的现象，认为经济学家只需接受别的学科的说明，把人口增长视为对于经济分析来说是外生给定的就可以了。但就是这个经济学家已经惯于不加说明的增长率也在逐渐被卷入内生化的潮流。

新古典经济增长理论之后经济增长模型分析发展的第三大方向就是将人口的增长率内生化，设计专门的模型来说明人口的增长率如何决定。巴罗和贝克尔1989年发表的论文（Barro and Becker，1989）可以算作这个方向上的代表作。这种将人口增长的决定内生化的经济增长模型不仅包含着有关人口增长的最优化决策，而且也列出了增加劳动力（人口）时所必须服从的投入产出关系，其形式与通常的"生产函数"相似。

这样，把最终产品的生产函数推广使用到最终产品生产函数的所有自变量的"生产"（增长）上，就成了当前经济增长模型分析发展的一大趋势。

但是一旦将最终产品生产函数所有自变量的增长内生化，经济增长的动态模型就要说明在每一时刻许许多多个变量同时发生的各种复杂的变化。这样的分析和动态跟踪描述的经济增长过程过于复杂，根据它无法对经济增长的动态过程做出概括性的说明，更无法得出经济增长过程的简要轮廓。而在稳态增长路径上，情况就相对简单得多，对稳态增长情况的说明因而可以概括得多。更重要的是，最新的经济增长模型要说明的首要问题，仍然是发达的工业化经济如何能在"卡尔多稳态"上运行。这就使得最新的内生增长理论比过去更甚地注重研究稳态的均衡增长。

内生化了的自变量增长率越多，经济增长模型中的生产结构问题就越显得突出。当最终产品生产函数所有自变量的增长率都由经济增长模型内生地决定时，或者至多只有一种自变量的增长率外生给定时，是哪些因素使整个经济的增长进入卡尔多稳态？例如，在这样的内生增长模型中，造成每一种自变量"物品"的稳态增长率都大于零的因素是什么？在这方面，有的新增长模型强调"技术"这种存量"物品"在其消费上的外部性，有的模型强调各种物品生产函数的规模报酬递增性质。到底是哪一种因素保证了每一种自变量"物品"的稳态增长率都大于零，哪些因素使最终产品生产和物质资本存量的稳态增长率高于人口增长率？

　　本书将以数学化的分析回答内生稳态增长模型的上述生产结构问题，以最终产品生产函数的各种自变量本身的"生产函数"为基础，讨论这些"生产函数"的哪些性质产生了稳态增长的各种特征、特别是"卡尔多稳态"。根据严格的数学推导，我们可以证明，给定各种资源配置于不同物品生产中的比例，"卡尔多稳态"的主要性质在数学模型上来源于各种自变量"物品"的生产函数的严格正则性和在全自变量规模报酬上的特点。本书将系统地给出这些证明。

　　本书的主要论点可以概括如下：

　　——如果所有自变量"物品"都具有严格正则的生产函数，则任何物品的稳态增长率都不可能小于零。

　　——如果最终产品和所有自变量物品的总量生产函数都是严格正则且全自变量规模报酬不变，则只要外生给定的增长率不多于一个，所有物品的稳态增长率就都会彼此相等。

　　——如果任何自变量物品都没有外生给定的增长率，则只要不是任何"物品"的生产函数都严格正则且全自变量规模报酬递减，某些物品的稳态增长率就可以大于零；如果所有自变量"物品"的"生产"都是全自变量规模报酬递增的，一个严格正则生产函数经济将不会有稳态增长。

　　——如果将最终产品总量生产函数各个自变量的增长率都内生化，则要在一个严格正则生产函数经济中达到"卡尔多稳态"，即使所有自变量物品的稳态增长率都大于零且并不完全彼此相等，就必须至少满足下列 3 个条件中的一个：或者是至少有一种自变量物品（如劳动力）的增长率是外生给定的；或者是某几种自变量物品的生产全自变量规模报酬不变且在生产中不使用生产上不是全自变量规模报酬不变的物品；或者是各种不同自变量物品的生产既有全自变量规模报酬递增的，也有全自变量规模报酬递减的。

本书还论证了在一个严格正则生产函数经济中，在哪些情况下，各种不同物品的稳态增长率解可能有相反的正负号；并且证明，在一些很平常的条件下，出现正负号相反的稳态增长率解只不过标志着一个经济最终将陷入增长率不断上升的爆炸性增长。

所有这些论点都围绕着本书的主题——满足内生稳态增长条件的形式化数量前提。这些论述将为研究内生经济增长模型确立判定和设立生产函数的准则。

本书各章系统地论证了上述这些论点。

第一章将以抽象的数学形式来说明内生的稳态增长在数量上所必须满足的条件，这个条件说明了各种不同物品的稳态增长率相互之间的数量关系，是稳态增长所必须满足的必要条件。本书将满足这种必要条件的一组数值称作一个"稳态增长率解"。这一章还说明，如果所有自变量"物品"都具有严格正则的生产函数，则任何物品的稳态增长率都不可能小于零。

第二章讨论了所有各种物品的总量生产函数都全自变量规模报酬不变的情况。证明在这种情况下，只要外生给定的增长率不多于一个，所有物品的稳态增长率就都会彼此相等；还论证了两种及两种以上物品的增长率外生给定时，增长率非外生给定物品的稳态增长率是各种外生给定增长率的加权平均数，具体的权数取决于相应物品之间在生产上的贡献率。

第三章讨论了没有任何物品的生产全自变量规模报酬递增的情况，证明了在这种情况下，如果没有外生给定的增长率，所有自变量物品的生产都全自变量规模报酬递减，则该经济将不会有非零的稳态增长率；在这种情况下，如果至多只有一种外生给定的增长率，所有物品都参与增长率非外生给定物品的生产，则各种物品的稳态增长率解都不会有相反的正负号；此时如果非零的稳态增长率解为正，则外生给定的增长率最高，而全自变量规模报酬不变物品在稳态增长率上高于报酬递减物品。

第四章讨论了所有增长率非外生给定的自变量"物品"的"生产"都全自变量规模报酬递增的情况，证明了当所有自变量"物品"都具有全自变量规模报酬递增的生产函数时，各种不同物品的稳态增长率不可能全都大于零，一个严格正则生产函数经济将不会有稳态增长；当一种物品有外生给定的增长率，而其他物品的生产都全自变量规模报酬递增时，如果所有物品都有大于零的稳态增长率，则外生给定的增长率将低于任何其他物品的稳态增长率。

第三章已经证明，如果没有任何物品的生产全自变量规模报酬递增，则各种不同物品的稳态增长率解都不会有相反的正负号。第五章在此基础上讨论了不同物品的稳态增长率解有相反正负号的各种情况，证明了只要有一种自变量物品对其自身生产的贡献率大于1，不同物品的稳态增长率解就必然有相反的正负号；讨论了不同物品的稳态增长率解有相反正负号的其他几种情况，以及判断不同物品的稳态增长率解可能有相反正负号的标准；说明了在何种情况下，一种物品与另一种物品的稳态增长率解有相反正负号会导致第三种物品也与另一种物品的稳态增长率解有相反正负号；还证明了在一个严格正则生产函数经济中，不同物品的稳态增长率解有相反正负号只不过标志着该经济最终将陷入爆炸性增长。

第六章讨论本书关注的核心问题：在什么情况下不同物品的稳态增长率可以都大于零但又互不相等？这一章的最重要之处在于证明了：如果有一种外生给定的增长率，其他物品的生产既有报酬递增的，也有报酬递减的，则不同物品的稳态增长率可以都大于零但又互不相等；而如果没有外生给定的增长率，则一般说来只有在某些物品的生产全自变量规模报酬递增、某些物品的生产全自变量规模报酬递减时，才会有不同物品的稳态增长率都大于零但又互不相等。

第六章还讨论了上述规律的一个例外：在一种特殊的生产函数结构下，即使没有外生给定的增长率，一个只有报酬不变和报酬递减物品的经济，或者一个只有报酬不变和报酬递增物品的经济，也可能使不同物品的稳态增长率都大于零但又互不相等。这一章证明了，这种例外情况要求整个经济中的生产函数有特殊的结构：在稳态增长下，非报酬不变物品不影响报酬不变物品的生产。这时如果有多个报酬不变物品，这些报酬不变物品将有相同的稳态增长率，构成一个"相等增长率组"。

本书第三章的讨论已经指出：如果有一种外生给定的增长率，其他物品的生产全为全自变量规模报酬不变和递减，则所有物品的稳态增长率解可以有相同正负号但绝对值互不相等。第四章的讨论也说明了，如果有一种外生给定的增长率，其他物品的生产全为全自变量规模报酬递增，也可能有不同物品的稳态增长率解都有相同正负号但绝对值互不相等。这两章的讨论与第六章的集中论述结合在一起，使我们可以概括出这样一个结论：在一个严格正则生产函数经济中，要使所有"物品"都有大于零的稳态增长率而且这些稳态增长率并不全都彼此相等，通常需要使某些"物品"的生产全自变量规模报酬递增，而同时有另一些"物品"的生产全自变量规模报酬递减，至少必须有某些"物品"的生产不是全自变量规模报酬递增的，或者某些"物品"的生产不是全自变量规模报酬递减的。

第七章是本书的一个简短的结论，对本书论证的主要观点进行了简洁的概括。这一章后面还附加了一个重要的补论，讨

内生稳态增长模型的生产结构

论了自变量物品在使用上的非竞争性对经济增长的作用。这一补论中说明的主要论点有：

——任何自变量物品在"同种物品生产上的非竞争性"，都通过提高其参与的物品生产的全自变量规模报酬程度，不仅对经济增长有"水平效应"，而且对经济增长有"增长效应"。但是"同种物品生产上的非竞争性"在提高经济增长率上的这些作用，都必须通过、也只能通过提高其参与的物品生产的全自变量规模报酬程度来实现。

——即使所有自变量物品的增长率都内生决定，进入"卡尔多稳态"增长也并不要求任何物品的生产性使用上存在"不同种物品生产之间的非竞争性"和"外部性"。

——自变量物品使用上的非竞争性有"水平效应"，它增加任一时点上的自变量物品存量和最终产品产量的水平，从而会改变平衡增长的路径。

——自变量物品使用上的非竞争性可能通过两个途径产生"增长效应"，改变稳态增长率：第一个途径是改变进入稳态增长时自变量物品相互之间在生产上的贡献率系数，第二个途径是改变进入稳态增长时的自变量物品存量，由此改变整个经济进入稳态增长时各种不同物品的稳态增长率。

总的来说，本书各章的论述都紧紧围绕着一个主题：最终产品的总量生产函数及其自变量的"生产函数"上的哪些特点，可以保证一个经济进入"卡尔多稳态"增长？这就是本书所要讨论的"内生稳态增长模型的生产结构"。这实际是讨论如何从生产函数方面满足内生稳态增长的条件。

当然，要论述满足内生稳态增长条件的前提，就必须先阐明内生稳态增长的条件本身。本书第一章论述的就是内生的稳态增长在数量上所必须满足的条件。

导
论

第一章 内生稳态增长的条件

本章将以非常抽象的数学形式来一般化地说明内生稳态增长的条件。为了便于理解，也为了说明这种抽象的内生稳态增长条件是如何发展起来的，本章的论述先从阐述具体的经济增长模型开始，从思想上一步步跟踪它如何发展为抽象的内生稳态增长条件。

第一节 从新古典增长理论到内生增长模型

由索洛等人发展起来的新古典经济增长模型所得出的一个重要结论是：在经济的平衡增长路径上，最终产出和物质资本存量的增长速度相同且不变；它们的这一持续不变的稳态增长速度大于人口增长率的差距，主要取决于这个经济的技术进步速度或生产率的增长率，它也就是人均产出和人均物质资本存量的稳态增长率（Solow，1956）。而在后来的"教科书索洛模型"中，最终产出和物质资本存量的稳态增长速度大于人口增长率的差距，就完全等于这个经济的技术进步速度或生产率的增长率，它也就是人均产出和人均物质资本存量的稳态增长率（Mankiw，Romer and Weil，1992；David Romer，1996， 第一章）。

但是在所有的这些新古典经济增长模型中，这个技术进步的速度却是外生给定的，而人口增长率则更是外生给定的。以 n 表示劳动力（人口）的增长率，g 表示技术水平的增长率，"教科书索洛模型"中的最终产出和物质资本存量的稳态增长率都为 $n+g$（David Romer，1996，第一章）。

新古典经济增长模型中的这个平衡增长路径，也就是本书所说的"卡尔多稳态"。而新古典经济增长模型的特点，是以新古典生产函数论证了经济增长为何进入"卡尔多稳态"。但是在新古典增长模型中，"卡尔多稳态"下的人口和技术增长率都是外生给定的。而近十多年来蓬勃发展的各种"新经济增长模型"或"内生增长模型"，则都力图以经济增长模型本身来说明"技术"的增长率 g 是如何由经济增长的机制内生地决定的。近年来更有一些内生增长模型力图以特殊的"生产函数"和最优化决策来解释人口的增长，将人口增长率内生化。这样，在"内生增长模型"中，所有的或几乎所有的随时间而变化的变量都是由模型所描述的经济过程"内生地"决定其增长率。

在新古典和内生增长这两类经济增长模型中，整个经济中的最终产出都是许多自变量的函数，这些自变量本身在模型中随时间而变化。物质资本、技术水平、劳动力（人口）是这种自变量的典型，而这些自变量几乎都是存量。这也就是说，用作整个经济最终产出总量生产函数的自变量的，是物质资本、技术水平、劳动力（人口）等的存量，后来的发展还把人力资本的存量加入生产函数的自变量中来。但是最终产品的总产出却是一个流量——一个单位时间内生产出来的最终产品的流量。用作为自变量的存量去生产流量，这是经济增长模型描述的世界的一个主要特征。而在这些模型中，经济的增长即最终产品总产出这个流量的增长，其根源就在于上述各种"自变量物品"存量的增长。

索洛本人最初提出的新古典总量生产函数具有希克斯中性的技术进步（Solow，1956）：

$$Y(t) = A(t) \cdot F(K(t),\ L(t)) \qquad （\text{I.A}）$$

其中的 Y 为整个经济中最终产品的总产出，K 为物质资本存量，A 为技术水平，L 是劳动力存量，它们在模型中都是随时间而变化的变量。但是为了使分析更简练，"教科书索洛模型"却惯于使用具有哈罗德中性技术进步的柯布—道格拉斯最终产品总量生产函数（David Romer，1996，第一章）：

$$Y(t) = K(t)^{\alpha} \cdot (A(t) \cdot L(t))^{1-\alpha} \qquad （\text{I.B}）$$

近年出现的许多新增长模型也都沿用了这样的最终产品总量生产函数。

在几乎所有的经济增长模型中，物质资本都是一个存量，但它又是从最终产品这个流量中积累起来的。这种积累表现在：物质资本这个存量在单位时间内的增量，就是单位时间最终产出这个流量中储蓄起来的那一部分。这样，物质资本单位时间的增量就等于储蓄率乘以单位时间内整个经济的最终产出（或者再减去资本折旧）。如果资本折旧为零，我们就可以将储蓄率乘以最终产出的生产函数之积看作物质资本的"生产函数"。而物质资本的这个"生产函数"除以物质资本存量，就是物质资本的增长率。

以这种眼光看，每一种作为最终产出生产函数自变量的存量都有自己的"生产函数"：其中的产出就是该自变量的单位时间增量，而这个生产函数本身则表达了参与决定该产出数量的自变量存量与该产出之间的数量关系。用一个存量的"生产函数"除以该存量本身，就得出了该存量的增长率。

从这种数学形式化的角度看，新古典的经济增长模型把

内生稳态增长模型的生产结构

人口增长率、技术进步的速度看成是外生给定不变的，就等于为劳动力和技术水平这两个存量设定了一种特殊的"生产函数"，它把相应存量的单位时间增量看成是一个固定的常数（外生给定的增长率）乘以相应时点上的该存量本身。例如，索洛在提出新古典增长模型时（Solow，1956），就规定时点 t 上的劳动力数量 $L(t)$ 和技术水平 $A(t)$ 分别为 $L(t)=L_0 \cdot e^{nt}$ 和 $A(t)=e^{gt}$。这就等于规定了一个劳动力的生产函数：

$$\frac{\mathrm{d}L(t)}{\mathrm{d}t} = n \cdot L(t) \qquad （\mathrm{I.C}）$$

和一个技术的生产函数：

$$\frac{\mathrm{d}A(t)}{\mathrm{d}t} = g \cdot A(t) \qquad （\mathrm{I.D}）$$

上面两式中的 n 和 g 就是外生给定的劳动力增长率和技术的增长率。新古典增长模型的一大特点，就是把劳动力增长率 n 和技术的增长率 g 都看成是外生给定的。

而各种新增长模型不同于新古典增长模型的地方，就在于它们都力求以类似于最终产出的生产函数那样的很正规的生产函数，来说明作为生产函数自变量的各种存量如何决定了生产率水平这一类的自变量存量本身的单位时间增量。

在进行这种分析时，它们往往在最终产品的总量生产函数和其他生产函数中引入一种新的自变量——人力资本的存量 H，作为与物质资本、劳动力和技术并列的第 4 种自变量。于是最终产品的总量生产函数就变为（David Romer，1996，第三章）：

$$Y(t) = A(t)^\theta \cdot K(t)^\alpha \cdot H(t)^\beta \cdot L(t)^\gamma \qquad （\mathrm{I.B.1}）$$

许多新增长模型致力于将单位时间技术增加的数量作为投入的人力资本、物质资本、劳动力和技术本身的产物。它们常常以一个典型的柯布—道格拉斯生产函数来描述整个经济中技术的生产过程：

$$\frac{\mathrm{d}A(t)}{\mathrm{d}t} = A(t)^{\delta} \cdot H_A(t)^x \cdot K_A(t)^{\varepsilon} \cdot L_A(t)^{\phi} \qquad （ \mathrm{I.D.1} ）$$

在这样一个公式中，H_A、K_A 和 L_A 分别表示用于知识生产的人力资本、物质资本和劳动。

用专门的符号把用于最终产品生产的人力资本、物质资本和劳动与用于知识生产的人力资本、物质资本和劳动区别开来，这是因为人们通常都认为人力资本、物质资本和劳动在消费上具有"竞争性"，用于最终产品生产的人力资本、物质资本和劳动不会影响技术本身的"生产"。也就是说，消费上的"竞争性"意味着加入最终产品生产的人力资本、物质资本和劳动存量不可能加入技术本身的"生产"。

但是人们通常认为技术是一种"公共物品"，这意味着同一种技术可以既加入最终产品的生产，同时又加入技术本身的进一步"生产"——造成技术进步。于是，同一份技术 A 可以同时出现在最终产品和技术本身的两个不同的生产过程中。

保罗·罗默在其 1990 年提出的增加产品种类的内生经济增长模型（Paul M.Romer, 1990）中，就使用了式（I.B.1）和式（I.D.1）类型的最终产品总量生产函数和"生产"技术的"生产函数"。

在这个模型中，保罗·罗默使用了一个柯布—道格拉斯式的最终产品总量生产函数：

$$Y\big(H_Y, L, x\big) = H_Y^{\alpha} \cdot L^{\beta} \cdot \int_0^{\infty} x(i)^{1-\alpha-\beta} \mathrm{d}i \qquad （ \mathrm{I.B.2} ）$$

式中的 H_Y 是用于生产最终产品的人力资本，L 是物质的劳动，$x(i)$ 是用于生产最终产品的第 i 种生产者耐久物品（"资本品"）的数量。为了便于分析，保罗·罗默把表示资本品的不同种类的指数 i 视为一个连续变量，把"技术"即"知识"视为对不同种类资本品的设计。这样，他就实际上定义了"知识"的单位数为 A，而以"新物品的设计"来表示"新的一单位知识"。对所有 $i \geqslant A$，$x(i)=0$。

保罗·罗默的上述模型与通常的最终产品总量生产函数只有一个不同点：它假定物质资本 K 是由所有各种不同种类的生产者耐久物品构成的。他还假定，为生产一单位生产者耐久物品所付出的成本为 η 单位的资本。他进一步指出，由于他的上述模型具有对称性，均衡时将以同样水平供给所有可支配的耐用品，这个所有耐用品共同的供给量可标为 $\bar{x}$。$\bar{x}$ 与物质资本总量的关系满足方程 $K=n \cdot A \cdot \bar{x}$。

这样，保罗·罗默的最终产品总量生产函数就可以化为：

$$
\begin{aligned}
Y(H_Y, L, x) &= H_Y^\alpha \cdot L^\beta \cdot \int_0^\infty x(i)^{1-\alpha-\beta}\,\mathrm{d}i \\
&= H_Y^\alpha \cdot L^\beta \cdot A \cdot \bar{x}^{1-\alpha-\beta} \\
&= H_Y^\alpha \cdot L^\beta \cdot A \cdot \left(\frac{K}{\eta \cdot A}\right)^{1-\alpha-\beta} \qquad （\mathrm{I.B.3}）\\
&= H_Y^\alpha \cdot L^\beta \cdot A^{\alpha+\beta} \cdot (K)^{1-\alpha-\beta} \cdot \eta^{\alpha+\beta-1}
\end{aligned}
$$

这个最终产品总量生产函数有与式（I.B.1）完全一样的数学形式。

保罗·罗默的这个内生经济增长模型中还使用了一个式（I.D.1）类型的"生产"技术的"生产函数"：

$$
\dot{A} = \frac{\mathrm{d}A}{\mathrm{d}t} = \delta \cdot H_A \cdot A \qquad （\mathrm{I.D.2}）
$$

式中的 H_A 为从事研究的全部人力资本。

新经济增长模型研究的另一大方向是强调人力资本的作

用，并且将人力资本的增长内生化。为此，它必须在新古典经济增长模型的最终产品总量生产函数中加入人力资本的存量，作为与物质资本、劳动力和技术并列的第 4 种自变量；它还必须要设计一个式（I.D.1）那样的方程来描述人力资本增量的"生产"。这样，它就必须为最终产品的总量生产函数补充相应的技术和人力资本"生产函数"，其形式与式（I.D.1）相类似。

新经济增长模型在这个方向上的典型代表是卢卡斯 1988 年提出的人力资本内生化增长模型（Lucas，1988）。卢卡斯在这个模型中定义，一个人的"人力资本"$h(t)$ 为他的一般技能水平，他假设个人的这个技能水平 h 的数值在 0 到无穷大之间。以 $N(h)$ 表示技能水平为 h 的劳动者数，劳动力的总数 N 就必定为 $N = \int_0^\infty N(h)\mathrm{d}h$，而所有劳动力的平均人力资本或平均技能水平则为：

$$h_a = \frac{\int_0^\infty h \cdot N(h)\mathrm{d}h}{\int_0^\infty N(h)\mathrm{d}h} \qquad （I.E）$$

卢卡斯以 $u(h)$ 表示一个具有技能水平 h 的劳动者将其非闲暇的时间用于最终产品生产的比例，在此基础上构造了最终产品的总量生产函数：

$$Y(t) = N(t) \cdot c(t) + \dot{K}(t) = A \cdot K(t)^\beta \cdot [u(t) \cdot h(t) \cdot N(t)]^{1-\beta} \cdot h_a(t)^\gamma$$

$$（I.B.4）$$

式中的 $c(t)$ 是时点 t 上的人均消费，$K(t)$ 是整个经济中的资本总存量，$\dot{K}(t)$ 是其单位时间增量，A 是技术水平，卢卡斯的模型假设它为常数。这个生产函数中还假设所有的劳动者都有同样的技能水平 h，并且所有的劳动者都选择了同样的时

间配置 u。而因子 $h_a(t)^\gamma$ 则体现了人力资本的外部效应。

在上述生产函数中，用于最终产品生产的有效劳动 $u \cdot h \cdot N$ 显然就是用于最终产品生产的人力资本数量 $H_Y = u \cdot H$，而用于最终产品生产的劳动量则为 $N_Y = u \cdot N$。于是，在这个生产函数中就有 $h(t) = h_a(t) = \dfrac{H_Y}{N_Y}$。将这个公式代入式（I.B.4），该生产函数就转化为：

$$Y(t) = A \cdot K(t)^\beta \cdot [u(t) \cdot h(t) \cdot N(t)]^{1-\beta} \cdot h_a(t)^\gamma$$
$$= A \cdot K(t)^\beta \cdot \left[N_Y(t) \cdot \frac{H_Y(t)}{N_Y(t)} \right]^{1-\beta} \cdot \left[\frac{H_Y(t)}{N_Y(t)} \right]^\gamma \quad （I.B.5）$$
$$= A \cdot K(t)^\beta \cdot \left[H_Y(t) \right]^{1-\beta+\gamma} \cdot \left[N_Y(t) \right]^{-\gamma}$$

在这个生产函数中，用于最终产品生产的劳动力 N_Y，之所以对总产出有不利的影响（体现为负的指数 $-\gamma$），是因为卢卡斯的生产函数假定对最终产品的生产有单独的积极作用的是人均人力资本，一般劳动对最终产品生产的积极作用已经完全体现在人力资本中。

卢卡斯上述模型中的人力资本生产函数是以人均人力资本的形式设计的：

$$\dot{h}(t) = \frac{\mathrm{d}h(t)}{\mathrm{d}t} = h(t) \cdot \delta \cdot (1 - u(t)) \quad （I.E.1）$$

在式（I.E.1）中，$h(t)$ 实际上是人均人力资本 $\dfrac{H(t)}{N(t)}$。因此式（I.E.1）可以化为：

$$\frac{\mathrm{d}h(t)}{\mathrm{d}t} = \frac{\mathrm{d}H(t)}{\mathrm{d}t} \cdot N(t)^{-1} - N(t)^{-2} \cdot H(t) \cdot \frac{\mathrm{d}N(t)}{\mathrm{d}t} \quad （I.E.2）$$
$$= \delta \cdot (1 - u(t)) \cdot H(t) \cdot N(t)^{-1}$$

式（I.E.2）可以化为一个标准的人力资本生产函数：

$$\frac{\mathrm{d}H(t)}{\mathrm{d}t} = \delta \cdot (1-u(t)) \cdot H(t) + h(t) \cdot \frac{\mathrm{d}N(t)}{\mathrm{d}t} \qquad (\text{I.E.3})$$
$$= [\delta \cdot (1-u(t)) + n] \cdot H(t)$$

其实，式（I.B.4）中的最终产品总量生产函数有与式（I.B.1）完全一样的数学形式，只要以人均人力资本 $h(t)$ 或 $h_a(t)$ 取代式（I.B.1）中的人力资本总量 $H(t)$，我们就可以把式（I.B.4）看成是式（I.B.1）的一个具体形式。同样地，只要以人均人力资本 $h(t)$ 取代人力资本总量 $H(t)$，就可以把式（I.E.1）视为一种特殊的人力资本生产函数。

在式（I.E.3）的那种卢卡斯人力资本生产函数中，真正对人力资本的生产起作用的自变量只有人力资本和劳动力两个。而更为现实的情况是，劳动力、人力资本、技术和物质资本都对人力资本的生产起作用。曼昆、戴维·罗默和韦尔在 1992 年的论文（Mankiw, Romer and Weil, 1992）中实际上就使用了这样一个人力资本生产函数。

曼昆、戴维·罗默和韦尔的这篇论文建立了一个标准的 4 自变量最终产品总量生产函数：

$$Y(t) = K(t)^{\alpha} \cdot H(t)^{\beta} \cdot [A(t) \cdot L(t)]^{1-\alpha-\beta} \qquad (\text{I.B.6})$$

该文假设劳动力 L 和技术水平 A 分别有一个外生给定的增长率 n 和 g。他们的模型还假定，总收入的一个固定份额 s_k 投资于物质资本，另一个固定份额 s_h 则投资于人力资本，同时物质资本和人力资本又都有折旧率 δ。这意味着有一个人力资本的"生产函数"：

$$\dot{H}(t) = \frac{\mathrm{d}H(t)}{\mathrm{d}t} = s_h \cdot Y(t) - \delta \cdot H(t)$$
$$= [s_h \cdot K(t)]^{\alpha} \cdot [s_h \cdot H(t)]^{\beta} \cdot [s_h \cdot A(t) \cdot L(t)]^{1-\alpha-\beta} - \delta \cdot H(t)$$
$$(\text{I.E.4})$$

内生稳态增长模型的生产结构

这样，一个人力资本生产函数实际上有 4 个自变量，而且它们也正是最终产品总量生产函数的那 4 个自变量。基于这样一个人力资本生产函数，曼昆、戴维·罗默和韦尔提出了每单位有效劳动的人力资本的增长速度函数：

$$\dot{h}(t) = s_h \cdot y(t) - (n + g + \delta) \cdot h(t) \qquad （\text{Ⅰ.E.5}）$$

其中的 $y = \dfrac{Y}{A \cdot L}$，$h = \dfrac{H}{A \cdot L}$。

目前为止的经济增长模型通常都假定劳动力数量及其增长率是外生给定的。这其实等于假定了一种特殊的劳动力"生产函数"，其形式正如式（Ⅰ.C）：单位时间的劳动力增量等于现有劳动力数乘以一个不变的比率，这个不变的比率就是人口的增长率 n。但是实际的生活经验告诉我们，即使是一个简单的劳动力的生产也需要有一定的技术，也高度耗费物质资本、人力资本和人力的投入。新增长理论的发展不能不要求把人口的增长率内生化，将单位时间的劳动力增量看作劳动力、物质资本、人力资本的投入和技术水平这多种自变量的函数。

巴罗和贝克尔 1989 年提出了将人口的增长率内生化的经济增长模型（Barro and Becker，1989），设计了专门的模型来说明劳动力的增长率如何决定。这种将人口增长的决定内生化的经济增长模型不仅包含着有关人口增长的最优化决策，而且暗含着增加劳动力（人口）时所必须服从的投入产出关系，其形式与通常的"生产函数"相似。

巴罗和贝克尔的这个模型假定第 Ⅰ 代的成人抚养每个孩子的实际成本为：

$$\beta_i = a \cdot (1+g)^i + b \cdot w_i, \ a \geqslant 0 \ \text{且} \ 0 \leqslant b < 1 \qquad （\text{Ⅰ.C.1}）$$

其中的 g 为外生的技术进步率，$a \cdot (1+g)^i$ 为抚养一个孩子需要的最终产品量，w_i 为这一代的一个成人的劳动收入，b 是父母为抚养一个孩子直接耗费的时间。这个抚养孩子的成本是以实际收入的单位数来衡量的，而实际收入（最终产品）的生产函数则为：

$$Y_i = F\left[K_i, (1+g)^i \cdot L_i\right] \qquad （Ⅰ.B.7）$$

其中的 K_i 和 L_i 分别表示用于最终产品生产的物质资本和劳动的数量。

这样，式（Ⅰ.C.1）中的那种线性成本函数就暗含着一种里昂惕夫式的劳动力生产函数。以 ΔN_i 表示第Ⅰ代抚养的孩子总数，S_n 代表那一代的最终产品用于抚养孩子的份额，L_n 代表那一代直接用于抚养孩子的劳动总量，可以将巴罗和贝克尔模型中培养劳动力的生产函数表示为：

$$\Delta N_i = \min \cdot \left\{ \frac{S_n \cdot F\left[K_i, (1+g)^i \cdot L_i\right]}{a \cdot (1+g)^i}, \frac{L_n}{b} \right\} \qquad （Ⅰ.C.2）$$

这个劳动力生产函数实际上有 3 个自变量：劳动、技术和物质资本，只不过它采取了不可微的里昂惕夫函数形式。当然，我们也有充分的理由把单位时间的劳动力增量视为劳动、人力资本、技术和物质资本这 4 个自变量的函数，而且把劳动力的生产函数设计为柯布—道格拉斯生产函数那样的连续可微函数。

如果按照新增长理论的这种研究方式走到底，我们就必须将最终产品的生产函数设计成式（Ⅰ.B.1）那样，有劳动、人力资本、技术和物质资本 4 个自变量，并且将所有这 4 个自变量物品的增长率都内生化，为它们分别设计出式（Ⅰ.C.2）、式（Ⅰ.D.1）和式（Ⅰ.E.4）那样的"生产函数"，还要从这样的公式中推导出稳态增长所必须满足的条件。这样的稳态增长路径为什么会具有"卡尔多稳态"的各种特征，当然应当从这些"生产函数"所具有的数学性质上来解释。在这方面，有些人强调这些"生产函数"的规模报酬递增性质，有些人则强调技术的"公共物品"性质。为了对这个问题做出明确的回答，本书将建立和使用形式化的数学模型，通过对这些模型的数学分析来说明，是各种自变量存量物品及其生产函数的哪些数量特征，产生了"卡尔多稳态"的哪些特点。

第二节　当前的 4 自变量内生稳态增长模型

本节先以式（Ⅰ.B.1）中的最终产品总量生产函数为例，说明将该函数中的所有自变量存量物品的增长率都内生化时，稳态增长必须满足哪些条件。

按照上一节概述的那些内生增长模型中通行的表述，可以将我们所研究的经济中的物质资本存量表为 K，劳动人口表为 L，总人力资本存量表为 H；在最终产品总产出 Y 的生产中，产出 Y 是参加其生产的 K、L、H 和技术水平 A 这 4 种"自变量物品"的函数。但是根据经济增长理论中通行的假定，物质资本、劳动力和人力资本在消费时都具有竞争性，因而 K、L、H 中都只有一部分可以用于最终产品 Y 的生产，其他部分要分别用于人力资本 H 和知识（技术）A 甚至劳动力 L 的生产。知识本身由于其非竞争性，可以全部同时用于 Y、H、A 等每一种物品的生产中。

令劳动中用于最终产品生产的份额为 a_y，用于人力资本生产的份额为 a_h，用于知识生产的份额为 a_a，用于劳动力生产的份额为 a_l；人力资本中用于最终产品生产的份额为 h_y，用于人力资本生产的份额为 h_h，用于知识生产的份额为 h_a，用于劳动力生产的份额为 h_l；物质资本中用于最终产品生产的份额为 b_y，用于人力资本生产的份额为 b_h，用于知识生产的份额为 b_a，用于劳动力生产的份额为 b_l。对所有这些份额，都有：

$$1 > J_i > 0$$
$$\sum_i J_i = 1, \quad J=a,\ b,\ h, \quad i=y,\ h,\ a,\ l$$

物质资本存量 K 由不消费的产品积累而来，用于增加资本的积累占产品的份额为储蓄率 s。所有上述份额均为外生给定且不变。此外，假定物质资本、人力资本和劳动力分别有外生给定的折旧率 δ_k，δ_h，δ_l。

按照我们的分析目的，假设物质资本、人力资本、技术和劳动力这 4 种"最终产品生产函数自变量物品"存量随时间发生的变化就是它们各自的"生产"，这 4 种物品的"产出"都是 4 种随时间而发生变化的自变量的函数，这 4 种自变量就是该生产中使用的技术、劳动力、物质资本和人力资本存量，而这 4 种产出与决定其产出的自变量之间的数量关系都可以用柯布—道格拉斯式的生产函数来描述。

这样，最终产品的生产函数就可表为：

$$Y(t) = A(t)^{\theta} \cdot \left(b_y \cdot K(t)\right)^{\alpha} \cdot \left(h_y \cdot H(t)\right)^{\beta} \cdot \left(a_y \cdot L(t)\right)^{\lambda} \quad （\text{I.F}）$$

根据式（I.F）和给定的储蓄率 s，可得物质资本的"生产函数"：

$$\frac{\mathrm{d}K(t)}{\mathrm{d}t} = s \cdot A(t)^{\theta} \cdot \left(b_y \cdot K(t)\right)^{\alpha} \cdot \left(h_y \cdot H(t)\right)^{\beta} \cdot \left(a_y \cdot L(t)\right)^{\lambda} - \delta_k \cdot K(t)$$
$$（\text{I.G}）$$

许多经济增长模型都假设物质资本折旧率为零，此时物质资本的生产函数变为：

内生稳态增长模型的生产结构

$$\frac{\mathrm{d}K(t)}{\mathrm{d}t} = s \cdot A(t)^{\theta} \cdot \left(b_y \cdot K(t)\right)^{\alpha} \cdot \left(h_y \cdot H(t)\right)^{\beta} \cdot \left(a_y \cdot L(t)\right)^{\lambda}$$

（Ⅰ.G.1）

仿此，可得有折旧和无折旧时的人力资本生产函数：

$$\frac{\mathrm{d}H}{\mathrm{d}t} = A(t)^{\varepsilon} \cdot \left(b_h \cdot K(t)\right)^{\omega} \cdot \left(h_h \cdot H(t)\right)^{\sigma} \cdot \left(a_h \cdot L(t)\right)^{\kappa} - \delta_h \cdot H(t)$$

（Ⅰ.H）

和

$$\frac{\mathrm{d}H}{\mathrm{d}t} = A(t)^{\varepsilon} \cdot \left(b_h \cdot K(t)\right)^{\omega} \cdot \left(h_h \cdot H(t)\right)^{\sigma} \cdot \left(a_h \cdot L(t)\right)^{\kappa}$$ （Ⅰ.H.1）

还可得有折旧和无折旧时的劳动力生产函数：

$$\frac{\mathrm{d}L}{\mathrm{d}t} = A(t)^{\delta} \cdot \left(b_l \cdot K(t)\right)^{\eta} \cdot \left(h_l \cdot H(t)\right)^{\rho} \cdot \left(a_l \cdot L(t)\right)^{\mu} - \delta_l \cdot L(t)$$

（Ⅰ.I）

和

$$\frac{\mathrm{d}L}{\mathrm{d}t} = A(t)^{\delta} \cdot \left(b_l \cdot K(t)\right)^{\eta} \cdot \left(h_l \cdot H(t)\right)^{\rho} \cdot \left(a_l \cdot L(t)\right)^{\mu}$$ （Ⅰ.I.1）

而知识的生产函数为：

$$\frac{\mathrm{d}A}{\mathrm{d}t} = A(t)^{\phi} \cdot \left(b_a \cdot K(t)\right)^{\gamma} \cdot \left(h_a \cdot H(t)\right)^{\varphi} \cdot \left(a_a \cdot L(t)\right)^{\chi}$$ （Ⅰ.J）

由式（Ⅰ.F）得最终产品总产出的增长率

$$gY(t) = \theta \cdot gA(t) + \alpha \cdot gK(t) + \beta \cdot gH(t) + \lambda \cdot gL(t)$$ （Ⅰ.K）

式中 gY，gA，gK，gH，gL 分别为最终产品、知识水平、物质资本、人力资本、劳动力的增长率。

由式（Ⅰ.G）除以 K，得物质资本的增长率：

$$gK(t) = s \cdot A(t)^{\theta} \cdot b_y^{\alpha} \cdot K(t)^{\alpha-1} \cdot \left(h_y \cdot H(t)\right)^{\beta} \cdot \left(a_y \cdot L(t)\right)^{\lambda} - \delta_k$$

（Ⅰ.G.2）

从这个物质资本增长率的决定方程中，还可以进一步求得物质资本增长率的变动速度：

$$\frac{\mathrm{d}(gK(t))}{\mathrm{d}t} = \left[gK(t) + \delta_k \right] \cdot \left[\theta \cdot gA(t) + (\alpha - 1) \cdot gK(t) + \beta \cdot gH(t) + \lambda \cdot gL(t) \right]$$

（Ⅰ.G.3）

由式（Ⅰ.J）得知识的增长率：

$$gA(t) = A(t)^{\phi-1} \cdot \left(b_a \cdot K(t) \right)^{\gamma} \cdot \left(h_a \cdot H(t) \right)^{\varphi} \cdot \left(a_a \cdot L(t) \right)^{\chi}$$

（Ⅰ.J.1）

从这个知识增长率的决定式中，还可以进一步求得知识增长率的变动速度：

$$\frac{\mathrm{d}(gA)}{\mathrm{d}t} = gA(t) \cdot \left[(\phi - 1) \cdot gA(t) + \gamma \cdot gK(t) + \varphi \cdot gH(t) + \chi \cdot gL(t) \right]$$

（Ⅰ.J.2）

由式（Ⅰ.H）得人力资本的增长率：

$$gH(t) = A(t)^{\varepsilon} \cdot \left(b_h \cdot K(t) \right)^{\omega} \cdot h_h^{\sigma} \cdot H(t)^{\sigma-1} \cdot \left(a_h \cdot L(t) \right)^{\kappa} - \delta_h$$

（Ⅰ.H.2）

从这个人力资本增长率的决定式中，还可以进一步求得人力资本增长率的变动速度：

$$\frac{\mathrm{d}(gH)}{\mathrm{d}t} = \left[gH(t) + \delta_h \right] \cdot \left[\varepsilon \cdot gA(t) + \omega \cdot gK(t) + (\sigma - 1) \cdot gH(t) + \kappa \cdot gL(t) \right]$$

（Ⅰ.H.3）

由式（Ⅰ.I）得劳动力的增长率：

$$gL(t) = A(t)^{\delta} \cdot \left(b_l \cdot K(t) \right)^{\eta} \cdot \left(h_l \cdot H(t) \right)^{\rho} \cdot a_l^{\mu} \cdot L(t)^{\mu-1} - \delta_l$$

（Ⅰ.I.2）

从这个劳动力增长率的决定式中，还可以进一步求得劳动力增长率的变动速度：

$$\frac{d(gL)}{dt} = \left[gL(t) + \delta_l \right] \cdot \left[\delta \cdot gA(t) + \eta \cdot gK(t) + \rho \cdot gH(t) + (\mu - 1) \cdot gL \right]$$

（Ⅰ.I.3）

根据式（Ⅰ.G.1）、式（Ⅰ.H.1）和式（Ⅰ.I.1），式（Ⅰ.G.2）、式（Ⅰ.H.2）和式（Ⅰ.I.2）中的 δ_k，δ_h，δ_l 可以各自为零。

平衡增长路径上的稳态增长要求最终产出及其各自变量的增长率（gY, gA, gK, gH, gL）不再随着时间过程而发生变化，也即式（Ⅰ.G.3）、式（Ⅰ.H.3）、式（Ⅰ.I.3）和式（Ⅰ.J.2）中的物质资本增长率的变动速度、人力资本增长率的变动速度、劳动力增长率的变动速度和技术增长率的变动速度分别为零。根据式（Ⅰ.K），这也保证了最终产出的增长率 gY 不再随着时间过程而发生变化。

由式（Ⅰ.G.3）、式（Ⅰ.H.3）、式（Ⅰ.I.3）和式（Ⅰ.J.2）可知，要使技术的增长率（gA）、物质资本增长率（gK）、人力资本的增长率（gH）和劳动力的增长率（gL）不再随时间过程发生变化，这 4 个增长率的取值必须能够使下列齐次线性方程组中的 4 个方程同时成立：

$$\begin{cases} (\phi - 1) \cdot gA(t) + \gamma \cdot gK(t) + \varphi \cdot gH(t) + \chi \cdot gL(t) = 0 \\ \theta \cdot gA(t) + (\alpha - 1) \cdot gK(t) + \beta \cdot gH(t) + \lambda \cdot gL(t) = 0 \\ \varepsilon \cdot gA(t) + \omega \cdot gK(t) + (\sigma - 1) \cdot gH(t) + \kappa \cdot gL(t) = 0 \\ \delta \cdot gA(t) + \eta \cdot gK(t) + \rho \cdot gH(t) + (\mu - 1) \cdot gL(t) = 0 \end{cases}$$

（Ⅰ.L）

当 gA、gK、gH 和 gL 的数值能使上述联立方程组中的各个方程同时成立时，技术的增长率、物质资本增长率、人力资本增长率和劳动力的增长率不再随时间过程发生变化。比较式（Ⅰ.K）和式（Ⅰ.L）可知，此时最终产出的增长率 gY 将正好等于物质资本的增长率 gK，该经济处在稳态增长的平衡增长路径上。

由式（I.F）可知，若 $\lambda = 1 - \alpha - \beta - \theta$，最终产品的生产就对其所有的自变量规模报酬不变。我们称这时的最终产品生产是"全自变量规模报酬不变"的。相应地，当 $\chi = 1 - \phi - \gamma - \varphi$ 时，技术的"生产"是"全自变量规模报酬不变"的；当 $\kappa = 1 - \varepsilon - \omega - \sigma$ 时，人力资本的"生产"是"全自变量规模报酬不变"的；当 $\mu = 1 - \delta - \eta - \rho$ 时，劳动力的"生产"是"全自变量规模报酬不变"的。

由此我们引进了"全自变量规模报酬不变"的概念：如果在一个生产函数中，产出对全部自变量（包括技术水平）的规模报酬不变，该生产函数就是"全自变量规模报酬不变"的。

假定这个经济中所有物品的生产都是全自变量规模报酬不变的，由式（I.L）可知，当物质资本、技术、人力资本和劳动力从而最终产品都有相同的增长率时，式（I.L）中的联立方程组必定成立，该经济处于稳态增长路径。由式（I.G.3）可知，在这种情况下，如果只有物质资本的增长率 gK 大于其他各种物品的相同增长率，物质资本增长率的变动速度将为负，物质资本增长率将逐渐降低而回到稳态增长上来。式（I.J.2）、式（I.H.3）和式（I.I.3）表明技术增长率、人力资本增长率和劳动力增长率的变化也服从同样的动态。当然，这是否就能说明该平衡增长路径上的稳态均衡是稳定的，各种物品的增长率最终都会收敛到平衡增长路径上来，仍然是一个需要进一步研究的问题。

迄今为止的绝大多数经济增长模型都把劳动力的增长率即人口的增长率视为外生给定且不变的。由模型本身的数学性质看，这等于设定在式（I.I）和式（I.L）中 $\mu = 1$ 而 $\delta = \eta = \rho = 0$。而在联立方程组（I.L）中，这等于取消了关于人口增长率 gL 的稳态增长条件方程，同时使其他三个方程中由 gL 构成的一项变成一个常数项。于是，齐次线性方程组（I.L）变成了一个非齐次的有常数项的普通线性方程组。我们可以根据线性代数的规则来判别并解出这些方程组决定的稳态增长率。

在根据式（I.L）这样的联立方程组分析稳态增长条件时，区分规模报酬与物品的非竞争性各自对稳态增长的影响十分重要。为了区分这两者的不同作用，在此基础上进一步弄清技术的非竞争性即"公共物品"性质对稳态增长的作用，以下的分析中先假定任何自变量存量"物品"都不是公共物品，在不同物品的生产间有完全的竞争性，因而参与了某种物品生产的任何自变量物品的存量都不可能同时参与另一种物品的生产。在数学模型中，这意味着同一自变量物品存量不能同时出现在两个或两个以上物品的生产函数中。特别地，某种自变量物品的全部存量（如全部技术的存量 A）不能同时出现在两个或两个以上物品的生产函数中。

第三节　推广到更一般情况的内生增长模型

我们可以将上一节的建模思路进一步一般化，假设最终产品总产出是 n 种随时间而变化的自变量的增函数，这些自变量本身都是一些存量。这些自变量存量随时间而发生的变化，就是它们的"生产"和"折旧"，而生产某一种自变量存量的"产出"减去其折旧，就是这种自变量存量在单位时间内的增量。

一、生产函数

在这 n 种自变量中，有一种自变量——物质资本是由最终产品本身积累起来的：单位时间的最终产品流量——最终产品总产出的一定部分形成物质资本单位时间内的"产出"，它与总产出的比率就是储蓄率 s。在我们目前的分析中，储蓄率是外生给定的，不随时间而变化。这样，物质资本的"生产函数"其实就是最终产品的生产函数，是最终产品的生产函数乘以一个固定不变的常数——储蓄率 s。

最终产品生产函数中的其他 $n-1$ 种自变量存量在单位时间内的增量，也都首先取决于生产这些"物品"的"产出"。按照内生增长理论的逻辑，这 $n-1$ 种物品中每一种物品的"产出"也应当是 n 种用于生产它的自变量存量的增函数，这 n 种自变量也正好就是最终产品生产函数中的那 n 种自变量。

这样，对于最终产品生产函数中的那 n 种自变量"物品"，我们就可以用通常的生产函数来分别表述生产它们的"投入"与其"产出"的关系。以 z_j 表示第 j 种自变量存量物品的产出，x_{ji} 表示参加了第 j 种物品生产的第 i 种物品存量的投入，可以将第 j 种物品的生产函数表示为：

$$z_j = z_j\left(x_{j1},\ x_{j2},\ \cdots,\ x_{ji},\cdots,\ x_{jn}\right), \qquad x_{ji}\geqslant 0 \qquad （\text{I}.1）$$

通常假设，z_j 是其自变量的连续可微的增函数，且：

$$\frac{\partial z_j}{\partial x_{ji}}\geqslant 0 \qquad\qquad （\text{I}.1.1）$$

$z_j \geqslant 0$，当且仅当每个 $x_{ji} \geqslant 0$；

$z_j > 0$，如果每个 $x_{ji} > 0$。

我们称这样的生产函数为"正则生产函数"。而在一个经济中，如果所有物品包括最终产品的生产都服从正则生产函数，则称该经济为"正则生产函数经济"。

正则生产函数的一个典型例子是著名的柯布—道格拉斯式生产函数，其形式为：

内生稳态增长模型的生产结构

$$z_j = c_j \cdot \prod_{i=1}^{n} x_{ji}^{\alpha_{ji}}, \quad 0 \leqslant \alpha_{ji} \leqslant 1 \qquad （\mathrm{I}.1.2）$$

如果在一个经济中，所有"物品"的生产都具有柯布—道格拉斯式生产函数，则称该经济为"柯布—道格拉斯经济"。

将最终产品生产函数中的第 I 种自变量在整个经济中的存量表示为 x_i。如果该自变量物品在生产中的使用存在非竞争性，则多种不同物品的生产中都可以同时使用该种物品在整个经济中的全部存量。但是为了纯粹地讨论规模报酬的作用，先假设在不同物品的生产间"完全不存在非竞争性"，它适用于最终产品生产函数中的每一种自变量物品，意味着这些自变量物品的任何一部分在使用于某种物品的生产时都不会影响任何别的物品的生产。令 s_{ji} 代表第 I 种自变量物品在整个经济中的全部存量中用于生产第 j 种物品的份额，则不同物品的生产间"完全不存在非竞争性"意味着：

$$x_{ji} = s_{ji} \cdot x_i, \quad 1 \geqslant s_{ji} \geqslant 0, \quad \sum_{j=1}^{n} s_{ji} \equiv 1 \quad 即使当 n > 1$$
$$（\mathrm{I}.2）$$

假定这些份额都是外生给定的，不随时间流逝而发生变化。将式（I.2）代入式（I.1）之后，正则生产函数就变为：

$$z_j = z_j\left(s_{j1} \cdot x_1, s_{j2} \cdot x_2, \cdots, s_{ji} \cdot x_i, \cdots, s_{jn} \cdot x_n\right), 1 \geqslant s_{ji} \geqslant 0 \quad x_i \geqslant 0$$
$$（\mathrm{I}.1.3）$$

而式（I.1.2）中的柯布—道格拉斯式生产函数则变为：

$$z_j = c_j \cdot \prod_{i=1}^{n} \left(s_{ji} \cdot x_i\right)^{\alpha_{ji}}, 0 \leqslant \alpha_{ji} \leqslant 1 \qquad （\mathrm{I}.1.4）$$

二、全自变量规模报酬

在内生稳态增长模型的生产结构中，最重要的问题之一是生产函数的规模报酬问题。

在这里首先要说明一个生产函数的"全自变量规模报酬"。所谓一个生产函数的"全自变量规模报酬"，就是该生产函数中的产出对全部自变量（包括技术水平）的规模报酬。在经济增长模型中，"全自变量规模报酬"所涉及的自变量，就是随时间过程而发生变化的那些逐渐积累起来的存量。如果在一个生产函数中，产出对全部自变量（包括技术水平）的规模报酬不变，该生产函数就是"全自变量规模报酬不变"的。"全自变量规模报酬不变"意味着产出对包括技术水平在内的所有随时间而变化的自变量规模报酬不变。

为了便于描述生产上的全自变量规模报酬，我们假定所有物品的生产函数都是齐次函数，即具有形式：

$$z_j(t \cdot x_j) = t^r \cdot z_j(x_j)，\text{其中} \, 4x_j = (x_{j1}, x_{j2}, \cdots, x_{ji}, \cdots, x_{jn}) \quad （\text{I}.3）$$

这样，"全自变量规模报酬不变"的生产函数就等价于对所有自变量的一次齐次生产函数，此时式（I.3）中的 $r=1$。而"全自变量规模报酬递增"的生产函数就等价于在式（I.3）中 $r > 1$，"全自变量规模报酬递减"的生产函数则等价于在式（I.3）中 $r < 1$。将式（I.3）的两边对 t 求导，可得：

$$\sum_{i=1}^{n} \frac{\partial z_j(t \cdot x_j)}{\partial(t \cdot x_{ji})} \cdot x_{ji} = r \cdot t^{r-1} \cdot z_j(x_j)$$

这等价于：

$$\sum_{=1}^{n} \frac{\partial\, z_j\left(t \cdot x_j\right)}{\partial\,\left(t \cdot x_{ji}\right)} \cdot t \cdot x_{ji} = r \cdot t^r \cdot z_j\left(x_j\right) \qquad (\text{I}.3.1)$$

$$= r \cdot z_j\left(t \cdot x_j\right)$$

定义第 i 种物品对第 j 种物品生产的贡献率（物品 j 的产出对物品 i 投入的弹性）为：

$$\alpha_{ji} = \frac{\partial\, z_j\left(x_j\right)}{\partial\,\left(x_{ji}\right)} \cdot x_{ji} \cdot z_j\left(x_j\right)^{-1}, \alpha_{ji} \geqslant 0 \qquad (\text{I}.3.2)$$

比较式（I.3.1）和式（I.3.2）可知，对任何 r 次齐次的生产函数都恒有：

$$\sum_{i=1}^{n} \alpha_{ji} = r \qquad (\text{I}.3.3)$$

根据前边的定义，如果在一个生产函数中，产出对全部自变量（包括技术水平）的规模报酬不变，该生产函数就是"全自变量规模报酬不变"的。由"全自变量规模报酬"与齐次生产函数的关系可知，对"全自变量规模报酬不变"的生产函数，有 $r = \sum_{i=1}^{n} \alpha_{ji} = 1$；对"全自变量规模报酬递增"的生产函数，有 $r = \sum_{i=1}^{n} \alpha_{ji} > 1$；对"全自变量规模报酬递减"的生产函数，有 $r = \sum_{i=1}^{n} \alpha_{ji} < 1$。

为了便于讨论，我们将上述正则生产函数中的 x_{j1} 定义为用于生产第 j 种物品的知识的存量（技术水平），从而将技术水平定义为第 1 种自变量存量物品。

而作为"全自变量规模报酬不变"的正则生产函数的一个典型例子，"全自变量规模报酬不变"的柯布—道格拉斯生产函数形式为：

$$z_j = c_j \cdot \prod_{i=1}^{n} x_{ji}^{\alpha_{ji}}, 0 \leqslant \alpha_{ji} \leqslant 1, \sum_{i=1}^{n} \alpha_{ji} = 1 \qquad （I.3.4）$$

在"全自变量"这个意义上的规模报酬不变与经济增长理论通常说的"规模报酬不变生产函数"有重大差别。经济增长理论中的"规模报酬不变生产函数"通常指产出对不包括技术水平在内的所有其他自变量规模报酬不变，它可以表示为：

$$\sum_{i=2}^{n} \alpha_{ji} = 1 \qquad （I.4）$$

特别地，对于柯布—道格拉斯生产函数，经济增长理论通常说的"规模报酬不变生产函数"的数学形式为：

$$z_j = c_j \cdot x_{j1}^{\alpha_{j1}} \prod_{i=2}^{n} x_{ji}^{\alpha_{ji}}, \quad 0 \leqslant \alpha_{ji} \leqslant 1, \sum_{i=2}^{n} \alpha_{ji} = 1 \qquad （I.4.1）$$

这种生产函数只对除技术水平之外的其他自变量是规模报酬不变的。

正则生产函数中除技术水平之外的其他自变量在经济学中通常都被划归"生产要素"范畴，因此我们可以将式（I.4）表示的生产函数称为"全要素规模报酬不变生产函数"。比较式（I.3.3）之下的"全自变量规模报酬不变"定义和式（I.4），特别是比较式（I.3.4）和式（I.4.1）就可以看出，由于 $\alpha_1 \geqslant 0$，同一生产函数中的"全自变量规模报酬"绝不会小于"全要素规模报酬"，而且通常会大于"全要素规模报酬"。按照式（I.4）和式（I.4.1）的观点也即经济理论通常的观点看，式（I.3）和式（I.3.4）的"全自变量规模报酬不变"生产函数往往是"全要素规模报酬递减"的；而按式（I.3）和式（I.3.4）的标准衡量，式（I.4）和式（I.4.1）的"全要素规模报酬不变生产函数"又常常是"全自变量规模报酬递增"的。

三、外生给定的增长率

在"柯布—道格拉斯式生产函数"及其中的"全自变量规模报酬不变"生产函数中，有一种特殊的类型，其特点是对物品 j 的生产函数来说有：

$$\alpha_{ji} = 0 \text{ 或 } \alpha_{ji} = 1 \qquad （I.5）$$

特别地，这种"生产函数"采取了形式：

$$z_j(t) = c_j \cdot x_{ij} \cdot \prod_{i \neq j}, \quad x_{ij}^0 = s_{ji} \cdot x_j \quad x_j = \int_{-\infty}^{t} z_j(\tau) \mathrm{d}\tau \quad （I.5.1）$$

这样的生产函数虽然仍然是"全自变量规模报酬不变"的，但是它意味着：

$$\frac{\mathrm{d}x_j}{\mathrm{d}t} = c_j \cdot s_{ij} \cdot x_j, \quad 即 \, gx_j = c_j \cdot s_{ij} \qquad （I.5.2）$$

这意味着物品 x_j 的存量有一个外生给定的增长率 $c_j \cdot s_{ij}$，这是一种"增长率外生给定"的生产函数。比较式（I.1.2）和式（I.3.4）可知，它其实是柯布—道格拉斯式生产函数的一个特殊种类，而且是其中的"全自变量规模报酬不变"生产函数的一个特殊种类。

以下我们如果谈到"增长率非外生的全自变量规模报酬不变"生产函数，其含义就是：我们谈论的虽然是"全自变量规模报酬不变"的生产函数，但是排除了式（I.5）~式（I.5.2）所讨论的这种增长率外生给定的特殊形式。"增长率非外生的全自变量规模报酬不变"柯布—道格拉斯生产函数的形式为：

$$z_j = c \cdot \prod_{i=1}^{n} x_{ji}^{\alpha_{ji}}, \quad 0 < \alpha_{ji} < 1, \sum_{i=0}^{n} \alpha_{ji} = 1 \qquad （I.4.2）$$

四、最终产品和物质资本的增长率

完全可以用式（I.1）那样的正则生产函数来描述最终产品的生产，但是最终产品的生产函数与其自变量物品的生产函数表达的意义不同：最终产品生产函数中的产出是一种流量，而其自变量物品生产函数中的产出则是自变量存量的增量。

在外生给定的储蓄率 s 之下，可以把物质资本的"产出"视为与最终产品的产出流量保持着固定的比率 s。但是物质资本的这一"产出"并不就是物质资本单位时间的增量，通常要从物质资本的上述"产出"中减去其单位时间内的折旧，其差为物质资本单位时间的增量。一般都把单位时间物质资本的折旧量看作与当时的物质资本存量成一个固定比率，这个比率就是式（I.E.4）中的折旧率 δ。为了便于分析，我们将物质资本的存量规定为用于生产最终产品的第 2 种自变量物品存量 x_2，而将物质资本的折旧率定义为可以随时间变动的比例数 $\delta_2(t)$。这样，物质资本存量对时间的导数（物质资本单位时间的增量）就可以表示为：

$$\frac{\mathrm{d}x_2(t)}{\mathrm{d}t} = s \cdot Y(t) - \delta_2(t) \cdot x_2(t) \qquad （I.6）$$

而为了分析方便，许多经济增长理论模型干脆忽略掉物质资本的折旧，把物质资本单位时间的增量就视为当时最终产品总产出的一个固定部分：

$$\frac{\mathrm{d}x_2(t)}{\mathrm{d}t} = s \cdot Y(t) \qquad （I.6.1）$$

这样，物质资本的"生产函数"其实就是最终产品的生产函数乘以储蓄率 s 再减去物质资本存量的一个比例部分，可以把最终产品的生产看成就是第 2 种物品的生产。于是最终产品

内生稳态增长模型的生产结构

Y 的生产函数就可以表示为：

$$Y(t) = z_2 = z_2\left(s_{21} \cdot x_1, s_{22} \cdot x_2, \cdots, s_{2i} \cdot x_i, \cdots, s_{2n} \cdot x_n\right), 1 \geqslant s_{2i} \geqslant 0 \quad x_i \geqslant 0$$

（Ⅰ.6.2）

而如果最终产品的生产函数是柯布—道格拉斯式的，则最终产品的生产函数将为：

$$Y(t) = c_2 \cdot \prod_{i=1}^{n}\left(s_{2i} \cdot x_i(t)\right)^{\alpha_{2i}}$$

（Ⅰ.6.3）

将式（Ⅰ.6.2）的两边对时间 t 求导再除以当下的最终产品产量 $Y(t)$，可得最终产品产量增长率（经济增长率）：

$$
\begin{aligned}
gY(t) &= \frac{\dfrac{\mathrm{d}(Y(t))}{\mathrm{d}t}}{Y(t)} = \frac{\dfrac{\mathrm{d}z_2(t)}{\mathrm{d}t}}{z_2(t)} \\
&= \sum_{i=1}^{n} z_2^{-1}(t) \cdot \frac{\partial z_2(t)}{\partial x_{2i}} \cdot s_{2i} \cdot \frac{\mathrm{d}x_i(t)}{\mathrm{d}t} \\
&= \sum_{i=1}^{n} z_2^{-1}(t) \cdot \frac{\partial z_2(t)}{\partial x_{2i}} \cdot s_{2i} \cdot x_i(t) \cdot x_i^{-1}(t) \cdot \frac{\mathrm{d}x_i(t)}{\mathrm{d}t} \\
&= \sum_{i=1}^{n} \alpha_{2i} \cdot gx_i(t)
\end{aligned}
$$

（Ⅰ.6.4）

式中的 $gx_i(t)$ 为第 i 种自变量物品存量的增长率 $x_i^{-1}(t) \cdot \dfrac{\mathrm{d}x_i(t)}{\mathrm{d}t}$。

如果最终产品生产函数是柯布—道格拉斯式的，则根据常规的求增长率程序，将式（Ⅰ.6.3）两边取对数再对时间求导就可以直接得出给定 s_{2i} 不变时的最终产品产量增长率：

$$gY(t) = \sum_{i=1}^{n} \alpha_{2i} \cdot gx_i(t)$$

（Ⅰ.6.5）

根据式（Ⅰ.6），物质资本存量对时间的导数（物质资本单位时间的增量）等于储蓄率 s 乘以最终产品的生产函数再减去折旧，由此可得最终产品正则生产函数下的物质资本存量对时间的导数（物质资本单位时间的增量）：

$$\frac{dx_2}{dt} = s \cdot Y(t) - \delta_2(t) \cdot x_2(t)$$
$$= s \cdot z_2 \left(s_{21} \cdot x_1, s_{22} \cdot x_2, \cdots, s_{2i} \cdot x_i, \cdots, s_{2n} \cdot x_n\right) - \delta_2(t) \cdot x_2(t)$$
（I.7）

当折旧率 $\delta_2(t)$ 恒等于零时，最终产品正则生产函数下的物质资本存量对时间的导数为：

$$\frac{dx_2}{dt} = s \cdot Y(t) = s \cdot z_2 \left(s_{21} \cdot x_1, s_{22} \cdot x_2, \cdots, s_{2i} \cdot x_i, \cdots, s_{2n} \cdot x_n\right)$$
（I.7.1）

为了称呼简便，我们称没有折旧的式（I.7.1）为物质资本的"严格正则生产函数"，称包含了折旧的式（I.7）为物质资本的"广义正则生产函数"。而在实际上，这两个公式表达的都是最终产品正则生产函数下的物质资本存量对时间的导数（物质资本单位时间的增量），差别只在于一个没有折旧，一个有折旧。

如果最终产品的生产函数是柯布—道格拉斯式的，则根据式（I.6）和式（I.6.3），物质资本的"广义正则生产函数"就变为：

$$\frac{dx_2(t)}{dt} = s \cdot Y(t) - \delta_2(\cdot t) \cdot x_2(t)$$
（I.7.2）
$$= s \cdot c_2 \cdot \prod_{i=1}^{n} \left(s_{2i} \cdot x_i(t)\right)^{\alpha_{2i}} - \delta_2(t) \cdot x_2(t)$$

当物质资本的折旧率 $\delta_2(t)$ 为零时，就有物质资本的"狭义柯布—道格拉斯生产函数"：

$$\frac{dx_2(t)}{dt} = s \cdot Y(t) = s \cdot c_2 \cdot \prod_{i=1}^{n} \left(s_{2i} \cdot x_i(t)\right)^{\alpha_{2i}}$$
（I.7.3）

由式（Ⅰ.7）可知，物质资本的增长率为：

$$gx_2(t) = \frac{\dfrac{dx_2(t)}{dt}}{x_2(t)} = \frac{s \cdot Y(t)}{x_2(t)} - \delta_2(t)$$

$$= \frac{s \cdot z_2\left(s_{21} \cdot x_1, s_{22} \cdot x_2, \cdots, s_{2i} \cdot x_i, \cdots, s_{2n} \cdot x_n\right)}{x_2(t)} - \delta_2(t)$$

（Ⅰ.7.4）

当物质资本的折旧率 $\delta_2(t)$ 为零时，物质资本的增长率就变为：

$$gx_2(t) = \frac{\dfrac{dx_2(t)}{dt}}{x_2(t)} = \frac{s \cdot Y(t)}{x_2(t)}$$

$$= \frac{s \cdot z_2\left(s_{21} \cdot x_1, s_{22} \cdot x_2, \cdots, s_{2i} \cdot x_i, \cdots, s_{2n} \cdot x_n\right)}{x_2(t)}$$

（Ⅰ.7.5）

而如果最终产品的生产函数是柯布—道格拉斯式的，则根据式（Ⅰ.7.2），物质资本的增长率就变为：

$$gx_2(t) = \frac{\dfrac{dx_2(t)}{dt}}{x_2(t)} = \frac{s \cdot Y(t)}{x_2(t)} - \delta_2(t)$$

$$= s \cdot c_2 \cdot x_2(t)^{-1} \cdot \prod_{i=1}^{n}\left[s_{2i} \cdot x_i(t)\right]^{\alpha_{2i}} - \delta_2(t)$$

（Ⅰ.7.6）

当物质资本的折旧率 $\delta_2(t)$ 为零时，有柯布—道格拉斯生产函数的物质资本增长率就变为：

$$gx_2(t) = \frac{\dfrac{dx_2(t)}{dt}}{x_2 t} = \frac{s \cdot Y(t)}{x_2(t)}$$

（Ⅰ.7.7）

$$= s \cdot c_2 \cdot x_2(t)^{-1} \cdot \prod_{i=1}^{n}\left[s_{2i} \cdot x_i(t)\right]^{\alpha_{2i}}$$

按照我们的定义，最终产品生产函数的自变量是 n 种存量"物品"，其中包括了劳动力和技术的存量。在这 n 种自变量"物品"中，物质资本的生产函数是直接从最终产品的生产函数转变过来的。式（Ⅰ.6）到式（Ⅰ.7.7）描述了这个转变过程。根据这些公式，如果最终产品的生产函数是"增长率非外生的全自变量规模报酬不变"的，物质资本的严格正则生产函数就也是"增长率非外生的全自变量规模报酬不变"的。

根据最终产品生产与物质资本积累的上述数量关系，可以得出：

命题 1

给定储蓄率 s 不变，如果物质资本的折旧率 $\delta_2(t)$ 也不随时间变化，则在稳态增长时最终产品生产的增长率等于物质资本存量的增长率。

证

根据式（Ⅰ.7.4），物质资本存量的增长率为：

$$gx_2(t) = \frac{\dfrac{\mathrm{d}x_2(t)}{\mathrm{d}t}}{x_2(t)} = \frac{s \cdot Y(t)}{x_2(t)} - \delta_2(t)$$

由于储蓄率 s 在这里是外生给定的，因而可以把它看作在动态过程中不随时间流逝而发生变化。而物质资本的折旧率 $\delta_2(t)$ 不随时间变化，意味着 $\delta_2(t)$ 对时间的导数为零。这样，将上式的两边对时间求导，可得物质资本增长率随时间而变化的速度：

$$
\begin{aligned}
\frac{\mathrm{d}\big(gx_2(t)\big)}{\mathrm{d}t} &= \frac{s \cdot \dfrac{\mathrm{d}Y(t)}{\mathrm{d}t}}{x_2(t)} - \frac{s \cdot Y(t) \cdot \dfrac{\mathrm{d}x_2(t)}{\mathrm{d}t}}{x_2(t)^2} \\
&= s \cdot \left[\frac{\dfrac{\mathrm{d}Y(t)}{\mathrm{d}t}}{x_2(t)} - \frac{Y(t) \cdot gx_2(t)}{x_2(t)} \right]
\end{aligned}
\tag{Ⅰ.8}
$$

由稳态的定义，稳态增长时物质资本的增长率不再变化。根据式（I.8），这意味着

$$\frac{\mathrm{d}\big(gx_2(t)\big)}{\mathrm{d}t} = s \cdot \left[\frac{\dfrac{\mathrm{d}Y(t)}{\mathrm{d}t}}{x_2(t)} - \frac{Y(t) \cdot gx_2(t)}{x_2(t)} \right] = 0$$

只要储蓄率 s 不为零，此时就必有：

$$\frac{\dfrac{\mathrm{d}Y(t)}{\mathrm{d}t}}{x_2(t)} - \frac{Y(t) \cdot gx_2(t)}{x_2(t)} = 0$$

将上式稍作变换，即可知在稳态增长时：

$$\frac{\mathrm{d}Y(t)}{\mathrm{d}t} = Y(t) \cdot gx_2(t)$$

这意味着在稳态增长时，物质资本的增长率 gx_2^*，必等于最终产出增长率 gY^*：

$$gx_2^* = gY^* = \frac{\dfrac{\mathrm{d}Y(t)^*}{\mathrm{d}t}}{Y(t)^*} \tag{I.8.1}$$

证毕

由于稳态增长时物质资本存量的增长率等于最终产品产出的增长率，此时的经济增长也必定处于平衡增长路径上。

如果最终产品具有式（I.6.3）那样的柯布—道格拉斯生产函数，而储蓄率 s 和物质资本的折旧率 δ_2 都给定不变，我们就可以由式（I.7.6）得出物质资本存量增长率随时间而变化的速度：

$$\frac{\mathrm{d}\big(gx_2(t)\big)}{\mathrm{d}t} = \sum_{i=1}^{n} \alpha_{2i} \cdot \frac{\dfrac{\mathrm{d}x_i(t)}{\mathrm{d}t}}{x_i(t)} \cdot \frac{s \cdot Y(t)}{x_2(t)} - \frac{\dfrac{\mathrm{d}x_2(t)}{\mathrm{d}t}}{x_2(t)} \cdot \frac{s \cdot Y(t)}{x_2(t)} \tag{I.8.2}$$

$$= \frac{s \cdot Y(t)}{x_2(t)} \left[\sum_{i=1}^{n} \alpha_{2i} \cdot gx_i(t) - gx_2(t) \right]$$

稳态增长要求物质资本的增长率不随时间而变化。根据式（Ⅰ.8.2），这意味着：

$$\frac{s \cdot Y(t)}{x_2(t)} \cdot \left[\sum_{i=1}^{n} \alpha_{2i} \cdot gx_i(t) - gx_2(t) \right] = 0$$

只要储蓄率 s 不为零，$\dfrac{s \cdot Y(t)}{x_2(t)}$ 必不为零。这就决定了物质资本的稳态增长率 gx_2^* 必须满足条件：

$$gx_2^*(t) = \sum_{i=1}^{n} \alpha_{2i} \cdot gx_i^*(t) \qquad （Ⅰ.8.3）$$

与式（Ⅰ.6.5）比较一下即可知道，物质资本的这个稳态增长率正好等于最终产品的增长率。这是命题 1 的一个具体例证。

五、各种自变量物品的增长率

在这里所分析的正则生产函数经济中，最终产品的生产函数中有 n 种自变量存量物品。除前边所分析的物质资本存量的特殊情况之外，其他 $n-1$ 种自变量物品的"生产函数"都可以直接用前边的式（Ⅰ.1）~式（Ⅰ.1.4）来描述。这些公式说明了这 $n-1$ 种自变量"物品"单位时间内的"产出"与为获得这些"产出"而投入的各种物品存量的数量关系。按照我们的假定，这 $n-1$ 种物品中的每一种在单位时间内的产出都受 n 种自变量影响，而这 n 种自变量也就是最终产品生产函数中的那 n 种自变量。而且这 $n-1$ 种自变量物品的生产函数也同样是正则的。

但是，对这 $n-1$ 种自变量物品来说，第 i 种物品的生产函数中描绘的"产出" z_j 并不就是该物品单位时间的增量。通常要从该物品的上述"产出"中减去其单位时间内的折旧，其差

内生稳态增长模型的生产结构

才是该物品单位时间的增量。即使是劳动力这样的"自变量物品"也会有折旧，这种劳动力的折旧就是人的衰老和死亡。

为了便于分析，这里将第 j 种物品折旧的数量与其当时的总存量之比定义为可以随时间变动的折旧率 $\delta_j(t)$。在分析经济增长的理论模型中，通常都把各种物品的折旧率看作不随时间变化的给定常数。

这样，最终产品生产函数的第 j 种自变量物品存量对时间的导数（该物品单位时间的增量）就可以表示为：

$$\frac{dx_j(t)}{dt} = z_j(t) - \delta_j(t) \cdot x_j(t)$$
$$= z_j\left(x_{j1}(t), x_{j2}(t), \cdots, x_{ji}(t), \cdots, x_{jn}(t)\right) - \delta_j(t) \cdot x_j(t)$$
$$= z_j(s_{j1} \cdot x_1(t), s_{j2} \cdot x_2(t), \cdots, s_{ji} \cdot x_i(t), \cdots, s_{jn} \cdot x_n(t)) - \delta_j(t) \cdot x_j(t)$$

$$0 \leqslant s_{ji} \leqslant 1, x_j \geqslant 0, \frac{\partial z_j}{\partial x_{ji}} \geqslant 0$$

$z_j \geqslant 0$，当且仅当每个 $x_{ij} \geqslant 0$；

$z_j > 0$，如果每个 $x_{ji} > 0$。 （I.9）

而为了分析方便，许多经济增长理论模型干脆忽略掉各种物品的折旧，把每一种自变量物品正则生产函数中描绘的"产出" z_j 就视为该物品存量的单位时间增量（该物品存量对时间的导数）：

$$\frac{dx_j(t)}{dt} = z_j(t)$$
$$= z_j\left[x_{j1}(t), x_{j2}(t), \cdots, x_{ji}(t), \cdots, x_{jn}(t)\right]$$
$$= z_j\left[s_{j1} \cdot x_1(t), s_{j2} \cdot x_2(t), \cdots, s_{ji} \cdot x_i(t), \cdots, s_{jn} \cdot x_n(t)\right]$$

（I.9.1）

为了称呼简便，我们称没有折旧的式（I.9.1）为第 j 种物品的"严格正则生产函数"，称包含了折旧的式（I.9）为该物品的"广义正则生产函数"。而在实际上，这两个公式表达的都是第 j 种物品正则生产函数下该物品存量对时间的导数（该物品单位时间的增量），差别只在于一个没有折旧，一个有折旧。

如果第 j 种自变量物品的生产函数是柯布—道格拉斯式的，其存量对时间的导数（该物品单位时间的增量、"广义正则生产函数"）就为：

$$\frac{\mathrm{d}x_j(t)}{\mathrm{d}t} = z_j(t) - \delta_j(t) \cdot x_j(t)$$

$$= c_j \cdot \prod_{i=1}^{n} \left(s_{ji} \cdot x_i(t)\right)^{\alpha_{ji}} - \delta_j(t) \cdot x_j(t) \quad （I.9.2）$$

$$0 \leqslant \alpha_{ji} \leqslant 1$$

如果该物品的折旧率 $\delta_j(t)$ 为零，则该物品存量对时间的导数（该物品单位时间的增量）就成为"狭义柯布—道格拉斯生产函数"：

$$\frac{\mathrm{d}x_j(t)}{\mathrm{d}t} = z_j(t) = c_j \cdot \sum_{i=1}^{n} \left[s_{ji} \cdot x_j(t)\right]^{\alpha_{ji}}, \quad 0 \leqslant \alpha_{ji} \leqslant 1 \quad （I.9.3）$$

由式（I.9）可知，最终产品生产函数的第 j 种自变量物品如果具有正则生产函数，则其存量的增长率为：

$$gx_j(t) = \frac{\dfrac{\mathrm{d}x_j(t)}{\mathrm{d}t}}{x_j(t)} = \frac{z_j(t)}{x_j(t)} - \delta_j(t)$$

$$= x_j^{-1}(t) \cdot z_j\left(x_j(t)\right) - \delta_j(t) \quad （I.9.4）$$

当该物品的折旧率 $\delta_j(t)$ 为零时，其存量的增长率就变为：

$$g_{x_j}(t) = \frac{\frac{dx_j(t)}{dt}}{x_j(t)} = \frac{z_j(t)}{x_j(t)} = x_j^{-1}(t) \cdot z\big(x_j(t)\big) \qquad （\text{I}.9.5）$$

根据式（I.9.2），如果第 j 种自变量物品生产函数是柯布—道格拉斯式的，则其存量的增长率就为：

$$gx_j(t) = \frac{\frac{dx_j(t)}{dt}}{x_j(t)} = c_j \cdot x_j(t)^{-1} \cdot \prod_{i=1}^{n}\big[s_{ji} \cdot x_i(t)\big]^{\alpha_{ji}} - \delta_j(t)$$

$$（\text{I}.9.6）$$

当该物品的折旧率 $\delta_j(t)$ 为零时，其存量的增长率就变为：

$$gx_j(t) = \frac{\frac{dx_j(t)}{dt}}{x_j(t)} = c_j \cdot x_j(t)^{-1} \cdot \prod_{i=1}^{n}\big[s_{ji} \cdot x_i(t)\big]^{\alpha_{ji}} \quad （\text{I}.9.7）$$

式（I.9）、式（I.9.1）、式（I.9.4）和式（I.9.5）适用于所有具有正则生产函数的自变量物品，式（I.9.2）、式（I.9.3）、式（I.9.6）和式（I.9.7）则适用于所有具有柯布—道格拉斯式生产函数的自变量物品，就是当这些生产函数并非全自变量规模报酬不变时也是如此。全自变量规模报酬不变的生产函数的特殊之处只在于，在式（I.9）、式（I.9.1）、式（I.9.4）和式（I.9.5）中，对于按式（I.3.2）定义的 α_{ij}，有 $\sum_{i=1}^{n}\alpha_{ji}=1$；而在式（I.9.2）、式（I.9.3）、式（I.9.6）和式（I.9.7）中，更是直接有 $\sum_{i=1}^{n}\alpha_{ji}=1$。

在一个经济中，如果最终产品生产函数中的所有自变量物品的折旧率都为零，其存量对时间的导数（该物品单位时间的增量）都是"严格正则生产函数"，最终产品的生产也具有正则生产函数，该经济就是一个"严格正则生产函数经济"。如果在一个经济中，所有"物品"的生产都具有柯布—道格拉斯式的生产函数，而最终产品生产函数中的所有自变量物品的折旧率都为零，其存量对时间的导数（该物品单位时间的增量）都是"狭义柯布—道格拉斯生产函数"，该经济就是一个"狭义柯布—道格拉斯经济"。

以上两小节中定义了最终产品生产及其所有自变量物品存量的增长率。根据这些有关增长率的公式可以得出：

命题2

在一个所有自变量物品存量对时间的导数（该物品单位时间的增量）都是"严格正则生产函数"的经济中，最终产品总产出的增长率以及任何自变量物品存量的增长率都不可能小于0。

本命题的正确性显而易见。

对任一自变量物品来说，由式（I.9）和式（I.9.1）对严格正则生产函数的定义可知，由于投入任何一种物品生产中的任何一种自变量存量的数量都不可能是负数，按照正则生产函数的定义，任何一种物品单位时间的产出都不可能小于零。严格正则生产函数中没有相应物品存量的折旧，因此任何自变量物品的存量都只能增加而不会减少，这就保证了任何自变量物品存量的增量都不会小于零。另外，根据式（I.9）、式（I.9.1）和式（I.9.5），对于有严格正则生产函数的物品来说，任何自变量物品的存量 x_j，都不可能小于零，而一种自变量物品存量的增长率就等于该物品存量的单位时间增量除以该物品存量本身，由于该物品存量本身及其单位时间增量都不可能小于零，任何自变量物品存量的增长率就都不可能小于零。

根据式（I.6.5），最终产品的增长率等于 $\sum_{i=1}^{n} \alpha_{2i} \cdot gx_i(t)$；

而根据式（I.3.2），α_{2i} 等于 $z_2^{-1}(t) \cdot \dfrac{\partial z_2(t)}{\partial x_{2i}} \cdot s_{2i} \cdot x_i(t)$。根据

式（I.9），$\dfrac{\partial z_2(t)}{\partial x_{2i}}$ 和 s_{2i} 都不可能小于零，而根据上边对自变

量物品存量增长率的论证，$z_2^{-1}(t)$ 和 $x_i(t)$ 也都不可能小于零。这就决定了任何一个 α_{2i} 都不可能小于零。前边对自变量物品存量增长率的论证还说明，任何自变量物品存量的增长率 $gx_i(t)$ 在严格正则生产函数经济中也都不可能小于零。这就决定了最终产品的增长率不会小于零。

由命题 2 可以直接得出：

推论 2

在一个严格正则生产函数经济中，如果根据某种规则推得的一个增长率数学解中有任何物品（包括最终产品）的增长率小于零，则这个增长率解不可能是该严格正则生产函数经济能够实现的增长率。

注意： 在严格正则生产函数经济中不可能出现小于零的增长率，这并不意味着在任何正则生产函数经济中都不可能出现小于零的增长率。一个具有正则生产函数的物品存量可能有大于零的折旧率。在这种情况下，根据式（I.9.4），这个物品的存量完全可能有小于零的增长率。

第四节　一般情况下的内生稳态增长

由式（I.6.4）和式（I.9.4）可知，最终产品产出增长率和各种自变量物品的增长率都可能随时间发生变化，这种变化

源于其生产函数的各个自变量数量的变化。

由式（I.9.4）可以推知，第 j 种自变量物品如果具有正则生产函数，则其存量增长率随时间变化的速度为：

$$\frac{d\left(gx_j(t)\right)}{dt} = \frac{d\left(\dfrac{z_j(t)}{x_j(t)} - \delta_j(t)\right)}{dt} = \frac{\dfrac{dz_j\left(x_j(t)\right)}{dt}}{x_j(t)} - \frac{z_j(t) \cdot \dfrac{dx_j(t)}{dt}}{x_j(t)^2} - \frac{d\delta_j(t)}{dt}$$

$$= \sum_{i=1}^{n} x_j^{-1}(t) \cdot \frac{\partial z_j(t)}{\partial x_{ji}} \cdot s_{ji} \cdot \frac{dx_i(t)}{dt} - \frac{z_j(t)}{x_j(t)} \cdot gx_j(t) - \frac{d\delta_j(t)}{dt}$$

$$= \sum_{i=1}^{n} z_j(t) \cdot z_j^{-1}(t) \cdot x_j^{-1}(t) \cdot \frac{\partial z_j(t)}{\partial x_{ji}} \cdot s_{ji} \cdot x_i \cdot x_i^{-1} \frac{dx_i}{dt} - \frac{z_j(t)}{x_j(t)} \cdot gx_j(t) - \frac{d\delta_j(t)}{dt}$$

$$= \frac{z_j(t)}{x_j(t)} \cdot \left[\sum_{i=1}^{n} \alpha_{ji} \cdot gx_i(t) - gx_j(t)\right] - \frac{d\delta_j(t)}{dt}$$

（I.9.8）

式（I.9.8）的最后一行使用了式（I.3.2）中的定义

$$\alpha_{ji} = \frac{\partial z_j}{\partial\left(x_{ji}\right)} \cdot x_{ji} \cdot z_j^{-1}。$$

经济增长模型一般都假设折旧率不随时间而变化（$\dfrac{d\delta_j(t)}{dt} = 0$）。在这种情况下，该自变量物品存量增长率随时间变化的速度就为：

$$\frac{d\left(gx_j(t)\right)}{dt} = \frac{z_j(t)}{x_j(t)} \cdot \left[\sum_{i=1}^{n} \alpha_{ji} \cdot gx_i(t) - gx_j(t)\right] \qquad （I.9.9）$$

将式（I.9.6）的两边对时间求导，就得到具有柯布—道格拉斯式的生产函数的第 j 种自变量物品增长率随时间变化的速度。这个增长率变化速度的公式与式（I.9.8）完全一样，因而不必再单独列出。我们也可以把式（I.9.8）直接就看成是具有柯布—道格拉斯生产函数的第 j 种自变量物品增长率随时间变化的速度。当具有柯布—道格拉斯生产函数的自变量物品 j 的折旧率不随时间而变化（$\dfrac{\mathrm{d}\delta_j(t)}{\mathrm{d}t}=0$）时，其存量增长率随时间变化的速度就恰好可以用式（Ⅰ.9.9）来描述。

柯布—道格拉斯生产函数是正则生产函数的一种特殊形式，在存量增长率随时间变化的速度上，具有柯布—道格拉斯生产函数的自变量物品与具有一般的正则生产函数的物品有相同的数学形式，这不足为怪。不过，对具有柯布—道格拉斯生产函数的物品来说，式（Ⅰ.9.8）和式（Ⅰ.9.9）中的 α_{ji} 是不变的常数，而对只具有一般的正则生产函数的物品来说，α_{ji} 可能是个随各种自变量物品数量变化而变化的变量。

由式（Ⅰ.9.8）可以推知，第 j 种自变量物品如果具有正则生产函数，则其存量增长率的增长率就为：

$$\frac{\dfrac{\mathrm{d}\big(gx_j(t)\big)}{\mathrm{d}t}}{gx_j(t)}=\left[\frac{z_j(t)}{x_j(t)}-\delta_j(t)\right]^{-1}\cdot\frac{z_j(t)}{x_j(t)}\cdot\left[\sum_{i=1}^{n}\alpha_{ji}\cdot gx_i(t)-gx_j(t)\right]-$$
$$\left[\frac{z_j(t)}{x_j(t)}-\delta_j(t)\right]^{-1}\cdot\frac{\mathrm{d}\delta_j(t)}{\mathrm{d}t}$$

（Ⅰ.9.10）

当该物品的正则生产函数是柯布—道格拉斯式的时候，其存量增长率的增长率也恰如上式所示。

而如果具有正则生产函数的物品 j 的折旧率不随时间而变化（$\dfrac{\mathrm{d}\delta_j(t)}{\mathrm{d}t}=0$），该物品存量增长率的增长率就为：

$$\frac{\dfrac{\mathrm{d}\big(gx_j(t)\big)}{\mathrm{d}t}}{gx_j(t)}=\left[\frac{z_j(t)}{x_j(t)}-\delta_j(t)\right]^{-1}\cdot\frac{z_j(t)}{x_j(t)}\cdot\left[\sum_{i=1}^{n}\alpha_{ji}\cdot gx_i(t)-gx_j(t)\right]$$

（Ⅰ.9.11）

当具有柯布—道格拉斯生产函数的自变量物品 j 的折旧率不随时间而变化（$\frac{\mathrm{d}\delta_j(t)}{\mathrm{d}t}=0$）时，其存量增长率的增长率也恰好可以用上式来描述。

如果具有正则生产函数的物品 j 的折旧率 $\delta_j(t)$ 恒为零，即该物品具有"严格正则生产函数"，则该物品存量增长率的增长率就变为：

$$\frac{\mathrm{d}\big(gx_j(t)\big)}{\mathrm{d}t}\bigg/gx_j(t)=\left[\frac{z_j(t)}{x_j(t)}\right]^{-1}\cdot\frac{z_j(t)}{x_j(t)}\cdot\left[\sum_{i=1}^{n}\alpha_{ji}\cdot gx_i(t)-gx_j(t)\right]$$

$$=\sum_{i=1}^{n}\alpha_{ji}\cdot gx_i(t)-gx_j(t)$$

（Ⅰ.9.12）

对具有狭义柯布—道格拉斯生产函数的自变量物品（其折旧率 $\delta_j(t)$ 恒为零），其存量增长率的增长率也恰好可以用上式来描述。

在推导以上各式时，也可以使用下述规则：

$\dfrac{\mathrm{d}x_{ji}(t)}{\mathrm{d}t}\bigg/x_{ji}(t)=\dfrac{\mathrm{d}x_i(t)}{\mathrm{d}t}\bigg/x_i(t)=gx_i(t)$。这是因为在本书的分析中，用于生产第 j 种物品的第 i 种物品（x_{ji}）占全部第 i 种物品（x_i）的比例是外生给定的，从而应当被看作给定不变。在这种情况下，用于生产第 j 种物品的第 i 种物品的增长率 gx_{ji} 必定等于全部第 i 种物品的增长率 gx_i。

一、稳态增长的条件（没有外生给定增长率的情况）

稳态增长意味着最终产品的产出增长率保持不变，最终产品生产函数各自变量的增长率也相应地不随时间过程而发生变化。对除物质资本存量以外的那 $n-1$ 种自变量物品来说，这意味着式（Ⅰ.9.8）中的第 j 种自变量物品增长率随时间变化的速度应当为 0。因此，稳态增长的最一般条件要求对任何一个第 j 种物品来说都有：

$$\frac{z_j(t)}{x_j(t)} \cdot \left[\sum_{i=1}^{n} \alpha_{ji} \cdot gx_i(t) - gx_j(t) \right] = \frac{\mathrm{d}\delta_j(t)}{\mathrm{d}t} \qquad （Ⅰ.10）$$

但是经济增长模型通常都假定折旧率不随时间而变化，也

就是 $\frac{\mathrm{d}\delta_j(t)}{\mathrm{d}t} = 0$。本书以下的讨论也只限于任何自变量物品的折旧率都不随时间而变化的情况。根据式（Ⅰ.10），如果任何自变量物品存量的折旧率都不随时间而变化，则稳态增长意味着：对任何一个第 j 种物品来说都有：

$$\frac{z_j(t)}{x_j(t)} \cdot \left[\sum_{i=1}^{n} \alpha_{ji} \cdot gx_i(t) - gx_j(t) \right] = 0 \qquad （Ⅰ.10.1）$$

通常任何第 j 种物品单位时间的产出 $z_j(t)$ 都不会等于

零，所以 $\frac{z_j(t)}{x_j(t)}$ 一般也不会等于零。因此，除了 $\frac{z_j(t)}{x_j(t)} = 0$ 的特

殊情况之外，稳态增长的条件要求：对任何一个第 j 种物品来说都有：

$$\sum_{i=1}^{n} \alpha_{ji} \cdot gx_i^*(t) - gx_j^*(t) = 0 \qquad （Ⅰ.10.2）$$

将上式稍加变换可知，第 j 种物品的稳态增长率必须满足条件：

$$gx_j^* = \sum_{i=1}^{n} \alpha_{ji} \cdot gx_i^* \qquad （Ⅰ.10.3）$$

除了 $\dfrac{z_j(t)}{x_j(t)}=0$ 的特殊情况之外，任何一种物品的稳态增长

率都必须满足上两式的要求。无论这种物品存量的折旧率 $\delta_j(t)$ 是否等于零，只要这一折旧率不随时间而变化，就必须如此。

　　根据命题 1，如果物质资本的折旧率不随时间而变化，则最终产品生产的稳态增长率等于物质资本存量的稳态增长率。式（Ⅰ.6.4）、式（Ⅰ.8.1）和式（Ⅰ.8.3）表明，最终产品和物质资本的稳态增长率有着与式（Ⅰ.10.2）和式（Ⅰ.10.3）完全一样的数学形式。这样，就完全可以用 n 个式（Ⅰ.10.2）或式（Ⅰ.10.3）那样的方程来分别描述最终产品生产函数中的那 n 种自变量物品的稳态增长条件。而当这 n 个方程同时成立时，最终产品生产的增长率也必定不变。因此，这 n 种自变量物品的增长率使这 n 个方程同时成立，是整个经济进入稳态增长的必要条件。

　　如果最终产品生产函数的所有 n 种自变量物品的数量和增长率都满足式（Ⅰ.10.2）或式（Ⅰ.10.3）的要求，这所有 n 种自变量物品的增长率就都将保持不变。根据式（Ⅰ.6.4），这时最终产品的增长率 gY 不再随着时间过程而发生变化，整个经济进入平衡增长路径上的稳态增长。因此，平衡增长路径上的稳态增长在数量上的必要条件，就是对最终产品生产函数的那所有 n 种自变量物品各自都成立式（Ⅰ.10.2）或式（Ⅰ.10.3）那样的线性方程。

　　式（Ⅰ.10.2）那样的 n 个方程组成齐次线性方程组：

$$\begin{cases} (\alpha_{11}-1)\cdot gx_1+\cdots+\alpha_{1i}\cdot gx_i+\cdots+\alpha_{1n}\cdot gx_n=0 \\ \quad\vdots\quad\vdots\quad\vdots\quad\vdots\quad\vdots\quad\vdots\quad\vdots\quad\vdots\quad\vdots \\ \alpha_{j1}\cdot gx_1+\cdots+(\alpha_{ij}-1)\cdot gx_j+\cdots+\alpha_{jn}\cdot gx_n=0 \qquad(\text{Ⅰ}.10.4) \\ \quad\vdots\quad\vdots\quad\vdots\quad\vdots\quad\vdots\quad\vdots\quad\vdots\quad\vdots\quad\vdots \\ \alpha_{n1}\cdot gx_1+\alpha_{n2}\cdot gx_2+\cdots+(\alpha_{nn}-1)\cdot gx_n=0 \end{cases}$$

内生稳态增长模型的生产结构

而式（Ⅰ.10.3）那样的 n 个方程组成方程组：

$$
\begin{cases}
\alpha_{11} \cdot gx_1 + \cdots + \alpha_{1i} \cdot gx_i + \cdots + \alpha_{1n} \cdot gx_n = gx_1 \\
\vdots \quad \vdots \quad \vdots \quad \vdots \quad \vdots \quad \vdots \quad \vdots \\
\alpha_{j1} \cdot gx_1 + \cdots + \alpha_{ij} \cdot gx_j + \cdots + \alpha_{jn} \cdot gx_n = gx_j \quad （Ⅰ.10.5） \\
\vdots \quad \vdots \quad \vdots \quad \vdots \quad \vdots \quad \vdots \quad \vdots \\
\alpha_{n1} \cdot gx_1 + \alpha_{n2} \cdot gx_2 + \cdots + \alpha_{nn} \cdot gx_n = gx_n
\end{cases}
$$

如果整个经济中没有任何自变量物品的增长率是外生给定的，则该经济的稳态增长条件必定表示为式（Ⅰ.10.4）中的齐次线性方程组和式（Ⅰ.10.5）中的方程组。即使有某些物品的增长率是外生给定的，整个经济的稳态增长条件也可以用方程组（Ⅰ.10.4）和（Ⅰ.10.5）来表达。只不过当物品 i 的增长率外生给定时，方程组（Ⅰ.10.4）和（Ⅰ.10.5）中物品 i 的外生给定增长率 gx_i 是一个给定不变的常数。

所谓满足平衡增长路径上的稳态增长条件，就是有由 n 个 gx_j 构成的向量使式（Ⅰ.10.4）中的齐次线性方程组和式（Ⅰ.10.5）中的方程组成立。

如果整个经济中没有任何自变量存量物品的增长率是外生给定的，就可以用矩阵的乘积来表示方程组（Ⅰ.10.4）和（Ⅰ.10.5）。定义 n 种物品的增长率 gx_1，gx_2，$\cdots$，gx_j，$\cdots$，gx_n 构成矩阵 G，它是一个 n 维的列向量。在线性方程组（Ⅰ.10.4）和（Ⅰ.10.5）中，系数 α_{ji} 是由式（Ⅰ.3.2）所定义的第 i 种物品对第 j 种物品生产的贡献率。由此可以将线性方程组（Ⅰ.10.5）的系数矩阵：

$$
\boldsymbol{\alpha} =
\begin{bmatrix}
\alpha_{11} & \alpha_{12} & \cdots & \alpha_{1n} \\
\alpha_{21} & \alpha_{22} & \cdots & \alpha_{2n} \\
\cdots & \cdots & \cdots & \cdots \\
\alpha_{n1} & \alpha_{n2} & \cdots & \alpha_{nn}
\end{bmatrix}
\quad （Ⅰ.10.6）
$$

定义为"生产贡献率系数矩阵"。

根据矩阵 $\boldsymbol{G}$ 和 $\boldsymbol{\alpha}$ 的定义，式（Ⅰ.10.5）中的线性方程组可以表示为矩阵的乘积：

$$\boldsymbol{\alpha} \cdot \boldsymbol{G} = \boldsymbol{G} \qquad (Ⅰ.10.7)$$

齐次线性方程组（Ⅰ.10.4）中的系数矩阵则可以表示为：

$$\boldsymbol{A} = \begin{bmatrix} a_{11} & a_{12} & \cdots & a_{1n} \\ a_{21} & a_{22} & \cdots & a_{2n} \\ \cdots & \cdots & \cdots & \cdots \\ a_{n1} & a_{n2} & \cdots & a_{nn} \end{bmatrix} \quad 其中\ a_{ji} = \begin{cases} \alpha_{ji}, & i \neq j \\ \alpha_{ji} - 1, & i = j \end{cases}$$

从而对任何 j 和 i 都恒有

$$\sum_{i=1}^{n} a_{ji} = (\sum_{i=1}^{n} \alpha_{ji}) - 1 \qquad (Ⅰ.10.8)$$

可以将矩阵 $\boldsymbol{A}$ 称作"稳态增长条件系数矩阵"。矩阵 $\boldsymbol{A}$ 的每一列都是一个列向量，分别表示相应的物品在稳态增长时对各种物品生产的贡献率所必须满足的条件。我们称其中第 i 列的列向量为"第 i 种物品的稳态增长条件系数向量"。

根据矩阵 $\boldsymbol{A}$ 和矩阵 $\boldsymbol{G}$ 的定义，可以将式（Ⅰ.10.4）中的齐次线性方程组表示为矩阵的乘积：

$$\boldsymbol{A} \cdot \boldsymbol{G} = \vec{0} \qquad (Ⅰ.10.9)$$

上式中的 $\vec{0}$ 是一个 n 维的零向量。

如果整个经济中没有任何物品的增长率是外生给定的，则方程组（Ⅰ.10.4）和（Ⅰ.10.5）中的所有增长率 gx_j 都是待解出的未知数。根据齐次线性方程组的性质，在这种情况下，所有 n 种自变量物品的增长率都等于零肯定是方程组（Ⅰ.10.4）和（Ⅰ.10.5）的一组解。也就是说，方程组（Ⅰ.10.4）和（Ⅰ.10.5）必有一组零解，如果整个经济中没有任何物品的增长率是外生给定的，则所有自变量存量物品的增长率都为零是一个可能的稳态增长路径。

但是，如果方程组（Ⅰ.10.4）和（Ⅰ.10.5）的系数矩阵满足某些条件，这两个方程组就可能会有非零解。这意味着，如果各种自变量物品存量对物品生产的贡献率恰好具有某些特点，整个经济的稳态增长率会有非零解。对上述论点的系统表述，构成了下面的命题3。

命题3

在一个任何物品的折旧率都不随时间而变化的正则生产函数经济中，如果没有任何一种物品的增长率是外生给定的，则每一种物品的增长率都等于零是该经济稳态增长率的一组解；如果该经济有非零的稳态增长率解，则至少有一种物品的稳态增长条件系数向量可以由其他物品的稳态增长条件系数向量线性表出，且该经济将有很多个稳态增长率解，这些稳态增长率解可以至少组成一组，在同组的不同稳态增长率解之间，任意两物品增长率之间的相对比例都相同，能够确定的也只是不同物品稳态增长率之间的这种相对比例关系。

上述命题只不过是应用线性代数的数学原理对方程组（Ⅰ.10.4）和（Ⅰ.10.5）解的结构所做的概括阐述，因此对它不必再做系统论证。下边只对命题3做一略微展开的叙述。

如果在一个经济中，任何物品的增长率都不是外生给定的，则方程组（Ⅰ.10.4）和（Ⅰ.10.5）中的任何一个物品的增长率都是待解出的未知数，方程组（Ⅰ.10.4）将是一个真正的齐次线性方程组。由于任何齐次线性方程组都有零解，所有物品的零增长对任何一个经济都应当是其稳态增长率的一组解。这一点当然也适用于正则生产函数经济以及柯布—道格拉斯经济。

当齐次线性方程组（Ⅰ.10.4）有非零解时，它所描述的经济在没有外生给定的增长率时，也会有非零的稳态增长率解。根据线性代数的原理，齐次线性方程组（Ⅰ.10.4）有非零解的充分必要条件是其系数矩阵 A 的秩小于 n。而如果该系数矩阵的秩小于 n，则它的第 n 个列向量 a_n 可以由其他 $n-1$ 个列向量 a_i 线性表出：

$$a_n = -\sum_{i=1}^{n-1} k_i \cdot a_i \qquad （Ⅰ.11）$$

而式（Ⅰ.10.8）中定义的矩阵 A 中的每一个列向量，都是相应物品的稳态增长条件系数向量。这样，一个经济要有非零的稳态增长率解，就必须至少有一种物品的稳态增长条件系数向量可以由其他物品的稳态增长条件系数向量线性表出。

将一个有非零解的齐次线性方程组（Ⅰ.10.4）的系数矩阵的秩表示为 $n-m$，其中 $m \geq 1$。根据线性代数的原理，如果齐次线性方程组（Ⅰ.10.4）有非零解，则它必有基础解系，且基础解系所含解的个数为 m，m 也是该方程组中自由未知量的个数。同一基础解系的这 m 个解之间线性无关，而该方程组的任一个解都能表示成这 m 个解的线性组合。

事实上，这种情况下的齐次线性方程组（Ⅰ.10.4）可以改写为：

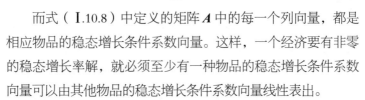

$$
\begin{cases}
(\alpha_{11}-1) \cdot gx_1 + \cdots + \alpha_k \cdot gx_k + \cdots + \alpha_{1,n-m} \cdot gx_{n-m} = -\sum_{i=n-m+1}^{n} \alpha_{ij} \cdot g_i \\
\vdots \qquad \vdots \qquad \vdots \qquad \vdots \qquad \vdots \qquad \vdots \\
\alpha_1 \cdot gx_1 + \cdots + (\alpha_{jj}-1) \cdot gx_j + \cdots + \alpha_{j,n-m} \cdot gx_{n-m} = -\sum_{i=n-m+1}^{n} \alpha_i \cdot g_i \\
\vdots \qquad \vdots \qquad \vdots \qquad \vdots \qquad \vdots \qquad \vdots \\
\alpha_{n-m,1} \cdot gx_1 + \alpha_{n-m,2} \cdot gx_2 + \cdots + (\alpha_{n-m,n-m}-1) \cdot gx_{n-m} = -\sum_{i=n-m+1}^{n} \alpha_{n-m,i} \cdot g_i
\end{cases}
$$

$$（Ⅰ.11.1）$$

这样一个方程组中包含着 m 个自由未知量，因而其基础解系中有 m 个解，每个解都是一个向量，其中既非零也非 1 的分量不超过 $n-m$ 个。而方程组（Ⅰ.11.1）的任何一个解都可以表示为基础解系中的 m 个解的线性组合。

根据线性代数的原理，齐次线性方程组如果有非零解，则其任何一个解的倍数仍然是该方程组的解。这就意味着，可以以齐次线性方程组的任何一个非零解为基础构造该方程组的一组解，在这组解的任两个解之间，各个相应的分量之间都有相同的比例：设（g_1, g_2, …, g_n）是方程组（Ⅰ.11.1）的一个解，则（$c \cdot g_1$, $c \cdot g_2$, …, $c \cdot g_n$）也必为方程组（Ⅰ.11.1）的一个解，这两个解属于方程组（Ⅰ.11.1）的同一组解。

命题 3 表明，如果没有任何外生给定的增长率而稳态增长率有非零的解，则非零的稳态增长率解会有许多个，许多个非零的稳态增长率解会构成一组解，在这组解的任两个解之间，每两个相应的分量之间都有相同的比例。在这种情况下，各种物品的稳态增长率解是一个稳态增长率解的各个分量，而这各种物品的稳态增长率解的实数数值无法确定，可以确定的只是各种不同物品的稳态增长率之间的相对比例关系。

二、标准化的稳态增长率解

由于在没有外生给定的增长率的条件下，可以确定的只是各种不同物品稳态增长率解之间的相对比例关系，我们就可以将稳态增长率解标准化：任取稳态增长率的一个非零的解，将第 n 种物品定义为"基准物品"，再将所有 n 个物品的稳态增长率都除以基准物品的稳态增长率 gx_n^* 以将稳态增长率标准化。在这种标准化的稳态增长率中，基准物品的稳态增长率必定为 1。

根据这种标准化程序，第 j 种物品的标准化稳态增长率是该物品的稳态增长率对基准物品稳态增长率的倍数：

$$k_j = \frac{gx_j^*}{gx_n^*} \qquad （\mathrm{I}.11.2）$$

于是式（ I.10.3）中的稳态增长条件就变为：

$$k_j = \sum_{i=1}^{n-1} \alpha_{ji} \cdot k_i + \alpha_{jn} \qquad （\mathrm{I}.11.3）$$

而当一种或一种以上的自变量物品增长率外生给定时，将稳态增长率标准化就更为容易：那时可以直接取增长率外生给定的一种物品作基准物品，将所有物品的稳态增长率解标准化。

不过，恰恰是在没有任何物品的增长率外生给定的条件下，标准化稳态增长率才特别显示出它在经济分析上的重要性。在没有任何物品的增长率外生给定的条件下，如果该经济有非零的稳态增长率解，前边所列的齐次线性方程组（ I.10.4）必定有非零解。此时该方程组的系数矩阵的秩必小于该方程组的阶数 n。式（ I.11）表明，这时该方程组系数矩阵的第 n 个列向量 a_n 可以由其他 $n-1$ 个列向量 a_i 线性表出：

$$a_n = -\sum_{i=1}^{n-1} k_i \cdot a_i \qquad （\mathrm{I}.11）$$

这种线性表出的关系意味着，对上述 n 个列向量中每一个向量的第 j 行（第 j 维分量）来说必定有：

$$a_{jn} = -\sum_{i=1}^{n-1} k_i \cdot a_{ji} \qquad （\mathrm{I}.11.4）$$

而根据式（ I.10.8）中定义的系数 a_{ji} 与 α_{ji} 之间的关系，式（ I.11.4）又意味着：

$$k_j = \left(\sum_{i=1}^{n-1} k_i \cdot \alpha_{ji} \right) + \alpha_{jn} \qquad （ Ⅰ.11.5 ）$$

但是式（Ⅰ.11）表明，第 n 个列向量 a_n 前面的线性表出系数 k_n 只能为 1。这样，对那 n 个列向量中每一个向量的第 n 行（第 n 维分量）来说就必定有：

$$1 - \alpha_{nn} = \sum_{i=1}^{n-1} k_i \cdot \alpha_{ni} \qquad （ Ⅰ.11.6 ）$$

将式（Ⅰ.10.8）中定义的系数 a_{ni} 与 α_{ni} 之间的关系代入式（Ⅰ.11.4），也正好得式（Ⅰ.11.6）。

式（Ⅰ.11.5）与式（Ⅰ.11.3）完全相同。这就表明，在没有任何物品的增长率外生给定而某些物品有非零的稳态增长率解时，以"稳态增长条件系数矩阵" A 的前 $n-1$ 个列向量 a_i 线性表出该系数矩阵的第 n 个列向量时所运用的那 $n-1$ 个系数 k_i，就是以第 n 种物品为"基准物品"所得出的前 $n-1$ 种物品的标准化稳态增长率解。

三、稳态增长率与稳态增长率解

显而易见，齐次线性方程组（Ⅰ.10.4）的非零解中可能包括一些小于零的分量。当一个解的所有分量都有相同的符号时，这些分量既可能都大于零，也可能都小于零；而某些解的分量则可能有不同符号，这意味着在这类解中，某些分量大于零时其他一些分量就必定小于零。而方程组（Ⅰ.10.4）的解中，小于零的分量本应表明相应物品的稳态增长率小于零。但是根据推论 2，严格正则生产函数经济中任何物品的增长率都不可能小于零，这就决定了这种经济中任何物品的稳态增长率也不可能小于零。这样，如果齐次线性方程组（Ⅰ.10.4）的任何解包含了小于零的分量，那么这个解就不可能是该经济中实际会出现的稳态增长率。

由此可以得出一个一般的结论：在一个经济中，如果任何一种物品的生产都服从严格正则的生产函数，从数学角度上讲，稳态增长率就必须是方程组（Ⅰ.10.4）和（Ⅰ.10.5）的解。但是不能反过来说，方程组（Ⅰ.10.4）和（Ⅰ.10.5）的任何解都是该经济中的稳态增长率。n 维向量 G 是线性方程组（Ⅰ.10.4）和（Ⅰ.10.5）的解，这只是这个向量 G 是该经济的稳态增长率的必要条件，而不是充分条件。

这里我们必须区分"稳态增长率"与"稳态增长率的解"。"稳态增长率的解"就是能解出联立方程组（Ⅰ.10.4）和（Ⅰ.10.5）的 gx_i^* 值，但是这个解并不一定就是相应的严格正则生产函数经济的稳态增长率。二者的差别之一是"稳态增长率的解"可能使 gx_i^* 取负值，但是在一个严格正则生产函数经济中，任何物品的增长率都不可能为负，因而稳态增长率不可能是负的。

由此可知，如果一个严格正则生产函数经济的稳态增长率解中必须有负的增长率，则该经济将没有稳态增长率，也不会进入稳态的增长。如果这个严格正则生产函数经济中没有外生给定的增长率，也许将不会发生这种情况：方程组（Ⅰ.10.4）至少有一个零解，这意味着没有外生给定增长率时至少可以使每种自变量物品的稳态增长率都等于零，这就避免了负的稳态增长率出现。

如果一个严格正则生产函数经济没有外生给定的增长率，但是却有非零的稳态增长率解，而且至少有一个非零的稳态增长率解中所有分量都有相同符号，则该经济仍然可能有非零的稳态增长率。这是因为，即使这个非零的稳态增长率解中各个分量都小于零，也可以用同一个负数去乘该稳态增长率解的每一分量而得出一个新的稳态增长率解，其中的各个分量都必定大于零。根据线性代数的原理，这个每一分量都为正的向量也同样是该经济的稳态增长率解。

但是，如果对于这样一个没有外生给定增长率的严格正则生产函数经济来说，任何非零的稳态增长率解中各分量的正负号都必定互不相同，则其非零的稳态增长率解中必定包含小于零的分量，这个经济就只能是每种物品的稳态增长率都为零，或者根本没有稳态增长。

本书以下各章将证明，当某些物品的生产函数全自变量规模报酬递增时，该经济可能有非零的稳态增长率解，而且单个稳态增长率解中的各分量可能有互不相同的正负号。在这种情况下，唯一可能的稳态增长率是每种物品存量的增长率都为零。但是由式（I.9.5）所决定的各种物品增长率在这种情况下却通常远远大于零。这样，当非零的稳态增长率解包含着正负号互不相同的分量时，各种物品的增长率都为零的稳态增长往往不可能出现。这样一种经济多半会陷入"爆炸性增长"——增长率不断提高的"向外爆炸性增长"，有时则必定会陷入"爆炸性增长"。

注意式（I.9.1）、式（I.9.3）和式（I.9.5）在完全不存在非竞争性和全自变量规模报酬递增下也成立。这证明命题2的正确性与最终产品生产函数的自变量物品的非竞争性、与任何生产函数的规模报酬递增都没有关系，经济的非负增长并不依赖于影响产出的各种因素的非竞争性和生产上的全自变量规模报酬递增。

附带地，我们还可以证明下述有关没有外生给定增长率时的稳态增长率的命题：

命题 4

如果在两个同样有 n 种自变量存量物品的经济中，每一个经济都没有任何一种物品的增长率是外生给定的，稳态增长时的"生产贡献率系数矩阵"（α 矩阵）在一个经济中是 α_1（α_1 的行列式非退化），在另一个经济中是 α_1 的逆矩阵 α_1^{-1}，则这两个经济有同样的稳态增长率解。

证

根据式（Ⅰ.10.7），在 α 矩阵为 α_1 的经济中，稳态增长的条件可以表示为矩阵的乘积：

$$\alpha_1 \cdot G^* = G^*$$

其中的 G^* 为该经济中的稳态增长率解列向量。令 I 为一个 n 级单位矩阵，则上式可以化为：

$$\alpha_1 \cdot G^* = I \cdot G^* = \alpha_1 \cdot \alpha_1^{-1} \cdot G^* = \alpha_1 \cdot \left(\alpha_1^{-1} \cdot G^* \right)$$

上式可以缩写为：

$$\alpha_1 \cdot G^* = \alpha_1 \cdot \left(\alpha_1^{-1} \cdot G^* \right)$$

将上式两边都从左边乘以 α_1 矩阵的逆 α_1^{-1}，得：

$$\alpha_1^{-1} \cdot \alpha_1 \cdot G^* = \alpha_1^{-1} \cdot \alpha_1 \cdot \left(\alpha_1^{-1} \cdot G^* \right)$$

上述等式可以化为：

$$G^* = \alpha_1^{-1} \cdot G^*$$

例子 4

在某经济中，最终产品的生产函数只有 3 种自变量物品。我们取第 3 种物品为基准物品，将其存量的增长率标准化为 1，并依此将第 1 种物品的标准化增长率标为 a，将第 2 种物品的标准化增长率标为 k。该经济的稳态增长条件为：

内生稳态增长模型的生产结构

$$\begin{cases} 0.4 \cdot a + 0.5 \cdot k + 0.2 = a \\ 0.5 \cdot a + 0.4 \cdot k + 0.2 = k \\ 0.2 \cdot a + 0.1 \cdot k + 0.4 = 1 \end{cases} \qquad (\text{例 } 4.1)$$

上述方程组中的生产贡献率系数矩阵（$\boldsymbol{\alpha}$ 矩阵）为：

$$\begin{bmatrix} 0.4 & 0.5 & 0.2 \\ 0.5 & 0.4 & 0.2 \\ 0.2 & 0.1 & 0.4 \end{bmatrix} \qquad (\text{例 } 4.2)$$

解线性方程组（例 4.1），得 $a=2$，$k=2$。这意味着（例 4.1）中的经济有稳态增长率解列向量：

$$\boldsymbol{G}^* = \begin{pmatrix} 2 \\ 2 \\ 1 \end{pmatrix} \qquad (\text{例 } 4.3)$$

矩阵（例 4.2）的逆为：

$$\begin{bmatrix} -\dfrac{14}{3} & 6 & -\dfrac{2}{3} \\ \dfrac{16}{3} & -4 & -\dfrac{2}{3} \\ 1 & -2 & 3 \end{bmatrix} \qquad (\text{例 } 4.4)$$

以矩阵（例 4.4）为生产贡献率系数矩阵（$\boldsymbol{\alpha}$ 矩阵），我们可以列出一个新的线性方程组：

$$\begin{cases} -\dfrac{14}{3} \cdot a + 6 \cdot k - \dfrac{2}{3} = a \\ \dfrac{16}{3} \cdot a - 4 \cdot k - \dfrac{2}{3} = k \\ a - 2 \cdot k + 3 = 1 \end{cases} \qquad (\text{例 } 4.5)$$

式（例 4.3）中的列向量 $\boldsymbol{G}^*$ 同样是式（例 4.5）中的线性方程组的解，也即当 $a=2$，$k=2$ 时，式（例 4.5）中的线性方程组成立。

四、有外生给定增长率时的稳态增长条件

在新古典经济增长模型和许多内生经济增长模型中，通常都假定人口（劳动力）的增长率外生给定不变。在本书的分析框架中，这等于最终产品生产函数中有一种自变量物品的存量增长率是外生给定不变的。

将增长率外生给定的物品标为最终产品生产函数中的第 n 种自变量物品，其外生给定的增长率为 m。由于有自变量物品的增长率是外生给定的常数，包含着自变量存量物品增长率的公式都需要改变形式。

如果其他自变量物品的增长率都不是外生给定的，则这种情况下的最终产品产出增长率为：

$$gY(t) = \sum_{i=1}^{n-1} \alpha_{2i} \cdot gx_i(t) + \alpha_{2n} \cdot m \qquad （I.6.6）$$

在折旧率不随时间而变化（$\dfrac{\mathrm{d}\delta_j(t)}{\mathrm{d}t} = 0$）的情况下，除第 n 种物品之外的第 j 种自变量物品存量增长率随时间变化的速度则变为：

$$\frac{\mathrm{d}\big(gx_j(t)\big)}{\mathrm{d}t} = \frac{z_j(t)}{x_j(t)} \cdot \left[\sum_{i=1}^{n-1} \alpha_{ji} \cdot gx_i(t) + \alpha_{jn} \cdot m - gx_j(t) \right] \quad （I.9.13）$$

在这种情况下，对于除第 n 种物品之外的第 j 种自变量物品来说，只要 $z_j(t)$ 不为零，稳态增长就要求：

$$0 = \sum_{i=1}^{n-1} \alpha_{ji} \cdot gx_i(t) + \alpha_{jn} \cdot m - gx_j(t) \qquad （I.10.10）$$

这也意味着：

$$gx_j(t) = \sum_{i=1}^{n-1} \alpha_{ji} \cdot gx_i(t) + \alpha_{jn} \cdot m \qquad （I.10.11）$$

需要根据稳态增长条件决定的增长率向量变为由 $n-1$ 个分量（gx_j）构成，这些 gx_j 中不包括 gx_n。要以这个增长率向量解出的线性方程组变为：

$$\begin{cases} (\alpha_{11}-1) \cdot gx_1 + \cdots + \alpha_{1i} \cdot gx_i + \cdots + \alpha_{1,n-1} \cdot gx_{n-1} = -\alpha_{1n} \cdot m \\ \quad\vdots \quad\quad\vdots \quad\quad\vdots \quad\quad\vdots \quad\quad\vdots \quad\quad\vdots \quad\quad\vdots \\ \alpha_{j1} \cdot gx_1 + \cdots + (\alpha_{ij}-1) \cdot gx_j + \cdots + \alpha_{j,n-1} \cdot gx_{n-1} = -\alpha_{jn} \cdot m \\ \quad\vdots \quad\quad\vdots \quad\quad\vdots \quad\quad\vdots \quad\quad\vdots \quad\quad\vdots \quad\quad\vdots \\ \alpha_{n-1,1} \cdot gx_1 + \alpha_{n-1,2} \cdot gx_2 + \cdots + (\alpha_{n-1,n-1}-1) \cdot gx_{n-1} = -\alpha_{n-1,n} \cdot m \end{cases}$$

（Ⅰ.11.7）

由线性方程组（Ⅰ.11.7）可知，当一种自变量物品的增长率外生给定时，"稳态增长条件系数矩阵"（A 矩阵）是 $n-1$ 乘 $n-1$ 的方阵 A_{n-1}，而稳态增长率解列向量 G^* 是 $n-1$ 维的 G^*_{n-1}；由外生给定增长率的第 n 种物品对其他物品的生产贡献率系数 α_{jn} 构成一个 $n-1$ 维的列向量 $\boldsymbol{\alpha}_n$。由此可以将式（Ⅰ.11.7）中的线性方程组表示为矩阵的乘积：

$$A_{n-1} \cdot G^*_{n-1} = m \cdot (-\boldsymbol{\alpha}_n) \qquad （Ⅰ.11.8）$$

根据线性代数的原理，当线性方程组（Ⅰ.11.7）的系数矩阵 A_{n-1} 与该方程组的增广矩阵有相同的秩时，式（Ⅰ.11.7）中的线性方程组有解，这时相应的经济有确定的稳态增长率解；当线性方程组（Ⅰ.11.7）的系数矩阵 A_{n-1} 与该方程组的增广矩阵有相同的秩且二者都等于 $n-1$ 时，式（Ⅰ.11.7）中的线性方程组有唯一解，这时相应的经济只有一个稳态增长率解，每种自变量物品以及最终产品都只可能有一个稳态增长率。

根据以上本章中建立的经济增长模型分析框架，我们将在以下各章中展开说明内生稳态增长模型的生产结构。我们要说明的生产结构主要是稳态增长率的解与自变量物品生产函数的

全自变量规模报酬之间的关系，也涉及自变量物品的非竞争性
与稳态增长率解之间的关系。我们的分析首先从一种基准情况
开始。在这种基准情况下，所有物品的生产都是全自变量规模
报酬不变的。

第二章　基准情况：全自变量规模报酬不变

以下各章均集中于分析满足稳态增长必要条件时的各种物品增长率。

本章首先分析一种基准情况：在一个严格正则生产函数经济中，每一种物品的生产都是全自变量规模报酬不变的，这些物品既包括了最终产品，也包括了最终产品生产函数中的每一种自变量物品。

第一节　没有外生给定增长率的情况

当所有物品的生产都是全自变量规模报酬不变时，没有外生给定增长率的情况展现出简单而又典型的稳态增长率解。

命题 5

如果在一个严格正则生产函数经济中，每一种物品的生产都具有全自变量规模报酬不变的生产函数，且没有任何外生给定的增长率，则在增长的稳态下，最终产品的产出及其生产函数的每一种自变量物品存量都具有相同的增长率，从而最终产品产出的增长率（经济增长率）等于其每一种自变量物品存量的增长率，也即等于劳动力的增长率。

证

在本命题所说的前提条件下，所有的物品都具有相同的增长率是稳态增长率的一个解，这是显而易见的：对于线性方程组（Ⅰ.10.4）和（Ⅰ.10.5）来说，所有的物品具有相同的增长率，这意味着对所有的 i 和 j 都有 $gx_i = gx_i = gx_n$；全自变量规模报酬不变意味着对所有的 i 和 j 都有 $\sum_{i=1}^{n} \alpha_{ji} = 1$。将上述两个等式代入线性方程组（Ⅰ.10.4）和（Ⅰ.10.5），可以使这两个方程组中的所有等式成立。

不过，这里我们要进行稍微复杂一些的论证，以便更一般化地证明，在本命题所说的那些前提条件下，稳态增长率的任何解中所有物品的增长率都一定会彼此相等。

根据第一章第四节第三小节的论述，如果没有外生给定的增长率，最终产品生产函数的那 n 种自变量物品的稳态增长率，就必须是线性方程组（Ⅰ.10.4）和（Ⅰ.10.5）的一个解。

显然每一种自变量物品的增长率都等于零是线性方程组（Ⅰ.10.4）和（Ⅰ.10.5）的一个解。但是当每一种物品的生产都是全自变量规模报酬不变时，零解不是这两个线性方程组的唯一解。我们论证的命题 5 意味着，零解只是报酬不变时方程组（Ⅰ.10.4）解的一个特例，因为所有物品的增长率都等于零，显然是所有物品都有相同增长率的一个特殊情况。

根据线性代数的原理，齐次线性方程组（Ⅰ.10.4）有非零解的条件，是其系数矩阵 **A** 的行列式 | **A** | =0。而当任何物品的生产都是全自变量规模报酬不变时，这一条件必然自动得到满足。

由于齐次线性方程组（Ⅰ.10.4）中的每个方程都代表全自变量规模报酬不变的生产函数，式（Ⅰ.10.8）中所定义的 **A** 矩

内生稳态增长模型的生产结构

阵的每一个元素都受到了进一步的限定。根据式（Ⅰ.10.8），

在齐次线性方程组（Ⅰ.10.4）中恒有 $\sum_{i=1}^{n}a_{ji}=(\sum_{i=1}^{n}\alpha_{ji})-1$。但是

如果任何物品的生产都是全自变量规模报酬不变的，则对任何

物品 j 来说都有 $\sum_{i=1}^{n}\alpha_{ji}=1$。这意味着，如果所有物品的生产都

是全自变量规模报酬不变的，则对任何物品 j 来说，都有：

$$\sum_{i=1}^{n}a_{ji}=0 \qquad （Ⅱ.1）$$

这就等于说，当所有物品的生产都全自变量规模报酬不变
时，对任何物品 j 来说都有：

$$a_{jn}=-\sum_{i=1}^{n-1}a_{ji} \qquad （Ⅱ.1.1）$$

这意味着在齐次线性方程组（Ⅰ.10.4）的系数矩阵 A 中，
任何一个列向量都是其他 $n-1$ 个列向量的线性组合，任何一个
列向量都等于其他 $n-1$ 个列向量乘以 -1 的加总。这也就是说，
若将齐次线性方程组（Ⅰ.10.4）的系数矩阵表为式（Ⅰ.10.8）
那样的 A 矩阵，则当所有物品的生产函数都全自变量规模报酬
不变时，该系数矩阵必可表为：

$$A=\begin{bmatrix} a_{11} & a_{12} & \cdots & a_{1,n-1} & -\sum_{i=1}^{n-1}a_{1i} \\ a_{21} & a_{22} & \cdots & a_{2,n-1} & -\sum_{i=1}^{n-1}a_{2i} \\ \cdots & \cdots & \cdots & \cdots & \cdots \\ a_{n1} & a_{n2} & \cdots & a_{n,n-1} & -\sum_{i=1}^{n-1}a_{ni} \end{bmatrix} \qquad （Ⅱ.1.2）$$

由于有至少一个列向量可以由其他列向量线性表出，式
（Ⅱ.1.2）中的系数矩阵 A 的秩不可能大于 $n-1$。由于该系数矩

阵的秩（小于或等于 $n-1$）小于其阶数 n，根据线性代数的原理，它的行列式 $|A|=0$，该矩阵代表的齐次线性方程组有非零解，且其基础解系所含解的个数至少为 1。

当所有物品的生产函数都全自变量规模报酬不变时，齐次线性方程组（Ⅰ.10.4）系数矩阵 A 的秩为 $n-1$，该方程组可以改写成：

$$\begin{cases} (\alpha_{11}-1)\cdot gx_1+\cdots+\alpha_{1i}\cdot gx_i+\cdots+\alpha_{1,n-1}\cdot gx_{n-1}=-\alpha_{1n}\cdot gx_n \\ \vdots \quad \vdots \quad \vdots \quad \vdots \quad \vdots \quad \vdots \quad \vdots \\ \alpha_{j1}\cdot gx_1+\cdots+(\alpha_{ij}-1)\cdot gx_j+\cdots+\alpha_{j,n-1}\cdot gx_{n-1}=-\alpha_{jn}\cdot gx_n \\ \vdots \quad \vdots \quad \vdots \quad \vdots \quad \vdots \quad \vdots \quad \vdots \\ \alpha_{n-1,1}\cdot gx_1+\alpha_{n-1,2}\cdot gx_2+\cdots+(\alpha_{n-1,n-1}-1)\cdot gx_{n-1}=-\alpha_{n-1,n}\cdot gx_n \end{cases}$$

$$（Ⅱ.2）$$

线性方程组（Ⅱ.2）可以化为与式（Ⅰ.11.8）一样的矩阵乘积：

$$A_{n-1}\cdot G_{n-1}^*=gx_n^*\cdot(-a_n) \qquad （Ⅱ.2.1）$$

式（Ⅱ.2.1）中的增长率向量 G_{n-1}^* 是 $n-1$ 维的，而标为 A_{n-1} 的线性方程组（Ⅱ.2）的系数矩阵则具有形式：

$$A_{n-1}=\begin{bmatrix} a_{11} & \cdots & a_{1,n-1} \\ \vdots & \cdots & \vdots \\ a_{n-1,1} & \cdots & a_{n-1,n-1} \end{bmatrix} \qquad （Ⅱ.2.2）$$

式（Ⅰ.2.1）等号右边的 a_n 是一个 $n-1$ 维的列向量：

$$a_n=\begin{pmatrix} a_{1n} \\ \vdots \\ a_{jn} \\ \vdots \\ a_{n-1,n} \end{pmatrix}$$

对其中的每一个 a_{jn}，都有：

$$a_{jn} = -\sum_{i=1}^{n-1} a_{ji} = \alpha_{jn} = 1 - \sum_{i=1}^{n-1} \alpha_{ji} \qquad （\text{II}.2.3）$$

矩阵乘积（II.2.1）的等号右边就是基准物品的稳态增长率 gx_k^* 乘以上述列向量。

定义线性方程组（II.2）的系数矩阵、式（II.2.2）中的 A_{n-1} 的行列式为 $|A_{n-1}|$。按照线性代数中的克莱姆法则，可以解得最终产品生产函数的第 k 种自变量物品的稳态增长率为：

$$gx_k^* = gx_n^* \cdot \frac{d_k}{|A_{n-1}|} \qquad 其中 \ k \neq n \qquad （\text{II}.3）$$

式中的分子 d_k 为一行列式：

$$d_k = \begin{vmatrix} a_{11} & \cdots & a_{1,k-1} & -a_{1n}=\sum\limits_{i=1}^{n-1}a_{1i} & a_{1,k+1} & \cdots & a_{1,n-1} \\ a_{21} & \cdots & a_{2,k-1} & -a_{3n}=\sum\limits_{i=1}^{n-1}a_{2i} & a_{2,k+1} & \cdots & a_{2,n-1} \\ \vdots & \cdots & \vdots & \vdots & \vdots & & \vdots \\ a_{n-1,1} & \cdots & a_{n-1,k-1} & -a_{n-1,n}=\sum\limits_{i=1}^{n-1}a_{n-1,i} & a_{n-1,k+1} & \cdots & a_{n-1,n-1} \end{vmatrix}$$

$$（\text{II}.3.1）$$

比较式（II.2.2）与式（II.3.1）可知，行列式 d_k 只是略加修改了的行列式 $|A_{n-1}|$，其中所做的唯一修改是将行列式 $|A_{n-1}|$ 中的第 k 列换成了行列式 $|A_{n-1}|$ 的所有各列包括第 k 列相加之和。根据线性代数中的行列式性质，行列式 d_k 必定等于 $n-1$ 个行列式之和，其中每个行列式都只在第 k 列上与行列式 $|A_{n-1}|$ 可能不同：加总为 d_k 的那 $n-1$ 个行列式中，第 i 个行列式的第 k 列正好就是行列式 $|A_{n-1}|$ 的第 i 列：

$$d_k = \begin{vmatrix} a_{11} & \cdots & a_{1,k-1} & \displaystyle\sum_{i=1}^{n-1} a_{1i} & a_{1,k+1} & \cdots & a_{1,n-1}zz \\ a_{21} & \cdots & a_{2,k-1} & \displaystyle\sum_{i=1}^{n-1} a_{2i} & a_{2,k+1} & \cdots & a_{2,n-1} \\ \vdots & \cdots & \vdots & \vdots & \vdots & \cdots & \vdots \\ a_{n-1,1} & \cdots & a_{n-1,k-1} & \displaystyle\sum_{i=1}^{n-1} a_{n-1,i} & a_{n-1,k+1} & \cdots & a_{n-1,n-1} \end{vmatrix}$$

$$= \sum_{i=1}^{n-1} \begin{vmatrix} a_{11} & \cdots & a_{1,k-1} & a_{1i} & a_{1,k+1} & \cdots & a_{1,n-1} \\ a_{21} & \cdots & a_{2,k-1} & a_{2i} & a_{2,k+1} & \cdots & a_{2,n-1} \\ \vdots & \cdots & \vdots & \vdots & \vdots & \cdots & \vdots \\ a_{n-1,1} & \cdots & a_{n-1,k-1} & a_{n-1,i} & a_{n-1,k+1} & \cdots & a_{n-1,n-1} \end{vmatrix}$$

（Ⅱ.3.2）

在加总为 d_k 的那 $n-1$ 个行列式中，第 k 个行列式显然与行列式 $|A_{n-1}|$ 完全相同，其他的那 $n-2$ 个行列式的第 k 列分别与 $|A_{n-1}|$ 的某一列相同，因而根据线性代数的基本原理，这 $n-2$ 个行列式都必然等于零。由此可知，行列式 d 必定等于行列式 $|A_{n-1}|$：

$$d_k = \sum_{i=1}^{n-1} \begin{vmatrix} a_{11} & \cdots & a_{1,k-1} & a_{1i} & a_{1,k+1} & \cdots & a_{1,n-1} \\ a_{21} & \cdots & a_{2,k-1} & a_{2i} & a_{2,k+1} & \cdots & a_{2,n-1} \\ \vdots & \cdots & \vdots & \vdots & \vdots & \cdots & \vdots \\ a_{n-1,1} & \cdots & a_{n-1,k-1} & a_{n-1,i} & a_{n-1,k+1} & \cdots & a_{n-1,n-1} \end{vmatrix}$$

$$= \begin{vmatrix} a_{11} & \cdots & a_{1,k-1} & a_{1i} & a_{1,k+1} & \cdots & a_{1,n-1} \\ a_{21} & \cdots & a_{2,k-1} & a_{2i} & a_{2,k+1} & \cdots & a_{2,n-1} \\ \vdots & \cdots & \vdots & \vdots & \vdots & \cdots & \vdots \\ a_{n-1,1} & \cdots & a_{n-1,k-1} & a_{n-1,i} & a_{n-1,k+1} & \cdots & a_{n-1,n-1} \end{vmatrix} = |A_{n-1}|$$

（Ⅱ.3.3）

将式（Ⅱ.3.3）的 $d_k = |A_{n-1}|$ 代入式（Ⅱ.3），就得：

$$gx_k^* = gx_n^* \cdot \frac{d_k}{|A_{n-1}|} = gx_n^* \quad \text{其中 } k \neq n \qquad （Ⅱ.4）$$

为了便于区别，式（Ⅱ.3）以下的推导中都将所研究的物品标为第 k 种而不是第 i 种物品。但是实际上，这里所讨论的其实就是式（Ⅱ.2）中所说的第 i 种物品。

由于在本命题所讨论的情况下，最终产品的生产也是全自变量规模报酬不变的，即 $\sum_{i=1}^{n}\alpha_{2i}=1$，将式（Ⅱ.4）代入式（Ⅰ.6.5）可知，稳态下最终产品产出的增长率：

$$gY^{*}(t)=\sum_{i=1}^{n}\alpha_{2i}\cdot gx_{i}^{*}(t)=gx_{n}^{*} \qquad （Ⅱ.4.1）$$

证毕

注意： 命题 5 只证明了在所有物品都是全自变量规模报酬不变时，最终产品产出及其各种自变量物品存量的稳态增长率都彼此相等，而并没有说明，这个对每种物品都相同的稳态增长率究竟多高。

按照线性代数的原理，适用于式（Ⅱ.2）的这个各种物品共同具有的稳态增长率原则上可以取任意一个数值。但是实际上，严格正则生产函数经济中有另一套方程决定了这个"共同的稳态增长率"的具体数值：稳态增长率必须遵守决定各种物品增长率的一般公式，也即必须合乎式（Ⅰ.9.5）和式（Ⅰ.9.7）对各种自变量物品增长率的一般规定。而按照式（Ⅰ.9.5）和式（Ⅰ.9.7），各种自变量物品的增长率都是由给定使用份额 s_{ji} 下这些自变量物品的存量 $x_{i}(t)$ 决定的。这意味着，各种物品共同的稳态增长率是由给定使用份额下进入稳态增长时的各种自变量物品存量决定的。

这就是说，像式（Ⅰ.9.5）和（Ⅰ.9.7）那样的 n 个方程决定了 n 种物品的增长率，当 n 种自变量物品的存量在给定使用份额下演化到正好它们决定的 n 种物品的增长率都彼此相等时，这些自变量物品存量及最终物品生产的增长率都将不再变化，整个经济进入稳态增长。这时产生的经济增长率，就是各种自变量物品和整个经济在平衡增长路径上的那个共同的稳态增长率。

稳态增长率的这个决定过程说明，稳态增长率具体数值的决定具有历史偶然性。在所有物品的生产都规模报酬不变而没有外生给定的增长率时，各种物品共同的稳态增长率到底有多高，这取决于进入稳态增长时各种自变量物品的存量，后者又是由整个经济的演化过程决定的。

第二节　经济持续增长的根源

上述分析有助于我们认清，在当代的经济增长模型中，正的最终产品产出稳态增长率到底从何而来。

经济增长模型中最终产品产出正增长率的根本来源，既不是最终产品生产函数自变量的非竞争性，也不是生产函数的全自变量规模报酬递增，而是产出的流量与作为其自变量的存量之间的特殊关系：在所有的经济增长模型中，最终产品产出都是流量，但它又是用某些存量生产出来、随这些存量的增加而增加的；而这些存量随时间的增量，又可以用这些存量本身生产出来。多数经济增长模型都假设了生产函数是严格正则的，从而忽略了存量物品的折旧问题，这就使自变量物品的存量不会随时间变化自动减少。这样，自变量物品的存量只能由生产而增加，却不会减少，这就决定了最终产品生产函数的所有自变量都只能增加而不会减少，从而也决定了用这些自变量物品生产的最终产品产出的增长率必然为正。

由于经济增长模型具有这样的数量特征，即使各种自变量物品在使用上不存在非竞争性，即使任何物品的产出都是全自变量规模报酬不变的，只要将这些物品存量的一定比例用于生产这些存量本身，这些物品的存量就会不断增加，而最终产品的产出将会随着这些存量的不断增加而持续增长。

我们可以用一个最简单的经济增长模型来说明这一点：

假定最终产品的产出 Y 仅仅是用于生产它的某种"物品"存量的产物，而且二者之间的投入产出关系是 $1：1$；还可以用这种投入物品的存量来生产它的增量，而且这个"生产函数"也只有这一个自变量，投入和产出的关系也是 $1：1$。这样，这个经济的这两个生产函数就都是全自变量规模报酬不变的。这种作为投入的存量在使用上不存在非竞争性：用于生产最终产品的那部分投入存量不会影响该存量的增量，用于生产该投入的增量的那部分该投入物品也不影响最终产品产出。以 L 代表该投入存量的总量，s 为该存量用于生产最终产品产出的份额，并令 s 固定不变，可得该经济的两个生产函数：

$$Y(t) = L_Y(t), \qquad L_Y(t) = s \cdot L(t)$$
$$\frac{dL(t)}{dt} = L_L(t), \quad L_L(t) = (1-s) \cdot L(t) \qquad （\mathrm{II}.5）$$

由上述两个生产函数可以推得最终产品产出的增长率：

$$gY(t) = gL(t) \qquad （\mathrm{II}.5.1）$$

由投入存量 L 的生产函数可以得到它的增长率：

$$gL(t) = \frac{\dfrac{dL(t)}{dt}}{L(t)} = 1-s \qquad （\mathrm{II}.5.2）$$

给定该投入存量用于生产最终产品的份额 s，该经济的最终产品产出将有一个不变的增长率（稳态增长率）$1-s$。值得注意的是，随着该投入存量中用于最终产品生产的份额 s 逐步增加，该经济的稳态增长率将会相应下降。而如果该经济将投入存量（最终产品生产函数的自变量存量）全部用于生产最终产品（s 等于 1），该经济的增长率及稳态增长率将为 0！

从最初的现代经济增长模型出现时起，上述那种存量和流量的关系就存在于经济增长理论中。只不过由于经济增长模型讨论的最终产品生产函数通常都有两个以上的自变量，其中的劳动力增长率又往往被假定为外生给定的，结果是模糊了上述那种存量和流量的关系对模型中的持续经济增长的决定意义。

式（Ⅱ.5）那样高度简化的分析具有极强的指导意义。我们可以使用这种只有一种投入品的增长模型作进一步的分析，以说明生产函数并非全自变量规模报酬不变时的稳态增长率。假定在式（Ⅱ.5）所描述的那种经济中，生产函数变为下面的样子：

$$Y(t) = L_Y(t)^\alpha, \quad L_Y(t) = s \cdot L(t)$$
$$\frac{dL(t)}{dt} = L_L(t)^\beta, L_L(t) = (1-s) \cdot L(t) \qquad （Ⅱ.6）$$

由式（Ⅱ.6）可得最终产品产出的增长率：

$$gY(t) = \alpha \cdot gL(t) \qquad （Ⅱ.6.1）$$

根据式（Ⅱ.6），用作投入的自变量物品的增长率为：

$$gL(t) = \frac{\dfrac{dL(t)}{dt}}{L(t)} = (1-s)^\beta \cdot L(t)^{\beta-1} \qquad （Ⅱ.6.2）$$

当 $\beta=1$ 时，自变量物品 L 的生产是全自变量规模报酬不变的，当 $\beta < 1$ 时 L 的生产全自变量规模报酬递减，$\beta > 1$ 时则 L 的生产全自变量规模报酬递增。

由于 $L（t）$ 始终大于零，s 通常也小于 1，根据式（Ⅱ.6）

和式（Ⅱ.6.2），用作投入的自变量物品 L 的增长率通常大于零，而根据式（Ⅱ.6.1），最终产品产出的增长率也因此大于零。这就印证了命题 2 中的论点：在严格正则生产函数经济中，最终产品产出和自变量存量的增长率都不可能小于零。

由式（Ⅱ.6.2）可以推得自变量物品 L 增长率的增长率为：

$$\frac{\dfrac{\mathrm{d}(gL(t))}{\mathrm{d}t}}{gL(t)} = (\beta - 1) \cdot gL(t) \qquad （Ⅱ.6.3）$$

当自变量物品 L 的生产是全自变量规模报酬不变（$\beta=1$）时，自变量物品的增长率不随时间的流逝而发生变化，根据式（Ⅱ.6.1），此时最终产品产出的增长率也不变，从而整个经济始终处于平衡增长路径上的稳态。

根据式（Ⅱ.6.3），该经济处于稳态增长的条件是：

$$(\beta - 1) \cdot gL(t) = 0 \qquad （Ⅱ.6.4）$$

此时不仅用作投入的自变量物品 L 的增长率不再变化，根据式（Ⅱ.6.1）最终产品产出的增长率也不变。

显然，如果自变量物品 L 的生产不是规模报酬不变的，那就只有当该自变量物品的增长率为零时稳态增长的条件才得到满足。反过来说，自变量物品增长率为零必定是稳态增长条件公式（Ⅱ.6.4）的一个解，根据式（Ⅱ.6.1）此时最终产品产出的增长率也为零。这就印证了命题 3 中的论点：在一个任何物品的折旧率都不随时间而变化的正则生产函数经济中，如果没有任何一种物品的增长率是外生给定的，则每一种物品的增长率都等于零是该经济稳态增长率的一个解。

根据式（Ⅱ.6.3），在自变量物品 L 的增长率大于零的条件下，如果该自变量物品的生产全自变量规模报酬递减（$\beta < 1$），则该物品存量的增长率将逐渐降低，根据式（Ⅱ.6.1）最终产品

产出的增长率也必定随之降低。式（Ⅱ.6.2）也表明了这样一种动态过程：由于 $\beta < 1$，随着自变量物品 L 的存量不断增大，其存量的增长率却不断降低。而当该物品存量 L 趋于无穷大时，该物品存量的增长率降低到零，最终产品产出的增长率也逐步降低到零，整个经济逐步向稳态增长率的零解收敛。

即使最终产品的生产函数有许多个自变量，上述原理也基本适用。本书后面的第三章将详细证明，在最终产品的生产函数有两个以上自变量的情况下，如果所有自变量物品的生产都全自变量规模报酬递减并且没有任何外生给定的增长率，则稳态增长率解只能为零。动态过程分析将会证明，在各种自变量存量的初始状态下，整个经济将逐渐向最终产品和所有自变量物品的增长率都为零的稳态收敛。

而根据式（Ⅱ.6.3），在自变量物品 L 的增长率大于零的条件下，如果该自变量物品的生产全自变量规模报酬递增（$\beta > 1$），则该物品存量的增长率将越来越高，根据式（Ⅱ.6.1）最终产品产出的增长率也必定随之不断提高。式（Ⅱ.6.2）也同样证明了这样一种动态过程：由于 $\beta > 1$，随着自变量物品 L 的存量不断增大，其存量的增长率也不断升高。在这种情况下，自变量物品的增长率一旦偏离为零的稳态而大于零，自变量物品存量和最终产品产出都将出现爆炸性增长，整个经济将越来越快地远离为零的稳态增长率，永远不可能再回到稳态上来。

本书的以下各章将讨论有许多种自变量物品的情况。在有些情况下，某些自变量物品的生产全自变量规模报酬递增，而另一些物品的生产则规模报酬递减。第六章将证明，如果某些自变量物品的生产全自变量规模报酬递增而另一些物品的生产报酬递减，则可能所有各种自变量物品的稳态增长率解都大于零；而第四章的推论14则说明，如果所有自变量物品的生产函

内
生
稳
态
增
长
模
型
的
生
产
结
构

数都是全自变量规模报酬递增的，又没有任何物品的增长率外生给定，则该经济中各种不同物品的稳态增长率解不可能全都大于零。这些都表明，许多种自变量物品的存在使问题复杂化。

但是本节对只有一种自变量物品的情况的分析仍然有其指导意义。它表明，所有物品的生产都全自变量规模报酬递增的情况是高度不稳定的。一旦自变量物品的增长率偏离了等于零的稳态，整个经济就可能会陷入爆炸性增长。前边的推论 2 已经指出，任何包含小于零的增长率的增长率解都不可能是在严格正则生产函数经济中实际出现的增长率。在所有自变量物品的生产都是全自变量规模报酬递增的情况下，包含着小于零的增长率的稳态增长率解不会是实际的稳态增长率，而只是表明该经济没有非零的稳态增长率。

第三节　某些物品的增长率外生给定的情况

本节研究的情况是，整个经济中至少有一种物品的增长率是外生给定的，因而这些物品的生产函数具有式（I.5.1）的形式，而其他物品的生产都是全自变量规模报酬不变的。

一、一种物品的增长率外生给定

命题 6

在一个折旧率不随时间而变化的正则生产函数经济中，如果只有一种物品具有外生给定的增长率 m，其他物品的生产都是增长率非外生而全自变量规模报酬不变的，则在增长的稳态下，最终产品生产函数的每一种自变量物品的增长率都等于增长率外生给定物品的增长率 m，且最终产品产出的增长率（经济增长率）也等于这一外生给定的增长率 m，也即最终产品产出和所有其他物品存量的增长率都等于劳动力的增长率。

证

在这种情况下，可以令其增长率外生给定的物品为"基准物品"（第 n 种物品）。如果将外生给定的增长率 m 标为第 n 种物品的增长率 gx_n，稳态增长的条件就可以以齐次线性方程组（Ⅰ.10.4）来表示，稳态增长率也必定是齐次线性方程组（Ⅰ.10.4）的解。可是实际上，外生给定的增长率 m 成了线性方程组中的一个常数项，因而本命题下的稳态增长条件可以表示为式（Ⅰ.11.7）中的非齐次线性方程组：

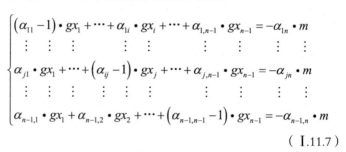

$$\begin{cases} (\alpha_{11}-1) \cdot gx_1 + \cdots + \alpha_{1i} \cdot gx_i + \cdots + \alpha_{1,n-1} \cdot gx_{n-1} = -\alpha_{1n} \cdot m \\ \quad\vdots \quad\quad\vdots \quad\quad\vdots \quad\quad\quad\vdots \quad\quad\vdots \quad\quad\quad\quad\vdots \quad\quad\vdots \quad\quad\vdots \\ \alpha_{j1} \cdot gx_1 + \cdots + (\alpha_{ij}-1) \cdot gx_j + \cdots + \alpha_{j,n-1} \cdot gx_{n-1} = -\alpha_{jn} \cdot m \\ \quad\vdots \quad\quad\vdots \quad\quad\vdots \quad\quad\quad\vdots \quad\quad\vdots \quad\quad\quad\quad\vdots \quad\quad\vdots \quad\quad\vdots \\ \alpha_{n-1,1} \cdot gx_1 + \alpha_{n-1,2} \cdot gx_2 + \cdots + (\alpha_{n-1,n-1}-1) \cdot gx_{n-1} = -\alpha_{n-1,n} \cdot m \end{cases}$$

$$（Ⅰ.11.7）$$

但是在数学形式上，线性方程组（Ⅰ.11.7）几乎与式（Ⅱ.2）完全一样，唯一的差别只在于：线性方程组（Ⅱ.2）的等号右边是基准物品的稳态增长率解 gx_n^* 乘以列向量 $-\alpha_n$，而在线性方程组（Ⅰ.11.7）中，等号右边与列向量 $-\alpha_n$ 相乘的是基准物品外生给定的增长率 m。

由于这个原因，线性方程组（Ⅰ.11.7）等号左边的系数矩阵和等号右边的列向量可以分毫不差地分别以式（Ⅱ.2.2）和式（Ⅱ.2.3）表示，而方程组（Ⅰ.11.7）中等号右边的系数 a_{jn} 也像在式（Ⅱ.2.3）中那样可以表示为 $1 - \sum_{i=1}^{n-1} \alpha_{ji}$。同样可以将线性方程组（Ⅰ.11.7）的系数矩阵定义为式（Ⅱ.2.2）中的矩阵 A_{n-1}，

内生稳态增长模型的生产结构

并将其化为行列式$|A_{n-1}|$。也同样可以为线性方程组（Ⅰ.11.7）定义出式（Ⅱ.3.1）那样的行列式d_k。对于线性方程组（Ⅰ.11.7）运用线性代数中的克莱姆法则，可以解得在本命题所讨论的情况下第 k 种物品的稳态增长率为：

$$gx_k^* = m \cdot \frac{d_k}{|A_{n-1}|} \quad \text{其中} \ k \neq n \qquad （Ⅱ.7）$$

式（Ⅱ.7）等号右边分母中的行列式$|A_{n-1}|$与式（Ⅱ.3）等号右边分母中的行列式$|A_{n-1}|$完全一样，式（Ⅱ.7）等号右边分子中的行列式d_k也与式（Ⅱ.3）等号右边分子中的行列式d_k完全一样。因此这里完全适用本章第一节从式（Ⅱ.3.1）到式（Ⅱ.3.3）所做的推导，并因此可以完全照搬这一推导所得出的结论：

$$d_k = |A_{n-1}| \qquad （Ⅱ.7.1）$$

将式（Ⅱ.7.1）代入式（Ⅱ.7），就对任一自变量物品 k 都有：

$$gx_k^* = m \cdot \frac{d_k}{|A_{n-1}|} = m \quad \text{其中} \ k \neq n \qquad （Ⅱ.7.2）$$

由于在本命题所讨论的情况下，最终产品的生产也是全自变量规模报酬不变的，即 $\sum_{i=1}^{n} \alpha_{2i} = 1$，将式（Ⅱ.7.2）代入式（Ⅰ.6.4）可知，这种情况下最终产品产出的稳态增长率：

$$gY^*(t) = \sum_{i=1}^{n} \alpha_{2i} \cdot gx_i^*(t) = m \qquad （Ⅱ.7.3）$$

证毕

二、两种或两种以上物品的增长率外生给定

当两种或两种以上物品的增长率外生给定时，可以做出最

一般化的概括：如果在 n 种自变量物品中，有 m 种物品的增长率外生给定，则可以将这 m 种物品的序号顺次标为 $n-m+1$，$n-m+2$，$\cdots$，n，它们的外生给定的增长率分别为 g_{n-m+1}，g_{n-m+2}，$\cdots$，g_n。在这种情况下，稳态增长的条件可以表为第一章中的式（I.11.1），该式本来用于表示在另一种情况下的稳态增长条件，在那种情况下，没有外生给定增长率而稳态增长条件齐次线性方程组的系数矩阵的秩为 $n-m$，其中 $m \geqslant 1$。将那种情况下的稳态增长条件照搬到这里，是因为这两种不同情况下的稳态增长条件在数学形式上是一样的。

这样，当 n 种自变量物品中有 m 种物品的增长率外生给定时，稳态增长条件可以表示为，前 $n-m$ 种物品的增长率满足线性方程组：

内
生
稳
态
增
长
模
型
的
生
产
结
构

$$
\begin{cases}
(\alpha_{11}-1)\cdot gx_1 + \cdots + \alpha_{1k}\cdot gx_k + \cdots + \alpha_{1,n-m}\cdot gx_{n-m} = -\sum_{i=n-m+1}^{n}\alpha_{1i}\cdot g_i \\
\quad\vdots \quad\vdots \qquad\qquad\vdots \qquad\qquad\quad\vdots \qquad\qquad\qquad\vdots \\
\alpha_{j1}\cdot gx_1 + \cdots + (\alpha_{ij}-1)\cdot gx_j + \cdots + \alpha_{j,n-m}\cdot gx_{n-m} = -\sum_{i=n-m+1}^{n}\alpha_{ji}\cdot g_i \\
\quad\vdots \quad\vdots \qquad\qquad\vdots \qquad\qquad\quad\vdots \qquad\qquad\qquad\vdots \\
\alpha_{n-m,1}\cdot gx_1 + \alpha_{n-m,2}\cdot gx_2 + \cdots + (\alpha_{n-m,n-m}-1)\cdot gx_{n-m} = -\sum_{i=n-m+1}^{n}\alpha_{n-m,i}\cdot g_i
\end{cases}
$$

（II.8）

上述线性方程组与式（I.11.1）的唯一不同之处在于等号右边的增长率 g_i 的含义：在式（I.11.1）中，g_i 是自由未知量，原则上可以取任何实数值，而在式（II.8）中，每一个 g_i 都是外生给定的常数。为了便于从形式上区分，我们将方程组（II.8）中各方程等号右边的外生给定增长率一般化地标为 g_i，而将等号左边的未知增长率一般化地标为 g_k。

线性方程组（II.8）的系数矩阵为：

$$A_{n-m} = \begin{bmatrix} a_{11} & \cdots & a_{1,n-m} \\ \vdots & \cdots & \vdots \\ a_{n-m,1} & \cdots & a_{n-m,n-m} \end{bmatrix} \quad \text{其中 } a_{jk} = \begin{cases} \alpha_{jk}, k \neq j \\ \alpha_{jk} - 1, k = j \end{cases}$$

（Ⅱ.8.1）

定义 a_k 为矩阵 A_{n-m} 的第 k 个列向量，$|A_{n-m}|$ 为矩阵 A_{n-m} 的行列式。

在线性方程组（Ⅱ.8）中每一个方程等号右边都有同一组外生给定的增长率，定义外生给定增长率中的 gx_i 前边的系数 α_{ji} 构成一个列向量：

$$\alpha_i = \begin{pmatrix} \alpha_{1i} \\ \vdots \\ \alpha_{ji} \\ \vdots \\ \alpha_{n-m,i} \end{pmatrix}$$

（Ⅰ.8.2）

它是一个 $n-m$ 维的列向量。根据式（Ⅱ.8.2），线性方程组（Ⅱ.8）中各方程等号右边的常数项构成一个列向量：

$$-\sum_{i=n-m+1}^{n} \alpha_i \cdot g_i$$

（Ⅱ.8.3）

定义行列式 d_k 为以式（Ⅱ.8.3）中的列向量替换矩阵 A_{n-m} 中的第 k 列所构成的行列式，行列式 d_{ki} 为以列向量 $-a_i$ 替换矩阵 A_{n-m} 中的第 k 列所构成的行列式。这样，行列式 d_k 的第 k 列就是以 m 组数的和为分量构成的向量，其中的第 i 组恰好是行列式 d_{ki} 的第 k 列乘以 g_i。根据行列式的性质，这意味着行列式 d_k 是 m 项之和，在这 m 项中，任意一个第 i 项都必定是相应的行列式 d_{ki} 与相应的增长率 g_i 之积：

$$d_k = \sum_{i=n-m+1}^{n} (d_{ki} \cdot g_i)$$

（Ⅱ.8.4）

此外，以系数矩阵 A_{n-m} 的第 s 列 a_s 来替换矩阵 A_{n-m} 中的第 k 列，可以构造出行列式 d_{ks}。总共可以这样构造出 $n-m$ 个不同的行列式 d_{ks}，但是在这 $n-m$ 个不同的行列式 d_{ks} 中，第 k 个必然与行列式 $|A_{n-m}|$ 完全相同，而其他的 $n-m-1$ 个行列式的第 k 列却必定等于该行列式的另外某一列，因而根据行列式的性质这 $n-m-1$ 个行列式都必定等于零。这样，就有：

$$\sum_{s=1}^{n-m} d_{ks} = |A_{n-m}| \qquad (\text{II}.8.5)$$

在上述公式和定义的基础上，可以证明下述命题：

命题 7

在一个折旧率不随时间而变化的正则生产函数经济中，如果有两种或两种以上物品具有外生给定的增长率，其他物品存量的增长率都是非外生的，则在增长的稳态下，任何增长率非外生的自变量物品及最终产品产出的增长率都是各种外生给定增长率的加权平均数，第 i 种外生给定增长率在决定第 k 种物品稳态增长率时的权重等于 $\dfrac{d_{ki}}{|A_{n-m}|}$。如果该经济中所有物品的生产都全自变量规模报酬不变，则各外生给定增长率在决定任何增长率非外生的自变量物品 k 的稳态增长率时权重之和都为 1，即对任何物品 k 都有 $\displaystyle\sum_{i=n-m+1}^{n} \dfrac{d_{ki}}{|A_{n-m}|} = 1$。

证

根据线性代数中的克莱姆法则，如果线性方程组（II.8）有唯一解，则在此解中，第 k 种增长率待定的物品的稳态增长率必为：

$$gx_k^* = \frac{d_k}{|A_{n-m}|} \qquad (\text{II}.9)$$

将式（Ⅱ.8.4）代入上式，就得：

$$gx_k^* = \sum_{i=n-m+1}^{n} \left(\frac{d_{ki}}{|A_{n-m}|} \cdot g_i \right) \qquad （Ⅱ.9.1）$$

如果该经济中所有物品的生产都全自变量规模报酬不变，

则对任何物品 k 都有 $\sum_{i=n-m+1}^{n} \frac{d_{ki}}{|A_{n-m}|} = 1$。其原因在于：

根据对式（Ⅰ.3.3）的分析，对任何"全自变量规模报酬

不变"的物品 j，都有 $\sum_{i=1}^{n} \alpha_{ij} = 1$；这意味着，如果线性方程组

（Ⅱ.8）中的那 $n-m$ 种物品的生产都是全自变量规模报酬不变

的，则对其中的任一方程（标为第 j 个方程），都必有：

$$\sum_{k=1}^{n-m} \alpha_{jk} + \sum_{i=n-m+1}^{n} \alpha_{ji} = 1 \qquad （Ⅱ.10）$$

这样，线性方程组（Ⅱ.8）中任一第 j 个方程等号右边的任

一项的系数 α_{jh} 都可以化为：

$$\alpha_{jh} = 1 - \sum_{k=1}^{n-m} \alpha_{jk} - \sum_{i=n-m+1}^{n} \alpha_{ji} = -\sum_{k=1}^{n-m} a_{jk} - \sum_{i=n-m+1}^{n} \alpha_{ji} \quad 其中 i,\ k \neq h$$

$$（Ⅱ.10.1）$$

每个方程等号右边都有这样的 m 个系数乘以相应的外生给

定增长率的负数 $-g_h$。

由于 α_{jh} 只是 m 个 α_{jh} 中的一个，我们可以相应地将式

（Ⅱ.8.2）中的列向量 α_i 标为 α_h，并据此构造出行列式 d_{kh}。实

际上，α_h 只是列向量 α_i 的另一种标法，而行列式 d_{kh} 也只是行

列式 d_{ki} 的另一种标法而已。

根据式（Ⅱ.10.1），如果线性方程组（Ⅱ.8）中的那 $n-m$

种物品的生产是全自变量规模报酬不变的，则对任何列向量

α_h 都恒有：

$$\alpha_h = -\sum_{k=1}^{n-m} a_k - \sum_{i=n-m+1}^{n} \alpha_i \quad \text{其中} i,\ k \neq h \quad （\text{II}.10.2）$$

将上式中等号右边的向量 $-\sum_{k=1}^{n-m} a_k - \sum_{i=n-m+1}^{n} \alpha_i$ 乘以 -1 后得

$-\sum_{k=1}^{n-m} a_k + \sum_{i=n-m+1}^{n} \alpha_i$，用它替换行列式 d_{kh} 中第 k 列的 $-\alpha_h$，可得行

列式 d_{kh} 的另一种表达。根据行列式的性质，行列式 d_{kh} 的这另

一种表达等于另外 $n-1$ 个行列式之和，其中的每个行列式都只

有第 k 列与行列式 d_{kh} 不同；前 $n-m$ 个行列式的第 k 列由与序

列号 s 相对应的列向量 a_s 变换而成，因而它们正是式（II.8.4）

下边所论述的那 $n-m$ 个不同的行列式 d_{kh}，而后 $m-1$ 个行列

式的第 k 列由与序列号 i（但 $i \neq h$）相对应的列向量 α_i 变换

而成，因而它们也正是式（II.8.3）下边所定义的行列式 d_{kh} 乘

以 -1，只是不包括行列式 d_{kh} 本身。这样，行列式 d_{kh} 就可以表

示为：

$$d_{kh} = \sum_{s=1}^{n-m} d_{ks} - \sum_{i=n-m+1}^{n} d_{ki} \quad \text{其中} s,\ i \neq h \quad （\text{II}.10.3）$$

根据行列式 d_{kh} 的定义，行列式 d_{kh} 只是当 i 取值为 h 时的

d_{ki}，而式（II.10.3）等号右边的 $\sum_{i=n-m+1}^{n} d_{ki}$ 中则不包括行列式

d_{kh}。因此，包括了行列式 d_{kh} 的 $\sum_{i=n-m+1}^{n} d_{ki}$ 应当等于式（II.10.3）

中的行列式 d_{kh} 与 $\sum_{i=n-m+1}^{n} d_{ki}$ 之和。而根据式（II.8.5）则有

$\sum_{s=1}^{n-m} d_{ks} = |A_{n-m}|$。因此式（II.10.3）可以变换为：

$$\sum_{i=n-m+1}^{n} d_{ki} = |A_{n-m}| \qquad (\text{II}.10.4)$$

将式（II.10.4）等号的两边都除以 $|A_{n-m}|$，可知当所有增长率非外生给定的物品生产都全自变量规模报酬不变时，对任何物品 k 都有：

$$\sum_{i=n-m+1}^{n} \frac{d_{ki}}{|A_{n-m}|} = 1 \qquad (\text{II}.10.5)$$

证毕

由命题 7 可知，当所有增长率非外生给定的物品生产都全自变量规模报酬不变时，每一个增长率非外生给定物品的稳态增长率 gx_k^* 都真正是各外生给定增长率 g_i 的加权平均数，因为在决定每个 gx_k^* 的公式中，所有 g_i 前面的系数 $\dfrac{d_{ki}}{|A_{n-m}|}$ 之和都为1。由此可得：

推论 7

在一个折旧率不随时间而变化的正则生产函数经济中，如果有两种或两种以上物品具有外生给定的增长率，其他物品存量的增长率都是非外生的，所有增长率非外生物品的生产都全自变量规模报酬不变，且行列式 $|A_{n-m}|$ 大于零，所有的行列式 d_{ki} 都不小于零，则在增长的稳态下，任何增长率非外生的自变量物品及最终产品产出的增长率都不可能高于所有的外生给定增长率。

例子 7：与新古典增长模型相比较

在索洛最初建立的新古典经济增长模型（Solow，1956）中，实际上只有最终产品——物质资本的增长率不是外生给定的。从生产函数的自变量数目的角度看，索洛分析了最终产品的两种生产函数：一种生产函数只有物质资本和劳动两个自变量，另一种生产函数则有技术、物质资本和劳动三种自变量。在第一种情况下，劳动的增长率 n 被看作外生给定的常数，而在第二种情况下，技术存量的增长率 g 与劳动增长率 n 一样被看作外生给定的。

当索洛以两个自变量的最终产品生产函数为基础进行讨论时，他研究了这种生产函数的柯布—道格拉斯函数形式（Solow，1956，Example2）：

$$Y = k^a L^{1-a}, \ 0 < a < 1 \qquad （例 7.1）$$

式中的 Y 为最终产品产出，K 为物质资本存量，L 为劳动。索洛证明，在给定的储蓄率 s 下，这种情况下最终产品产出和物质资本存量的稳态增长率都等于外生给定的劳动增长率 n。注意：这一结论是在唯一的生产函数（最终产品的生产函数）全自变量规模报酬不变的前提下得出的，这直接证明了本书的命题6。

当索洛讨论"中性技术变化"时，他实际上列出的是三个自变量的柯布—道格拉斯最终产品生产函数：

$$Y = A(t) K^a L^{1-a} \qquad （例 7.2）$$

上式中的 A（t）可以理解为 t 时的技术水平。索洛证明，这种情况下最终产品产出和物质资本存量的稳态增长率都等于 $n + \dfrac{g}{1-a}$。

更简单的一种新古典经济增长模型（Romer，David，1996）假定最终产品的生产函数为

$$Y = K^a (AL)^{1-a} = A^{1-a} K^a L^{1-a} \qquad （例 7.3）$$

由这个生产函数所推得的最终产品产出和物质资本存量的

内生稳态增长模型的生产结构

稳态增长率都为 $n+g$。

生产函数为式（例7.2）和式（例7.3）这两种情况下的两个稳态增长率（ $n+\dfrac{g}{1-a}$ 和 $n+g$ ）表明，只要外生给定的劳动力增长率 n 和技术存量增长率 g 都大于零，这两种情况下最终产品产出和物质资本存量的稳态增长率就都会大于任何一种外生给定的增长率（ n 或 g ）。根据推论7，这是由于在这两种情况下最终产品的生产函数全自变量规模报酬递增：在式（例7.2）中，因子 A 的指数为1，K 的指数为 a，L 的指数为 $1-a$，因而 $\sum_{i=1}^{n}\alpha_{2i}=1+a+1-a=2>1$；而在式（例7.3）中，因子 A 和 L 的指数都为 $1-a$，K 的指数为 a，因而 $\sum_{i=1}^{n}\alpha_{2i}=1-a+a+1-a=2-a>1$（ $0<a<1$ ）。

为了证明上述论点，假定最终产品的生产函数是全自变量规模报酬不变的：

$$Y=A^{a}K^{b}L^{c}, 0<a,b,c<1, a+b+c=1 \qquad （例7.4）$$

仍然将技术存量的增长率 g 与劳动增长率 n 看作外生给定的，且给定储蓄率 s 不变，按照第一章第三节第四小节的推导程序，可以推得物质资本存量的稳态增长率 gK^{*} 必须满足条件：

$$a\cdot g+(b-1)\cdot gK^{*}+c\cdot n=0 \qquad （例7.4.1）$$

由于 $a+b+c=1$，$b-1=-a-c$。由此解得物质资本存量的稳态增长率：

$$gK^{*}=\frac{a}{a+c}\cdot g+\frac{c}{a+c}\cdot n \qquad （例7.4.2）$$

最终产品产出的稳态增长率也如式（例7.4.2）所示。显然

只要 g、n、a 和 c 都大于零，最终产品产出和物质资本存量的稳态增长率就不可能大于所有的外生给定增长率（g 和 n）。正如命题 7 和推论 7 所说，生产函数都是全自变量规模报酬不变时，每一个增长率非外生给定物品的稳态增长率都真正是各外生给定增长率的加权平均数，在其中各外生给定增长率的权数

$\dfrac{d_{ki}}{|A_{n-m}|}$ 之和等于 1（$\dfrac{a}{a+c}+\dfrac{c}{a+c}=1$）。当 g、n、a 和 c 都大于零时，最终产品产出和物质资本存量的稳态增长率都只能处于外生给定的增长率 g 和 n 之间，不可能比二者都高。

以下各章将讨论更加复杂的情况，即至少有一种物品的生产不是全自变量规模报酬不变的。

第三章　没有报酬递增物品的情况

在本章所研究的稳态增长条件下，任何物品的生产都不是全自变量规模报酬递增的，并且至少有一种物品的生产是全自变量规模报酬递减的。任何物品的生产都报酬不递增的情况本来也包括了所有物品的生产都全自变量规模报酬不变的情况，但是由于第二章已经详细讨论了所有物品生产都规模报酬不变的情况，本章的讨论就只限于至少有一种物品的生产规模报酬递减的情况。

对于这种讨论，正则生产函数中稳态增长条件下第 i 种物品对第 j 种物品生产的贡献率 α_{ji} 为我们提供了极好的测度手段。根据式（I.3.3），任何物品 j 生产上的全自变量规模报酬都可以表示为：

$$r_j = \sum_{i=1}^{n} \alpha_{ji} \qquad （III.1）$$

相应地，我们还可以用 $r_j - 1$ 度量第 j 种物品生产中"全自变量规模报酬递增的程度"。$r_j - 1$ 为零时物品 j 的生产中全自变量规模报酬不变，$r_j - 1$ 小于零时物品 j 的生产规模报酬递减，$r_j - 1$ 大于零时物品 j 的生产规模报酬递增。

在本章所讨论的情况下，"没有任何物品的生产全自变量规模报酬递增"意味着对任何物品 j 都恒有 $r_j \leqslant 1$；"至少有一种物品的生产全自变量规模报酬递减"意味着至少存在着某种物品 k，对该物品有 $r_k < 1$。

在这种情况下，如果没有任何物品的增长率外生给定，则各种物品的稳态增长率解将如第一章中的命题 3 和命题 4 所描述的那样。不过由于至少有一种物品的生产不是全自变量规模报酬不变的，第二章中的命题 5 和命题 6 在这里并不适用。

第一节　报酬不递增物品稳态增长的前提

在本章所讨论的情况下，对稳态增长的分析以下列命题为出发点。

命题 8

在一个折旧率不随时间而变化的正则生产函数经济中，任一全自变量规模报酬不递增物品 k 的稳态增长率具有非零解的一个必要前提是，它在稳态增长时的生产上使用的物品中至少存在另一种物品 i，它与 k 相比，稳态增长率的解正负号相同，且绝对值不更小；特别地，这种经济中任一规模报酬递减物品 k 的稳态增长率具有非零解的一个必要前提是，它在稳态增长时的生产上使用的物品中至少存在另一种物品 i，它与 k 相比，稳态增长率的解正负号相同，且绝对值更大。

证

物品 k 的稳态增长率可能有两种非零的解：一种解大于零，另一种解小于零。但是根据式（I.10.3），无论在哪种情况下，物品 k 的稳态增长率解都必须服从下列公式：

$$gx_k^* = \sum_{i=1}^{n} \alpha_{ki} \cdot gx_i^*$$

而由于物品 k 的生产是全自变量规模报酬不递增的，上式中的 $\sum_{i=1}^{n}\alpha_{ki}\leqslant 1$。如果物品 k 的生产是全自变量规模报酬递减的，则 $\sum_{i=1}^{n}\alpha_{ki}<1$。

1. 当物品 k 的稳态增长率解大于零时

根据式（Ⅰ.10.3），物品 k 稳态增长率的解必须满足条件 $gx_k^* = \sum_{i=1}^{n}\alpha_{ki} \cdot gx_i^*$。在物品 k 的生产全自变量规模报酬不递增的情况下，由于上式中的 $\sum_{i=1}^{n}\alpha_{ki}\leqslant 1$，且 $gx_k^*>0$，因此必有 $gx_k^* \geqslant \sum_{i=1}^{n}\alpha_{ki} \cdot gx_k^*$。这样，如果除 k 以外其他物品的稳态增长率解 gx_i^* 都小于 gx_k^*，则必有 $\sum_{i=1}^{n}\alpha_{ki} \cdot gx_i^* < \sum_{i=1}^{n}\alpha_{ki} \cdot gx_k^*$，从而 $\sum_{i=1}^{n}\alpha_{ki} \cdot gx_i^* < gx_k^*$，式（Ⅰ.10.3）中的稳态增长条件无法成立。这样，要保证式（Ⅰ.10.3）中的稳态增长条件成立，除 k 以外的其他物品中必须至少有一个物品 i 在稳态增长率解上不小于 k，而由于 k 的稳态增长率解大于零，i 在稳态增长率解的绝对值上必须至少不小于 k。这意味着，报酬不递增物品 k 稳态增长率的解大于零的一个必要条件是至少存在某一物品 i，其稳态增长率解至少不小于 k 的稳态增长率解。

如果物品 k 的生产是全自变量规模报酬递减的，就会有 $\sum_{i=1}^{n}\alpha_{ki}<1$。在这种情况下，由于 $gx_k^*>0$，必有 $gx_k^* > \sum_{i=1}^{n}\alpha_{ki} \cdot gx_k^*$。如果除 k 以外其他物品的稳态增长率数学解 gx_i^* 都不大于 gx_k^*，

则必有 $\sum\limits_{i=1}^{n}\alpha_{ki}\cdot gx_i^* \leqslant \sum\limits_{i=1}^{n}\alpha_{ki}\cdot gx_k^* < gx_k^*$，从而使式（Ⅰ.10.3）中的稳态增长条件无法成立。这样，要保证式（Ⅰ.10.3）中的稳态增长条件成立，除 k 以外的其他物品中必须至少有一个物品 i 在稳态增长率解上大于 k，而由于 k 的稳态增长率解大于零，i 在稳态增长率解的绝对值上必须大于 k。这意味着，报酬递减物品 k 稳态增长率解大于零的一个必要条件是至少存在某一物品 i，其稳态增长率的解大于 k 的稳态增长率解。

2. 当物品 k 的稳态增长率解小于零时

同样根据式（Ⅰ.10.3）所规定的稳态增长条件进行分析：

由于全自变量规模报酬不递增决定了对于物品 k 有 $\sum\limits_{i=1}^{n}\alpha_{ki}\leqslant 1$，

而在这里的情况下 $gx_k^* < 0$，因此必有 $gx_k^* \leqslant \sum\limits_{i=1}^{n}\alpha_{ki}\cdot gx_k^*$。这样，

如果除 k 以外其他物品的稳态增长率解 gx_i^* 都大于 gx_k^*，则必有

$\sum\limits_{i=1}^{n}\alpha_{ki}\cdot gx_i^* > \sum\limits_{i=1}^{n}\alpha_{ki}\cdot gx_k^*$，从而使 $\sum\limits_{i=1}^{n}\alpha_{ki}\cdot gx_i^* > gx_k^*$，式（Ⅰ.10.3）中的稳态增长条件无法成立。这样，要保证式（Ⅰ.10.3）中的稳态增长条件成立，除 k 以外的其他物品中必须至少有一个物品 i 在稳态增长率解上不大于 k，而由于 k 的稳态增长率解小于零，i 的稳态增长率解就必须为负数，且其绝对值必须至少不小于 k 的绝对值。这意味着，报酬不递增物品 k 稳态增长率的解小于零的一个必要条件是至少存在某一物品 i，其稳态增长率的解为负且在绝对值上至少不小于 k 的稳态增长率解。

如果物品 k 的生产是全自变量规模报酬递减的，就会有

$\sum\limits_{i=1}^{n}\alpha_{ki} < 1$。在这种情况下，由于 $gx_k^* < 0$，必有 $gx_k^* < \sum\limits_{i=1}^{n}\alpha_{ki}\cdot gx_k^*$。

内生稳态增长模型的生产结构

94

如果除 k 以外其他物品的稳态增长率解 gx_i^* 都不小于 gx_k^*，则必

有 $\sum_{i=1}^{n}\alpha_{ki}\cdot gx_i^* \geqslant \sum_{i=1}^{n}\alpha_{ki}\cdot gx_k^* > gx_k^*$，从而使式（Ⅰ.10.3）中的稳态

增长条件无法成立。这样，要保证式（Ⅰ.10.3）中的稳态
增长条件成立，除 k 以外的其他物品中必须至少有一个物品 i 在稳
态增长率解上小于 k，而由于 k 的稳态增长率解小于零，i 的稳
态增长率解就必须小于零且绝对值大于 k 的稳态增长率解绝对
值。这意味着，报酬递减物品 k 稳态增长率的解小于零的一个
必要条件是至少存在某一物品 i，其稳态增长率的解也小于零
且绝对值大于 k 的稳态增长率解绝对值。

证毕

由命题 8 可以自然地得出：

推论 8

在一个折旧率不随时间而变化的正则生产函数经济中，
任一全自变量规模报酬不递增物品 k 的稳态增长率具有大于零
的解的一个必要前提是，它在稳态增长时的生产上使用的物品
中，至少存在另一种物品 i，它有不比 k 低的稳态增长率（正
的）解；特别地，这种经济中任一全自变量规模报酬递减物品
k 的稳态增长率具有大于零的解的一个必要前提是，它在稳态
增长时的生产上使用的物品中，至少存在另一种物品 i，它有
比 k 更高的稳态增长率（正的）解。

由命题 8 我们可以很容易地领会到，为什么在所有物品的
生产都报酬不变时它们的稳态增长率解都彼此相等。所有物品
的生产都报酬不变是任何物品生产都报酬不递增的一个特例，
这时由于没有生产上报酬递减的物品，并不要求任何物品的稳
态增长率解必须在绝对值上高于其他物品。在这种情况下，要

满足报酬不递增物品的稳态增长率具有非零解的前提条件，使每一个这种物品都至少有另一种物品与它稳态增长率的解正负号相同且绝对值不更小，最可靠的解法就是所有物品的稳态增长率解都彼此相等。

但是，一旦某经济系统中有至少一种物品的生产是全自变量规模报酬递减的，命题 8 中的前提条件就对该经济中各种物品生产函数的结构提出了进一步的要求。

命题 9

在一个折旧率不随时间而变化的正则生产函数经济中，如果任一全自变量规模报酬递减物品 k 的稳态增长率具有非零的解，则至少会存在一种全自变量规模报酬不递减的物品 h，它在稳态增长率解上与 k 的正负号相同，且对任何属于集合 K 的物品 i，恒有物品 h 的稳态增长率解绝对值 $|gx_h^*| > |gx_i^*|$，这里的集合 K 是集合 M 的子集，集合 M 是所有全自变量规模报酬递减物品的集合，K 则是 M 中所有与物品 k 在稳态增长率的解上有相同正负号的物品的集合；也即全自变量规模报酬不递减的物品 h 与 k 有相同的稳态增长率解正负号，且在稳态增长率解的绝对值上大于任何与物品 k 有相同的稳态增长率解正负号的报酬递减物品。

证

报酬递减物品 k 的稳态增长率可能有两种非零的解：一种解大于零，另一种解小于零。

1. 要使报酬递减物品 k 的稳态增长率解大于零，就必须至少存在一种全自变量规模报酬不递减的物品，它的稳态增长率解大于任何报酬递减物品的（为正的）稳态增长率解。

根据命题 8，报酬递减物品 k 稳态增长率的解大于零的一个必要前提是至少存在某一物品 i，其稳态增长率的解大于 k 的稳态增长率解。

但是如果这一物品 i 也在生产上全自变量规模报酬递减，命题 8 也就同样适用于物品 i：物品 i 稳态增长率解大于零的一个必要前提是至少存在某一物品，其稳态增长率的解为正且大于 i 的稳态增长率解。如此递推下去，由于该经济中的物品种类数有限，最终必定会递推到有最高的正增长率的报酬递减物品 n。命题 8 当然也同样适用于报酬递减物品 n：物品 n 稳态增长率解大于零的一个必要前提也是至少存在另一物品，其稳态增长率的解大于 n 的稳态增长率解。但是因为 n 是有最高稳态增长率解的报酬递减物品，不可能有任何报酬递减物品在稳态增长率解上高于它。与物品 n 相比有更大的（正的）稳态增长率解的物品如果存在，就只能是一种在生产上全自变量规模报酬不递减的物品。

2. 要使报酬递减物品 k 的稳态增长率解小于零，就必须至少存在一种全自变量规模报酬不递减的物品，它的稳态增长率解为负且在绝对值上大于任何稳态增长率解为负的报酬递减物品。

根据命题 8，报酬递减物品 k 稳态增长率的解小于零的一个必要前提是至少存在某一物品 i，其稳态增长率的解也小于零且绝对值大于 k 的稳态增长率解绝对值。

但是如果这一物品 i 也是生产上全自变量规模报酬递减的，命题 8 也就同样适用于物品 i：物品 i 稳态增长率解小于零的一个必要前提是至少存在某一物品，其稳态增长率的解也为负且在绝对值上大于 i 的为负数的稳态增长率解绝对值。如此递推下去，由于该经济中的物品种类数有限，最终必定会递推到某种报酬递减物品 n，它在所有稳态增长率解为负的报酬递减物品中，有绝对值最大的负的稳态增长率解。命题 8 当然也同样适用于报酬递减物品 n：物品 n 稳态增长率解小于零的一个必要条件也是至少存在另一物品，其稳态增长率解也小于零且绝对值大于 n 的稳态增长率解绝对值。但是因为在所有稳态增长率解为负的报酬递减物品中，物品 n 有绝对值最大的负的稳态增长率解，不可能有任何报酬递减物品的小于零的稳态增长率解在绝对值上大于它。稳态增长率解为负数的、与物品 n 相比有更大绝对值的物品如果存在，就只能是一种在生产上全自变量规模报酬不递减的物品。

证毕

由本命题可以自然地推出下列两个推论：

推论 9

在一个折旧率不随时间而变化的正则生产函数经济中，如果任一报酬递减物品 k 的稳态增长率解大于零，就必定至少存在一种全自变量规模报酬不递减的物品，它的稳态增长率解大于任何报酬递减物品的（为正的）稳态增长率解。

推论 9.1

在一个折旧率不随时间而变化的正则生产函数经济中，如果任何一种物品的稳态增长率解都为正，则所有生产上全自变量规模报酬递减的物品的稳态增长率都会至少小于某个物品的增长率，该物品在生产中并非全自变量规模报酬递减。

第二节　只有报酬递减物品的情况

命题 9 已经暗示，如果一个经济中的所有物品都在生产上规模报酬递减，则该经济不会有非零的稳态增长率解。

命题 10

在一个折旧率不随时间而变化的正则生产函数经济中，如果所有自变量物品的生产函数都是全自变量规模报酬递减的，又没有任何物品的增长率外生给定，则该经济的稳态增长率没有非零的解。

证

本命题其实是命题 9 的一个几乎是自然而然的推论：由于没有任何物品的生产函数全自变量规模报酬不递减，就不可能有任何物品是全自变量规模报酬不递减的；而如果没有任何物品是全自变量规模报酬不递减的，命题 9 所陈述的任一报酬递减物品具有非零的稳态增长率解的前提条件就不存在。根据命题 9，至少存在一种全自变量规模报酬不递减的物品，它与报酬递减物品有相同的稳态增长率解正负号且在稳态增长率解的绝对值上大于任何有相同的稳态增长率解正负号的报酬递减物品，这是任何一种报酬递减物品有非零的稳态增长率解的前提条件。如果没有任何物品的生产是全自变量规模报酬不递减的，这个前提条件就不存在。由于不存在规模报酬不递减的物品，任一规模报酬递减物品都不可能有非零的稳态增长率解。这意味着这样一个所有物品的生产都全自变量规模报酬递减的经济中没有稳态增长率的非零解。

这里我们还可以按照命题 8 到本命题的论证线索，以更加形式化的推导来论证本命题。

根据第一章第四节的式（Ⅰ.11.5）和式（Ⅰ.11.6），如果一个经济中没有任何物品的增长率外生给定而有物品有非零的稳态增长率解，则齐次线性方程组（Ⅰ.10.4）系数矩阵的第 n 个列向量可以由其他 $n-1$ 个列向量线性表出。在这种情况下，齐次线性方程组（Ⅰ.10.4）系数矩阵中的任一第 j 行的各项都必服从数量关系：

$$k_j = \left(\sum_{i=1}^{n-1} k_i \cdot \alpha_{ji} \right) + \alpha_{jn} \qquad （Ⅰ.11.5）$$

而齐次线性方程组（Ⅰ.10.4）系数矩阵第 n 行的各项则必须服从数量关系：

$$1 - \alpha_{nn} = \left(\sum_{i=1}^{n-1} k_i \cdot \alpha_{ni} \right) \qquad （Ⅰ.11.6）$$

在以上两式中，系数 k_i 就是以第 n 种物品为"基准物品"所得出的前 $n-1$ 种物品的标准化稳态增长率，而基准物品的系数 k_i 则为 1。这两个公式分别表明了相应物品的稳态增长条件。

在本命题所讨论的情况下，所有物品生产都全自变量规模报酬递减意味着对任何物品 j，都有 $\sum_{i=1}^{n} \alpha_{ji} < 1$。在这种情况下，对第 n 种物品来说，如果任何其他物品的标准化稳态增长率 k_i 都不大于 1，则必有：

$$1 > \sum_{i=1}^{n} \alpha_{ni} \geq \left(\sum_{i=1}^{n-1} k_i \cdot \alpha_{ni} \right) + \alpha_{nn}$$

此时式（Ⅰ.11.6）中表示的物品 n 的稳态增长条件无法成立。因此，满足物品 n 的稳态增长条件的前提是，至少存在一个物品 j，它的标准化稳态增长率 k_j 大于 1。

但是，由于物品 i 的生产也全自变量规模报酬递减，如果任何其他物品的标准化稳态增长率 k_i 都不大于 k_j，则必有：

$$k_j > \sum_{i=1}^{n} \alpha_{ji} \cdot k_j > \left(\sum_{i=1}^{n-1} k_i \cdot \alpha_{ji} \right) + \alpha_{jn}$$

此时式（Ⅰ.11.5）中表示的物品 j 的稳态增长条件无法成

立。因此，满足物品 j 的稳态增长条件的前提是，至少存在一个物品 k，它的标准化稳态增长率大于物品 j 的标准化稳态增长率。

可是，由于物品 k 的生产也全自变量规模报酬递减，前边对物品 j 的稳态增长条件所做的分析也就适用于物品 k。这意味着满足物品 k 的稳态增长条件的前提是，至少存在另一个物品，它的标准化稳态增长率大于物品 k 的标准化稳态增长率。如此递推下去，由于该经济中只有 n 种物品，我们总可以找到有最高的标准化稳态增长率的物品 h。

而由于物品 h 的生产也全自变量规模报酬递减，前边对物品 j 的稳态增长条件所做的分析也就适用于物品 h。这意味着满足物品 h 的稳态增长条件的前提是，至少存在另一个物品，它的标准化稳态增长率大于物品 h 的标准化稳态增长率。但是，由于物品 h 已经具有最高的标准化稳态增长率，不可能再有任何物品有更高的标准化稳态增长率，式（Ⅰ.11.5）中那样的稳态增长条件对物品 h 来说无法满足。而这就意味着不可能找到一组系数 k_1，k_2，$\cdots$，k_{n-1}，以便用齐次线性方程组（Ⅰ.10.4）系数矩阵的前 $n-1$ 个列向量线性表出其第 n 个列向量。在这种情况下，齐次线性方程组（Ⅰ.10.4）没有非零解，该经济中的各种物品都没有非零的稳态增长率解。

证毕

既然当所有物品都全自变量规模报酬递减时，任何物品的稳态增长率解都既不可能为正，也不可能为负，就更不可能有所有各种物品的增长率都为正或都为负。由此产生了推论 10。

推论 10

在一个折旧率不随时间而变化的正则生产函数经济中，如果所有自变量物品的生产函数都是全自变量规模报酬递减的，又没有任何物品的增长率外生给定，则该经济中各种物品的稳态增长率解既不可能全部为正，也不可能全部为负；特别地，在这样一个经济中不可能各种物品的稳态增长率解都大于零。

第三节　不同物品稳态增长率解的相互关系

如果所有物品在生产上都全自变量规模报酬不递增，这些物品的稳态增长率解之间将具有某些特定的关系。

一、相同正负号定理

命题 11

在一个折旧率不随时间而变化的正则生产函数经济中，如果所有的物品都参与除增长率外生给定的物品之外的任何其他物品的生产，并且所有物品的生产都是全自变量规模报酬不递增的，没有外生给定的增长率，或者只有一种物品有外生给定的增长率，其他物品的生产都是全自变量规模报酬不递增的，则当任何物品有非零的稳态增长率解时，其他所有物品的稳态增长率解的正负号都不会与该物品稳态增长率解的正负号相反。

证

在本命题所研究的情况下，由于除增长率外生给定的物品之外其他所有物品的生产都不是全自变量规模报酬递增，所以对增长率非外生给定的任何物品 j，都有：

$$\sum_{i=1}^{n} \alpha_{ji} \leqslant 1 \qquad (\text{III}.2)$$

对于本命题的证明来说，重要的是不同物品的稳态增长率解是否有相反的正负号，而不是哪一种物品的稳态增长率解为正，哪一种物品的稳态增长率解为负。

在各种物品有非零的稳态增长率解的条件下，只要不同物品的稳态增长率解有相反的正负号，就必定会有某些物品的稳态增长率解大于零，另外一些物品的稳态增长率解小于零。这里我们只需证明，在本命题所说的前提条件下，只要有一种物品的稳态增长率解大于零，其他物品的稳态增长率解就不可能小于零，而如果有一种物品的稳态增长率解小于零，其他物品的稳态增长率解就不可能大于零。

1. 如果有某一物品的稳态增长率解为正，该经济中就不可能有任何物品的稳态增长率解为负。

这里所假设的具有正的稳态增长率解的那种物品，可以是那种具有外生给定增长率的物品，它的外生给定的增长率是正的；但是这里的讨论也包括了任何物品都没有外生给定增长率的情况，这时我们在讨论中假设至少仍有某一物品的稳态增长率解为正。

假设在某一物品的稳态增长率解为正时，仍然会有至少一种物品的稳态增长率解为负。我们可以从这些稳态增长率解为负的物品中任选一物品 k，而根据假设，在除物品 k 以外的其他 $n-1$ 种物品中，至少有一种物品的稳态增长率解为正。

根据本命题的前提条件，这些稳态增长率解为负的物品在生产上也都是全自变量规模报酬不递增的，即满足式（Ⅲ.2）。根据式（Ⅰ.10.3），物品 k 的稳态增长率解必满足稳态增长条件：

$$gx_k^* = -\left|gx_k^*\right| = \sum_{i=1}^{n} \alpha_{ki} \cdot gx_i^* \qquad （Ⅲ.2.1）$$

由于 $\sum\limits_{i=1}^{n}\alpha_{ki}\leqslant 1$ 且 $gx_k^* < 0$，有 $gx_k^* = -\left|gx_k^*\right| \leqslant \sum\limits_{i=1}^{n}\alpha_{ki}\cdot gx_k^*$。由于在除物品 k 以外的物品中至少有一种物品稳态增长率解为正，因此，如果在除物品 k 之外的所有 $n-1$ 种物品中，没有任何物品的稳态增长率解为负且在绝对值上大于物品 k，则必有：

$$gx_k^* = -\left|gx_k^*\right| \leqslant \sum_{i=1}^{n}\alpha_{ki}\cdot gx_k^* < \sum_{i=1}^{n}\alpha_{ki}\cdot gx_i^*$$

在这种情况下，式（Ⅲ.2.1）中的那种稳态增长条件无法成立。要使式（Ⅲ.2.1）中的那种稳态增长条件成立，就必须在除物品 k 之外的那些物品中至少有某个物品 i，它的稳态增长率解也为负且在绝对值上大于 $\left|gx_k^*\right|$。

但是由于物品 i 的生产也是全自变量规模报酬不递增的，而且在它的生产中也使用稳态增长率解为正的物品，对物品 k 适用的原理也就同样适用于物品 i：要使物品 i 的稳态增长条件成立，还必须在物品 k 和 i 之外存在着另一种物品，其稳态增长率解也为负且在绝对值上大于物品 k 和 i。依此递推，即使该经济的 n 个物品除了一个有正的稳态增长率解之外都有负的稳态增长率解，由于该经济中的物品数目有限，我们最终必定会找到一种物品 h，其稳态增长率解 gx_h^* 为负且在各种物品的所有的负的稳态增长率解中有最大绝对值。gx_h^* 作为稳态增长率解，其数值也必须满足条件：

$$gx_h^* = -\left|gx_h^*\right| = \sum_{i=1}^{n}\alpha_{hi}\cdot gx_i^* \qquad （Ⅲ.2.2）$$

但是，在本命题所讨论的情况下，物品 h 的生产也是全自变量规模报酬不递增的（即 $\sum\limits_{i=1}^{n}\alpha_{hi}\leqslant 1$），而且在它的生产中也

内生稳态增长模型的生产结构

使用稳态增长率解为正的物品，因此如果它的稳态增长率解为负，对物品 k 适用的原理也就同样适用于物品 h：就像在讨论物品 k 的情况时论述过的那样，如果没有一种物品的稳态增长率解为负且在绝对值上大于物品 h，就必定会有：

$$gx_h^* = -|gx_h^*| \leqslant -\sum_{i=1}^{n} \alpha_{hi} \cdot |gx_h^*| = \sum_{i=1}^{n} \alpha_{ki} \cdot gx_h^* < \sum_{i=1}^{n} \alpha_{hi} \cdot gx_i^*$$

这样就无法满足式（Ⅲ.2.2）的稳态增长条件。而由于 gx_h^* 在各种物品的所有的负的稳态增长率解中有最大绝对值，在我们现在所讨论的情况下，不可能再有某种物品的稳态增长率解为负且在绝对值上大于物品 h，因此物品 h 的稳态增长条件不可能成立。由此逆推到最初讨论的物品 k 就可以知道，在我们讨论的情况下，物品 k 的稳态增长率解如果小于零，物品 k 的稳态增长条件成立的前提就是物品 h 的稳态增长条件成立；由于物品 h 的稳态增长条件不成立，物品 k 的稳态增长条件也就不成立。这样，在本命题所讨论的经济中，只要有一种物品的稳态增长率解（哪怕是外生给定的增长率）大于零，任何物品的稳态增长率解就都不可能为负。

2. 如果有某一物品的稳态增长率解为负，该经济中就不可能有任何物品的稳态增长率解为正。

这里所假设的具有负的稳态增长率解的那种物品，可以是那种具有外生给定增长率的物品，它的外生给定的增长率是负的；但是这里的讨论也包括了任何物品都没有外生给定增长率的情况，这时我们在讨论中假设至少仍有某一物品的稳态增长率解为负。

假设在某一物品的稳态增长率解为负时，仍然会有至少一种物品的稳态增长率解为正。我们可以从这些稳态增长率解为正的物品中任选一物品 k，而根据假设，在除物品 k 以外的其

第三章　没有报酬递增物品的情况

他 $n-1$ 种物品中，至少有一种物品的稳态增长率解为负。

根据本命题的前提条件，这些稳态增长率解为正的物品在生产上也都是全自变量规模报酬不递增的，即满足式（Ⅲ.2）。根据式（Ⅰ.10.3），物品 k 的稳态增长率解必满足稳态增长条件：

$$gx_k^* = \left|gx_k^*\right| = \sum_{i=1}^{n} \alpha_{ki} \cdot gx_i \qquad （Ⅲ.2.3）$$

由于 $\sum_{i=1}^{n} \alpha_{ki} \leqslant 1$ 且 $gx_k^* > 0$，有 $gx_k^* = \left|gx_k^*\right| \geqslant \sum_{i=1}^{n} \alpha_{ki} \cdot gx_k^*$。由于在除物品 k 以外的物品中至少有一种物品稳态增长率解为负，因此，如果在除物品 k 之外的所有 $n-1$ 种物品中，没有任何物品的稳态增长率解为正且在绝对值上大于物品 k，则必有：

$$gx_k^* = \left|gx_k^*\right| \geqslant \sum_{i=1}^{n} \alpha_{ki} \cdot gx_k^* > \sum_{i=1}^{n-1} \alpha_{ki} \cdot gx_i^*$$

在这种情况下，式（Ⅲ.2.3）中的那种稳态增长条件无法成立。要使式（Ⅲ.2.3）中的那种稳态增长条件成立，就必须在除物品 k 之外的那些物品中至少有某个物品 i，它的稳态增长率解也为正且在绝对值上大于 $\left|gx_k^*\right|$。

但是由于物品 i 的生产也是全自变量规模报酬不递增的，而且在它的生产中也使用稳态增长率解为负的物品，对物品 k 适用的原理也就同样适用于物品 i：要使物品 i 的稳态增长条件成立，还必须在物品 k 和 i 之外存在着另一种物品，其稳态增长率解也为正且在绝对值上大于物品 k 和 i。依此递推，即使该经济的 n 个物品除了一个有负的稳态增长率解之外都有正的稳态增长率解，由于该经济中的物品数目有限，我们最终必定会找到一种物品 h，其稳态增长率解 gx_h^* 为正且在各种物品的所有的正的稳态增长率解中有最大绝对值。gx_h^* 作为稳态增长率解，其数值也必须满足条件：

$$gx_h^* = |gx_h^*| = \sum_{i=1}^{n} \alpha_{hi} \cdot gx_i^* \qquad （Ⅲ.2.4）$$

　　但是，在本命题所讨论的情况下，物品 h 的生产也是全自变量规模报酬不递增的（即 $\sum_{i=1}^{n} \alpha_{hi} \leqslant 1$），而且在它的生产中也使用稳态增长率解为负的物品，因此如果它的稳态增长率解为正，对物品 k 适用的原理也就同样适用于物品 h：就像在讨论物品 k 的情况时论述过的那样，如果没有一种物品的稳态增长率解为正且在绝对值上大于物品 h，就必定会有：

$$gx_h^* = |gx_h^*| \geqslant \sum_{i=1}^{n} \alpha_{hi} \cdot |gx_h^*| = \sum_{i=1}^{n} \alpha_{hi} \cdot gx_h^* > \sum_{i=1}^{n} \alpha_{bi} \cdot gx_i^*$$

　　这样就无法满足式（Ⅲ.2.4）的稳态增长条件。而由于 gx_h^* 在各种物品的所有的正的稳态增长率解中有最大绝对值，在我们现在所讨论的情况下，不可能再有某种物品的稳态增长率解为正且在绝对值上大于物品 h，因此物品 h 的稳态增长条件不可能成立。由此逆推到最初讨论的物品 k 就可以知道，在我们讨论的情况下，物品 k 的稳态增长率解如果大于零，物品 k 的稳态增长条件成立的前提就是物品 h 的稳态增长条件成立；由于物品 h 的稳态增长条件不成立，物品 k 的稳态增长条件也就不成立。这样，在本命题所讨论的经济中，只要有一种物品的稳态增长率解（哪怕是外生给定的增长率）小于零，任何物品的稳态增长率解就都不可能为正。

证毕

　　本命题假定所有的物品都参与除增长率外生给定的物品之

外的任何其他物品的生产，是因为可能出现这样一种情况：整个经济中的物品至少分为两组，A 组物品根本不参加 B 组物品的生产，B 组物品也根本不参加 A 组物品的生产。在这样一种情况下，即使任何物品的生产都报酬不递增，也可能会出现这样的结果：A 组物品有大于零的稳态增长率解，而 B 组物品则有小于零的稳态增长率解。

第二章的命题 5 和命题 6 所讨论的情况，是整个经济中至多只有一种物品的增长率外生给定，其他物品的生产都是全自变量规模报酬不变的。这两个命题所讨论的情况都包含于本命题所讨论的情况之中，可以把这两个命题看成是本命题的一种特例。

由本命题可以直接得出许多推论，它们各自陈述了本命题的一些特例。

推论 11.1

在一个折旧率不随时间而变化的正则生产函数经济中，如果所有的物品都参与除增长率外生给定的物品之外的任何其他物品的生产，并且所有物品的生产都是全自变量规模报酬不递增的，且至少有一种物品的生产全自变量规模报酬递减，而且没有外生给定的增长率；或者至多只有一种物品有外生给定的增长率，其他所有物品的生产都是全自变量规模报酬递减的；或者至多只有一种物品有外生给定的增长率，且至少有一种物品的生产全自变量规模报酬递减，其他所有物品的生产都是全自变量规模报酬不变的；则当任何物品有非零的稳态增长率解时，其他所有物品的稳态增长率解的正负号都不会与该物品稳态增长率解的正负号相反。

推论 11.2

在一个折旧率不随时间而变化的正则生产函数经济中，如果所有的物品都参与除增长率外生给定的物品之外的任何其他物品的生产，并且只有一种物品有外生给定的增长率，其他物品的生产都是全自变量规模报酬不递增的，则任何一种物品的稳态增长率解的正负号都不可能与外生给定的增长率的正负号相反。

推论 11.3

在一个折旧率不随时间而变化的正则生产函数经济中，如果所有的物品都参与除增长率外生给定的物品之外的任何其他物品的生产，并且所有物品的生产都是全自变量规模报酬不递增的，没有外生给定的增长率，则当任一物品的稳态增长率解大于零时，其他任何物品的稳态增长率解都不可能小于零。

推论 11.4

在一个折旧率不随时间而变化的正则生产函数经济中，如果所有的物品都参与除增长率外生给定的物品之外的任何其他物品的生产，至多只有一种物品有外生给定的增长率，则当不同物品的稳态增长率解有不同的正负号时，该经济中至少有一种物品的生产是全自变量规模报酬递增的。

推论 11.11

在一个折旧率不随时间而变化的正则生产函数经济中，如果所有的物品都参与除增长率外生给定的物品之外的任何其他物品的生产，并且所有物品的生产都是全自变量规模报酬不递增的，且至少有一种物品的生产全自变量规模报酬递减，而且没有外生给定的增长率；或者至多只有一种物品有外生给定的增长率，其他所有物品的生产都是全自变量规模报酬递减的；

或者至多只有一种物品有外生给定的增长率，且至少有一种物品的生产全自变量规模报酬递减，其他所有物品的生产都是全自变量规模报酬不变的；则当任何物品的稳态增长率解大于零时，其他任何物品的稳态增长率解都不可能小于零。

推论 11.21

在一个折旧率不随时间而变化的正则生产函数经济中，如果所有的物品都参与除增长率外生给定的物品之外的任何其他物品的生产，并且只有一种物品有外生给定的增长率，其他物品的生产都是全自变量规模报酬不递增的，则当外生给定的增长率大于零时，任何一种物品的稳态增长率解都不可能小于零。

二、数值排序定理

如果任何物品的生产都不是全自变量规模报酬递增的，而且至少有一种物品的生产全自变量规模报酬递减，则当某些物品的稳态增长率解不等于零时，各种不同物品的稳态增长率解在数值大小上会呈现出某种规则性。

命题 12

在一个折旧率不随时间而变化的正则生产函数经济中，如果至多只有一种物品有外生给定的增长率，所有的物品都参与除增长率外生给定的物品之外的任何其他物品的生产，所有物品的生产都是全自变量规模报酬不递增的，且至少有一种物品的生产全自变量规模报酬递减，则只有在至少一种物品有非零的外生给定增长率时，才会有某些物品有非零的稳态增长率解；而当任何物品有非零的稳态增长率解时，不同物品非零的稳态增长率解有相同的正负号，且规模报酬不变物品将比报酬递减物品有更高的稳态增长率解绝对值，外生给定增长率的绝对值大于任何物品稳态增长率解的绝对值。

证

根据命题 11，在本命题所讨论的情况下，如果某些物品有非零的稳态增长率解，它们不会有相反的正负号。因此这里我们只需讨论各种物品的稳态增长率解都不小于零或都不大于零的情况。

对于这种情况，使用标准化的稳态增长率来分析是最方便的。在有某种物品的增长率外生给定时，令该种物品为基准物品，而在没有外生给定的增长率时，任选一种稳态增长率解非零的物品作基准物品（第 n 种物品）。以基准物品的稳态增长率解为分母，依据式（Ⅰ.11.2）可以求出每个非基准物品的标准化稳态增长率解 k_j。按定义，基准物品的标准化稳态增长率解为 1。如果情况像本命题所陈述的那样，任何物品在稳态增长率解上都不会有与基准物品不同的正负号，则任何物品的标准化稳态增长率 k_j 就都不会小于零。这时，各种不同物品的稳态增长率解都不小于零还是都不大于零，就取决于基准物品本身的稳态增长率解是大于零还是小于零。

在这样定义的标准化稳态增长率下，如果证明了在本命题所讨论的情况下，规模报酬不变物品比报酬递减物品有更高的标准化稳态增长率，标准化的外生给定增长率（按我们的标准化程序，它恒为 1）又高于报酬不变物品的标准化稳态增长率，就证明了本命题的核心陈述：规模报酬不变物品将比报酬递减物品有更高的稳态增长率解绝对值，外生给定增长率的绝对值大于任何物品稳态增长率解的绝对值。

在本命题所述的这样一种经济中，物品的生产函数可以分为两种，一种是全自变量规模报酬不变的，另一种则是全自变量规模报酬递减的。在增长的稳态下，可以区分出三类物品：第一类物品的增长率是外生给定的，第二类在生产上是全自变量规模报酬不变的，第三类则在生产上全自变量规模报酬递减。

以下的论证讨论三种情况：在一种情况下，该经济具有这全部三类物品；在另一种情况下，该经济只包括后两类物品；在第三种情况下，该经济只包括第一类和第三类物品。只有外生给定增长率和报酬不变物品的情况，以及只有报酬不变物品的情况，都不在本命题讨论的范围之内；第二章已经对这些情况作了详细的探讨。只有报酬递减物品的情况本来属于本命题讨论的范围，但是命题10已经讨论了这种情况，该命题已经印证了本命题。

根据命题11，在本命题所讨论的情况下，如果某些物品有非零的稳态增长率解，它们不会有相反的正负号，因而任何物品的标准化稳态增长率都不会小于零。而根据命题9，如果有任何全自变量规模报酬递减物品的稳态增长率有非零的解，则所有报酬递减物品在有相同正负号的稳态增长率解的绝对值上都会至少小于某个规模报酬不递减的物品，该物品与这些报酬递减物品有相同的稳态增长率解正负号。这意味着在本命题所讨论的经济中，任何报酬递减物品有非零的标准化稳态增长率的前提条件是，所有生产上全自变量规模报酬递减的物品在标准化稳态增长率上都会至少小于某个规模报酬不递减的物品。而在本命题所讨论的情况下，这种规模报酬不递减的物品如果不在生产上是全自变量规模报酬不变的，就是具有外生给定的增长率。

1. 如果没有外生给定的增长率，则本命题所说的经济中不存在非零的稳态增长率解。

在这种情况下，在标准化稳态增长率上大于所有报酬递减物品的只能是在生产上全自变量规模报酬不变的物品。假设物品 j 是这样的一个规模报酬不变物品，根据式（Ⅰ.11.3），在增长的稳态下，物品 j 的标准化稳态增长率必满足下列公式：

$$k_j = \sum_{i=1}^{n} \alpha_{ji} \cdot k_i \qquad \sum_{i=1}^{n} \alpha_{ji} = 1 \qquad k_n = 1 \qquad （\text{Ⅲ.3.1}）$$

但是由于报酬递减物品也参加物品 j 的生产，上式中的某些 k_i 是报酬递减物品的标准化稳态增长率，根据假设，它们小于物品 j 的标准化稳态增长率 k_j。如果没有任何物品的标准化稳态增长率大于 k_j，则必有 $k_j = \sum_{i=1}^{n} \alpha_{ji} \cdot k_j > \sum_{i=1}^{n} \alpha_{ji} \cdot k_i$。这就使式（Ⅲ.3.1）中的稳态增长条件无法成立。这样，报酬不变物品 j 在标准化稳态增长率上大于任何报酬递减物品的前提是，存在另一个报酬非递减物品 k，它有比物品 j 更高的标准化稳态增长率。

但是在我们这里讨论的情况下，物品 k 也只能是一种在生产上全自变量规模报酬不变的物品。前边对物品 j 所做的分析也完全适用于物品 k：物品 k 在标准化稳态增长率上大于报酬递减物品以及物品 j 的前提是，存在另一种报酬非递减物品，它有比物品 k 更高的标准化稳态增长率。按照这同样的逻辑递推下去，由于物品的种类数有限，最后我们必定会找到一种有最高标准化稳态增长率的物品 h。在我们这里讨论的情况下，物品 h 也只能是一种规模报酬不变的物品，前边对物品 i 所做的分析也完全适用于物品 h：物品 h 在标准化稳态增长率上大于其他报酬不变物品和所有报酬递减物品的前提是，存在另一种物品，它有比物品 h 更高的标准化稳态增长率。

在这里所讨论的情况下，不可能存在这样一种物品，因为物品 h 已经具有最高的标准化稳态增长率。这就使物品 h 的稳态增长条件无法成立。这样，就不可能存在这样一种有高于其他一切物品的标准化稳态增长率的物品，而这种物品的存在，却是各种报酬不变物品在标准化稳态增长率上高于所有报酬递减物品的前提，最终也是任何报酬递减物品的稳态增长率有非零解的前提。由于不存在这样一种有高于其他一切物品的标准化稳态增长率的物品，任何报酬不变物品在标准化稳态增长率上都不可能高于所有报酬递减物品，任何报酬递减物品的稳态增长率也就不可能有非零的解，不仅任何报酬递减物品的稳态增长率解只能为零，而且连报酬不变物品的稳态增长率解也只能为零。

以上的讨论已经说明了前面所说的本命题讨论中涉及的第二种情况，即只有报酬不变和报酬递减两类物品的情况。回答很清楚：在这种情况下，不存在非零的稳态增长率解。

2. 如果有一种物品的增长率外生给定，则标准化的外生给定增长率高于任何物品的标准化稳态增长率。

这里讨论的情况包含了前面所说的本命题讨论中要涉及的第一种和第三种情况：在第一种情况下，经济中同时具有增长率外生给定的、生产上报酬不变的和报酬递减的这三类物品；在第三种情况下，该经济中只有增长率外生给定的和报酬递减的两类物品。

前面的分析已经指出，根据命题9和命题11，在本命题所讨论的经济中，任何报酬递减物品有非零的标准化稳态增长率的前提条件是，所有生产上全自变量规模报酬递减的物品在标准化稳态增长率上都会至少小于某个规模报酬不递减的物品。本命题又规定了整个经济中至多只有一种物品的增长率是外生给定的。这就决定了在第三种情况下，由于只有增长率外生给定的和报酬递减的两类物品，那种外生给定的增长率只要不为零，标准化的外生给定增长率就必定大于任何报酬递减物品的标准化稳态增长率。这既是第三种情况下任何报酬递减物品有非零的稳态增长率的必要条件，又是它的充分条件。

对于前面所说的本命题讨论中要涉及的第一种情况也适用同样的原理。在这种情况下，同时存在着增长率外生给定的、生产上报酬不变的和报酬递减的这三类物品。根据前面的分析，在本命题所说的情况下，任何报酬递减物品的稳态增长率有非零解的前提是，所有生产上全自变量规模报酬递减的物品在标准化稳态增长率上都会至少小于某个报酬不递减的物品；而如果这种报酬不递减的物品是生产上全自变量规模报酬不变的，则它在标准化稳态增长率上高于任何报酬递减物品的前提，又是存在着一种物品，它在标准化稳态增长率上高于一切报酬不变物品。当某种物品的增长率外生给定时，这种外生给定的增长率就起着这种标准化稳态增长率最高的物品的作用，在本命题讨论的情况下，也只有外生给定的增长率能够起这个作用。这样，标准化的外生给定增长率高于所有报酬不变和报酬递减物品的标准化稳态增长率，这是任何报酬递减或报酬不变物品的稳态增长率有非零解的必要条件。

上述分析的过程已经显示出稳态增长率有非零解时的一种数量顺序：外生给定的增长率在标准化稳态增长率上高于一切报酬不变物品，而各种报酬不变物品又在标准化稳态增长率上至少高于某些报酬递减物品。这就形成了一种"标准化稳态增长率排序"。

在本命题所讨论的情况下，这种标准化稳态增长率排序是增长率非外生物品的稳态增长率有非零解的必要条件。其原因在于：根据前面的分析，在本命题所说的情况下，任何报酬递减物品的稳态增长率有非零解的前提是，所有生产上全自变量规模报酬递减的物品在标准化稳态增长率上都会至少小于某个报酬不递减的物品；首先这意味着当任一报酬递减物品的稳态增长率解非零时，任何报酬递减物品都不可能具有整个经济中最高的标准化稳态增长率，某种报酬递减物品却可以具有整个经济中最低的标准化稳态增长率；其次这意味着当任一报酬递减物品的稳态增长率解非零时，整个经济中各种不同物品的标准化稳态增长率不会都彼此相等。

但是在本命题所讨论情况下，这些标准化稳态增长率互不相等的物品都加入报酬不变物品的生产。这意味着在任一报酬不变物品 j 的稳态增长条件 $k_j = \sum_{i=1}^{n} \alpha_{ji} \cdot k_i, \sum_{i=1}^{n} \alpha_{ji} = 1, k_n = 1$ 中，必有某些 k_i 不等于 k_j。而报酬不变物品的 $\sum_{i=1}^{n} \alpha_{ji} = 1$，决定了要不破坏上述的稳态增长条件，当任一 k_i 大于 k_j 时必须至少有另一 k_i 小于 k_j，当任一 k_i 小于 k_j 时必须至少有另一 k_i 大于 k_j，以维持稳态增长的等式成立。这就意味着，当标准化稳态增长率互不相等的物品都加入报酬不变物品的生产时，任一报酬不变物品的标准化稳态增长率都既不可能在所有物品中最高，也不可能在所有物品中最低。

这样，在本命题所说的情况下，就只有外生给定的增长率可以具有在所有物品中最高的非零的标准化稳态增长率，也只有某种报酬递减物品可以具有在所有物品中最低的非零的标准化稳态增长率，而报酬不变物品则必须在非零的标准化稳态增长率上处于最高和最低的中间。

证毕

这里还可以再给出一个形式化的证明，以说明在本命题所说的经济中，任何报酬不变物品的标准化稳态增长率都不可能高于基准物品的标准化外生给定增长率 1。

如果某物品 h 在生产上全自变量规模报酬不变，又具有高于基准物品外生给定增长率的增长率（按我们的标准化定义，即 $k_h^* > 1 = k_n^*$），则必有：

$$k_h^* = \sum_{i=1}^{n} \alpha_{hi} \cdot k_h^* > \sum_{i=1}^{n-1} \alpha_{hi} \cdot k_h^* + \alpha_{hn}$$

而根据式（Ⅲ.3.1），物品 h 的稳态增长条件为：

$$k_h^* = \sum_{i=1}^{n} \alpha_{hi} \cdot k_i^* = \sum_{i=1}^{n-1} \alpha_{hi} \cdot k_i^* + \alpha_{hn}$$

比较上面两式可知，只有当除基准物品 n 和物品 h 之外的那 $n-2$ 种物品中的至少某一物品在标准化稳态增长率上高于物品 h 时，式（Ⅲ.3.1）中物品 h 的稳态增长条件才能成立。

但是，如果存在这一物品，则根据我们的假设，其稳态增长率必高于基准物品标准化的外生给定增长率，因而这种物品不可能是基准物品 n；如果这种物品在生产中全自变量规模报酬递减，则根据前边的分析，在本命题所说的情况下，它有非零的标准化稳态增长率的前提是，所有生产上全自变量规模报酬递减的物品在标准化稳态增长率上都会至少小于某个报酬不递减的物品，因而这种报酬递减物品必须在标准化稳态增长率上至少小于某个报酬不递减的物品。而在本命题讨论的情况下，报酬不递减而又增长率非外生给定的物品只能是在生产上全自变量规模报酬不变的。这样，在本命题讨论的情况下，报酬不变物品 h 在标准化稳态增长率上高于基准物品 n 的前提就是，存在着另一种报酬不变物品 k，它在标准化稳态增长率上高于物品 h。

但是上面对物品 h 所做的分析又可以对物品 k 重演一遍，其结论只能是：要保证物品 k 在标准化稳态增长率上高于物品

h，就还需要另一种标准化稳态增长率比物品 k 还高的报酬不变物品。如此推演下去，由于该经济中物品数目有限，最终必可以找到一种标准化稳态增长率最高的报酬不变物品 d。而对该物品的标准化稳态增长率来说必有：

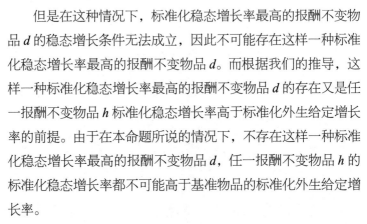

$$k_d^* = \sum_{i=1}^{n} \alpha_{di} \cdot k_d^* > \sum_{i=1}^{n-1} \alpha_{di} \cdot k_d^* + \alpha_{dn} \geqslant \sum_{i=1}^{n-1} \alpha_{di} \cdot k_i^* + \alpha_{dn}$$

但是在这种情况下，标准化稳态增长率最高的报酬不变物品 d 的稳态增长条件无法成立，因此不可能存在这样一种标准化稳态增长率最高的报酬不变物品 d。而根据我们的推导，这样一种标准化稳态增长率最高的报酬不变物品 d 的存在又是任一报酬不变物品 h 标准化稳态增长率高于标准化外生给定增长率的前提。由于在本命题所说的情况下，不存在这样一种标准化稳态增长率最高的报酬不变物品 d，任一报酬不变物品 h 的标准化稳态增长率都不可能高于基准物品的标准化外生给定增长率。

进一步可以证明，在本命题所说的那种经济中，任何报酬不变物品的标准化稳态增长率都不可能等于基准物品的标准化外生给定增长率：

假设不是如此，有一个报酬不变物品 j 的标准化稳态增长率等于标准化外生给定增长率，也即 $k_j^* = k_n^* = 1$。根据式（Ⅲ.3.1），物品 j 的标准化稳态增长率必须满足稳态增长条件 $\sum_{i=1}^{n} \alpha_{ji} \cdot k_i^* = k_j^*$，$\sum_{i=1}^{n} \alpha_{ji} = 1$，$k_n^* = 1$。但是在本命题所讨论的情况下，这个稳态增长条件中的那 n 个标准化稳态增长率 k_i^* 只能包括一个标准化外生给定增长率 $k_n^* = 1$，$n-1$ 个报酬不变和报酬递减物品的标准化稳态增长率。

根据前面所做的证明，在本命题所说的经济中，任何报酬不变物品的标准化稳态增长率都不可能高于基准物品的标准化外生给定增长率，也即如果物品 i 为报酬不变物品的话，就恒有 $k_i^* \leqslant 1$。

由于有至少一种物品在生产上是全自变量规模报酬递减的，所有物品又都参与除增长率外生给定的物品之外的任何其他物品的生产，在式（Ⅲ.3.1）的稳态增长条件等式中，就会至少有一个 k_i^* 是报酬递减物品的标准化稳态增长率。但是根据前面的分析，任何报酬递减物品有非零的标准化稳态增长率的前提是，所有生产上全自变量规模报酬递减的物品在标准化稳态增长率上都会至少小于某个报酬不递减的物品。在本命题所说的情况下，这种报酬不递减的物品只能是报酬不变的或增长率外生给定的物品，而任何报酬不变物品的标准化稳态增长率都不会高于标准化外生给定增长率，因而标准化外生给定增长率必定高于任何报酬递减物品的标准化外生给定增长率。这意味着如果物品 i 为报酬递减物品的话，就必有 $k_i^* < 1$。

但是这样一来，在 n 个物品的标准化稳态增长率 k_i^* 中，就没有任何一个大于 1，而至少有一个小于 1，物品 j 的报酬不变性质又决定了 $\sum_{i=1}^{n} \alpha_{ji} = 1$。如果这个报酬不变物品 j 的标准化稳态增长率等于标准化外生给定的增长率 1，我们将有

$$k_j^* = 1 > \sum_{i=1}^{n} \alpha_{ji} \cdot k_i^*, \sum_{i=1}^{n} \alpha_{ji} = 1, k_n^* = 1，式（Ⅲ.3.1）中的稳态增长$$

条件将无法得到满足。因此任何报酬不变物品的标准化稳态增长率都不可能等于基准物品的标准化外生给定增长率。

上述两个证明合起来也说明了，在本命题所说的情况下，报酬不变物品与所有非基准物品一样，其标准化的稳态增长率

都必定小于基准物品的标准化外生给定增长率。

由本命题可以直接得出下列推论：

推论 12

在一个折旧率不随时间而变化的正则生产函数经济中，如果所有的物品都参与除增长率外生给定的物品之外的任何其他物品的生产，所有物品的生产都是全自变量规模报酬不递增的，且至少有一种物品的生产全自变量规模报酬递减，没有任何物品的增长率外生给定，则该经济不存在非零的稳态增长率解，也即不存在非零的稳态增长率。

推论 12.1

在一个折旧率不随时间而变化的正则生产函数经济中，如果至多只有一种物品有外生给定的增长率，所有的物品都参与除增长率外生给定的物品之外的任何其他物品的生产，所有物品的生产都是全自变量规模报酬不递增的，且至少有一种物品的生产全自变量规模报酬递减，则只有在至少一种物品有正的外生给定增长率时，才会有某些物品有大于零的稳态增长率解；而当外生给定的增长率大于零时，其他物品非零的稳态增长率解也都大于零，且规模报酬不变物品将比报酬递减物品有更高的稳态增长率，外生给定增长率又大于任何物品的稳态增长率。

推论 12.2

在一个折旧率不随时间而变化的正则生产函数经济中，如果只有一种物品有外生给定的增长率，其他所有物品的生产都全自变量规模报酬递减，所有的物品都参与除增长率外生给定的物品之外的任何其他物品的生产，则只有在外生给定增长率不等于零时，其他物品才会有非零的稳态增长率解，此时其他

内生稳态增长模型的生产结构

物品的稳态增长率解与外生给定增长率有相同的正负号且在绝对值上小于外生给定增长率。

推论 12.21

在一个折旧率不随时间而变化的正则生产函数经济中，如果只有一种物品有外生给定的增长率，其他所有物品的生产都全自变量规模报酬递减，所有的物品都参与除增长率外生给定的物品之外的任何其他物品的生产，则只有在外生给定增长率大于零时，其他物品才会有大于零的稳态增长率解，此时其他物品的稳态增长率解小于外生给定增长率。

注意： 如果不是所有的物品都参与除增长率外生给定的物品之外的任何其他物品的生产，命题 12 及其各推论中的论点不一定成立。

后面的命题 23 中讨论了有"无外来投入的规模报酬不变系统"的情况。在这种情况下，即使没有外生给定的增长率，一个没有报酬递增物品的经济中也可能有非零的稳态增长率解，其原因就在于这个经济中的报酬递减物品并不参与报酬不变物品的生产。

此外，还可能出现下述情况：整个经济中的各种不同物品分为 A、B 两组，A 组物品不参与 B 组物品的生产，并有一种物品有非零的外生给定增长率，B 组物品也不参与 A 组物品的生产，没有外生给定的增长率。除了增长率外生给定的物品之外，其他所有物品的生产都全自变量规模报酬不递增，且每组物品中都至少有一种物品报酬递减。在这种情况下，A 组物品有非零的稳态增长率解，B 组物品的稳态增长率解只有零解，两组物品的稳态增长率解正负号不同，而且 A 组的报酬递减物品可能在稳态增长率解的绝对值上大于 B 组的报酬不变物品。这种情况并没有违反本命题，因为在这种情况下，并不是所有的物品都参与了除增长率外生给定的物品之外的任何其他物品的生产。

例 12.1：外生给定增长率、报酬不变和报酬递减物品

某经济的最终产品生产函数是全自变量规模报酬不变的：$Y = (s_{yk} \cdot K)^{0.3} \cdot (s_{ya} \cdot A)^{0.3} \cdot (s_{yl} \cdot L)^{0.4}$，其中 s_{ji} 为第 i 种自变量物品用于生产第 j 种物品的份额，K 为物质资本的存量。自变量物品 A 的生产函数是全自变量规模报酬递减的：

$$\frac{\mathrm{d}A}{\mathrm{d}t} = (s_{ak} \cdot K)^{0.3} \cdot (s_{aa} \cdot A)^{0.4} \cdot (s_{al} \cdot L)^{0.2}$$，而自变量物品 L 的增长率外生给定。各种物品都没有折旧。

按照本书第一章所说明的运算程序，我们可以解出最终产品及三种自变量物品的稳态增长条件，并且定义物品 L 为基准物品，将其外生给定的增长率标准化为 1，将物品 K 和最终产品的标准化稳态增长率标为 k，记物品 A 的标准化稳态增长率为 a。由此可知在增长的稳态下，物品 K 和物品 A 的标准化稳态增长率必定是下述联立方程组的解：

$$\begin{cases} (0.3-1) \cdot k + 0.3 \cdot a = -0.4 \\ 0.3 \cdot k + (0.4-1) \cdot a = -0.2 \end{cases}$$（例 12.1）

解此方程组，得报酬不变物品 K 的标准化稳态增长率为 $k = \dfrac{1}{1.1}$，报酬递减物品 A 的标准化稳态增长率为 $a = \dfrac{2.6}{3.3}$。正如命题 12 所说，这里的报酬不变物品和报酬递减物品的标准化稳态增长率都低于标准化的外生给定增长率（这里等于 1），而且报酬递减物品在标准化稳态增长率上低于报酬不变物品。

例 12.2：外生给定增长率与报酬递减物品

某经济的最终产品生产函数是全自变量规模报酬递减的：

$Y = (s_{yk} \cdot K)^{0.3} \cdot (s_{ya} \cdot A)^{0.3} \cdot (s_{yl} \cdot L)^{0.2}$，其中 s_{ji} 为第 i 种自变量物品用于生产第 i 种物品的份额，K 为物质资本的存量。自变量物品 A 的生产函数也是全自变量规模报酬递减的：

$\dfrac{\mathrm{d}A}{\mathrm{d}t} = (s_{ak} \cdot K)^{0.6} \cdot (s_{aa} \cdot A)^{0.1} \cdot (s_{al} \cdot L)^{0.1}$，而自变量物品 L 的增长率外生给定。各种物品都没有折旧。

按照本书第一章所说明的运算程序，我们可以解出最终产品及三种自变量物品的稳态增长条件，并且定义物品 L 为基准物品，将其外生给定的增长率标准化为 1，将物品 K 和最终产品的标准化稳态增长率标为 k，记物品 A 的标准化稳态增长率为 a。

由此可知在增长的稳态下，物品 K 和物品 A 的标准化稳态增长率必定是下述联立方程组的解：

$$\begin{cases} (0.3 - 1) \cdot k + 0.4 \cdot a = -0.2 \\ 0.6 \cdot k + (0.1 - 1) \cdot a = -0.1 \end{cases} \qquad （例 12.2）$$

解此方程组，得报酬递减物品 K 的标准化稳态增长率为 $k \approx 0.5641025$，报酬递减物品 A 的标准化稳态增长率为 $a \approx 0.4871794$。正如推论 12.2 所说，这里所有报酬递减物品的标准化稳态增长率都低于标准化的外生给定增长率（这里等于 1）。

第四章　所有物品的生产都 报酬递增的情况

内生稳态增长模型的生产结构

在本章所研究的稳态增长条件下，除了至多有一种物品的增长率外生给定之外，其他所有物品的生产都是全自变量规模报酬递增的。

式（Ⅲ.1）中的方程 $r_j = \sum_{i=1}^{n} \alpha_{ji}$ 及其以下的定义已经为本章讨论的范围提供了极好的测度手段：可以把增长率外生给定的那种物品规定为"基准物品"——第 n 种物品；除了增长率外生给定的物品之外，"所有物品的生产全自变量规模报酬递增"意味着，除了有外生给定增长率时的第 n 种物品之外，对任何物品 j 都恒有 $r_j > 1$。本章的讨论将证明，如果所有物品的生产都全自变量规模报酬递增并且没有外生给定的增长率，则各种物品的稳态增长率可能有非零的解，但是既不可能所有物品的稳态增长率解都大于零，也不可能所有物品的稳态增长率解都小于零。

第一节　报酬递增物品稳态增长的前提

本节所讨论的稳态增长的前提，适用于任何报酬递增物品。即便是在这种报酬递增物品所处的经济中有许多物品的生产并非全自变量规模报酬递增，本节所述命题仍然成立。

命题 13

在一个折旧率不随时间而变化的正则生产函数经济中，任一生产上全自变量规模报酬递增物品 k 的稳态增长率具有非零解的一个必要前提是，它在稳态增长下的生产上使用的物品中，至少存在另一种物品 i，其稳态增长率的解或者与 k 的稳态增长率解正负号不同，或者虽然与 k 的稳态增长率解有相同的正负号，但是在绝对值上比它小。

证

报酬递增物品 k 非零的稳态增长率解可以分为大于零的和小于零的两种。这里分别就这两种不同情况来证明本命题。

1. 若报酬递增物品 k 的稳态增长率解大于零

根据式（Ⅰ.10.3），本命题所讨论情况下物品 k 的稳态增长率解必须满足条件 $gx_k^* = \sum_{i=1}^{n} \alpha_{ki} \cdot gx_i^*$。但是由于这里的物品 k 的生产函数是全自变量规模报酬递增的，因此对于物品 k 又有 $\sum_{i=1}^{n} \alpha_{ki} > 1$。在这种情况下，由于 $gx_k^* > 0$，必有 $gx_k^* < \sum_{i=1}^{n} \alpha_{ki} \cdot gx_k^*$。如果其他物品的稳态增长率解 gx_i^* 都不小于 gx_k^*，也即如果其他物品的稳态增长率解都大于零且在绝对值上都不小于 gx_k^*，则必有 $gx_k^* < \sum_{i=1}^{n} \alpha_{ki} \cdot gx_k^* \leqslant \sum_{i=1}^{n} \alpha_{ki} \cdot gx_i^*$，式（Ⅰ.10.3）中的稳态增长条件因此而无法成立。因此，要想使式（Ⅰ.10.3）中的稳态增长条件成立，就必须至少有另外某一个物品 i 的稳态增长率解小于 gx_k^*。满足这一要求的稳态增长率解 gx_i^*，可以等于零、小于零，也可以大于零但是在绝对值上小于 gx_k^*。也即报酬递增

物品 k 的稳态增长率解大于零的一个必要前提是至少存在某一物品 i，其稳态增长率的解不大于零或者虽然大于零而在绝对值上小于物品 k 的稳态增长率解。

2. 若报酬递增物品 k 的稳态增长率解小于零

根据式（Ⅰ.10.3），本命题所讨论情况下物品 k 的稳态增长率解必须满足条件 $gx_k^* = \sum_{i=1}^{n} \alpha_{ki} \cdot gx_i^*$。但是由于这里的物品 h 的生产函数是全自变量规模报酬递增的，因此对于物品 k 又有 $\sum_{i=1}^{n} \alpha_{ki} > 1$。在这种情况下，由于 $gx_k^* < 0$，必有 $gx_k^* > \sum_{i=1}^{n} \alpha_{ki} \cdot gx_k^*$。如果其他物品的稳态增长率解 gx_i^* 都不大于 gx_k^*，也即如果其他物品的稳态增长率解都小于零且在绝对值上都不小于 gx_k^*，则必有 $gx_k^* > \sum_{i=1}^{n} \alpha_{ki} \cdot gx_k^* \geqslant \sum_{i=1}^{n} \alpha_{ki} \cdot gx_i^*$，式（Ⅰ.10.3）中的稳态增长条件因此而无法成立。因此，要想使式（Ⅰ.10.3）中的稳态增长条件成立，就必须至少有另外某一个物品 i 的稳态增长率解大于 gx_k^*。满足这一要求的稳态增长率解 gx_i^* 可以大于零、等于零，也可以小于零但是在绝对值上小于 gx_k^*。也即报酬递增物品 k 的稳态增长率解小于零的一个必要前提是至少存在某一物品 i，其稳态增长率的解不小于零或者虽小于零而在绝对值上小于物品 k 的稳态增长率解。

证毕

由本命题及其证明过程可以直接得出下列推论：

推论 13

在一个折旧率不随时间而变化的正则生产函数经济中，任一生产上全自变量规模报酬递增物品 k 的稳态增长率解大于零

内生稳态增长模型的生产结构

的一个必要前提是，它在稳态增长下的生产上使用的物品中，至少存在另一种物品 i，其稳态增长率的解或者小于零，或者虽然大于零但是小于物品 k 的稳态增长率解。

由命题 13 又可以推导出报酬递增物品稳态增长的下述前提条件：

命题 14

在一个折旧率不随时间而变化的正则生产函数经济中，任一生产上全自变量规模报酬递增物品 k 的稳态增长率具有非零解的一个必要前提是，该经济在稳态增长下至少存在下述两种物品中的一种：一种物品在稳态增长率解上与物品 k 的正负号不同，这种物品可以是规模报酬递增的；另一种物品 h 是规模报酬不递增的，它在稳态增长率解上与 k 的正负号相同，且对任何属于集合 K 的物品 i，恒有物品 h 的稳态增长率解绝对值 $\left| gx_h^* \right| < \left| gx_i^* \right|$，这里的集合 K 是集合 M 的子集，集合 M 是所有规模报酬递增物品的集合，K 则是 M 中所有与物品 k 在稳态增长率的解上有相同正负号的物品的集合。

证

报酬递增物品 k 非零的稳态增长率解可以分为大于零的和小于零的两种。这里分别就这两种不同情况来证明本命题。

1. 若报酬递增物品 k 的稳态增长率解大于零

根据命题 13，报酬递增物品 k 的稳态增长率解大于零的一个必要前提是至少存在某一物品 i，其稳态增长率的解不大于零或者虽然大于零而在绝对值上小于物品 k 的稳态增长率解。

由于命题 13 适用于一切稳态增长率解大于零的报酬递增物品，该经济中的物品数目又有限，就可以在稳态增长率解大于零的报酬递增物品中找到稳态增长率解最小的物品 g，并对它也运用命题 13。根据命题 13，报酬递增物品 g 的稳态增长率解大于零的一个必要前提也是至少存在另一物品 h，其稳态增长率的解不大于零或者虽然大于零而在绝对值上小于物品 g 的稳态增长率解。

如果物品 h 的稳态增长率解大于零，它就不仅必须在稳态增长率解的绝对值上小于物品 g，而且也不可能是报酬递增物品，因为物品 g 已经是稳态增长率解大于零的报酬递增物品中稳态增长率解绝对值最低的，稳态增长率解为正且在绝对值上小于物品 g 的物品不可能是报酬递增的。

由于物品 g 是稳态增长率解大于零的报酬递增物品中稳态增长率解最小的，稳态增长率解为正且在绝对值上小于物品 g 的报酬不递增物品 h，在稳态增长率解上必小于任何稳态增长率解大于零的报酬递增物品。

根据前面定义，物品 h 要么稳态增长率解为正但在其绝对值上小于物品 g，要么就稳态增长率的解不大于零；又由于物品 g 已经是稳态增长率解为正的报酬递增物品中稳态增长率解绝对值最低的，如果物品 h 在生产上全自变量规模报酬递增，其稳态增长率解就不可能为正且在绝对值上小于物品 g。由于这个原因，如果物品 h 在生产上是全自变量规模报酬递增的，它的稳态增长率解就不可能大于零。

但是物品 h 的存在又是任一报酬递增物品稳态增长率解大于零的前提。由此可知，如果一个经济中所有物品的生产函数都是全自变量规模报酬递增的，又没有任何物品的增长率外生给定，则该经济中各种不同物品稳态增长率的解不可能全都大于零。

2. 若报酬递增物品 k 的稳态增长率解小于零

根据命题 13，报酬递增物品 k 的稳态增长率解小于零的一个必要前提是至少存在某一物品 i，其稳态增长率的解不小于零或者虽小于零而在绝对值上小于物品 k 的稳态增长率解。

由于命题 13 适用于一切稳态增长率解小于零的报酬递增物品，该经济中的物品数目又有限，就可以在稳态增长率解小于零的报酬递增物品中找到稳态增长率解绝对值最低的物品 g，并对它也运用命题 13。根据命题 13，报酬递增物品 g 的稳态增长率解小于零的一个必要前提也是至少存在另一物品 h，其稳态增长率的解不小于零或者虽然小于零而在绝对值上小于物品 g 的稳态增长率解。

如果物品 h 的稳态增长率解小于零，它就不仅必须在稳态增长率解的绝对值上小于物品 g，而且也不可能是报酬递增物品，因为物品 g 已经是稳态增长率解小于零的报酬递增物品中稳态增长率解绝对值最低的，稳态增长率解为负且在绝对值上小于物品 g 的物品不可能是报酬递增的。

由于物品 g 是稳态增长率解小于零的报酬递增物品中稳态增长率解绝对值最低的，稳态增长率解为负且在绝对值上小于物品 g 的报酬不递增物品 h，在稳态增长率解绝对值上必小于任何稳态增长率解为负的报酬递增物品。

根据前面定义，物品 h 要么稳态增长率解为负但在其绝对值上小于物品 g，要么就稳态增长率的解不小于零；又由于物品 g 已经是稳态增长率解为负的报酬递增物品中稳态增长率解绝对值最低的，如果物品 h 在生产上全自变量规模报酬递增，其稳态增长率解就不可能为负且在绝对值上小于物品 g。由于这个原因，如果物品 h 在生产上是全自变量规模报酬递增的，它的稳态增长率解就不可能小于零。

但是物品 h 的存在又是任一报酬递增物品稳态增长率解小于零的前提。由此可知，如果一个经济中所有物品的生产函数都是全自变量规模报酬递增的，又没有任何物品的增长率外生给定，则该经济中各种不同物品稳态增长率的解不可能全都小于零。

证毕

第二节　只有报酬递增物品的情况

由命题 14 的上述证明过程和该命题本身可以清楚地看出，只要任何报酬递增物品的稳态增长率有非零的解，要想使所有物品的稳态增长率解有相同的正负号，就必须至少有一种物品在生产上全自变量规模报酬不递增；只有当各种不同物品非零的稳态增长率解有不同的正负号时，才可能是所有物品都在生产上全自变量规模报酬递增。由此可以得出：

推论 14

在一个折旧率不随时间而变化的正则生产函数经济中，如果所有自变量物品的生产函数都是全自变量规模报酬递增的，又没有任何物品的增长率外生给定，则该经济中各种不同物品稳态增长率的解既不可能全部为正，也不可能全部为负。

注意： 在本推论所说的前提条件下，不同物品稳态增长率的解虽然不会全大于零或全小于零，但是仍然可能有非零的解。当所有物品的生产都是全自变量规模报酬递增时，稳态增长率还可能有一种非零的解：某些物品的稳态增长率解大于零，而另一些物品的稳态增长率解则小于零。对命题 14 的证明过程已经表明，当所有物品的生产都是全自变量规模报酬递增时，要满足稳态增长的条件，一方面要有某些物品的稳态增长率解比最低的正的稳态增长率解还小；另一方面又要有某些物

品的稳态增长率解比最大的负的稳态增长率解还大。如果某些
物品的稳态增长率解大于零，而另一些物品的稳态增长率解小
于零，就可以同时满足这两方面的要求。于是有：

推论 14.1

在一个折旧率不随时间而变化的正则生产函数经济中，如
果所有自变量物品的生产函数都是全自变量规模报酬递增的，
又没有任何物品的增长率外生给定，则当该经济有非零的稳态
增长率解时，各种不同物品的稳态增长率解必定有的大于零，
有的小于零。

这里我们还可以按照从命题 13 到命题 14 的论证线索，以
更加形式化的推导来论证命题 14 和推论 14.1。

根据第一章第四节的式（I.11.5）和式（I.11.6），如果
一个经济中没有任何物品的增长率外生给定而有物品有非零的
稳态增长率解，则齐次线性方程组（I.10.4）系数矩阵的第 n
个列向量可以由其他 $n-1$ 个列向量线性表出。在这种情况下，
齐次线性方程组（I.10.4）系数矩阵中的任一第 i 行的各项都
必须服从数量关系：

$$k_j = \left(\sum_{i=1}^{n-1} k_i \cdot \alpha_{ji} \right) + \alpha_{jn} \qquad （I.11.5）$$

而齐次线性方程组（I.10.4）系数矩阵第 n 行的各项则必
须服从数量关系：

$$1 - \alpha_{nn} = \left(\sum_{i=1}^{n-1} k_i \cdot \alpha_{ni} \right) \qquad （I.11.6）$$

在以上两式中，系数 k_i 就是以第 n 种物品为"基准物品"
所得出的前 $n-1$ 种物品的标准化稳态增长率，而基准物品的
系数 h_i 则为 1。这两个公式分别表明了相应物品的稳态增长

条件。

在本命题所讨论的情况下，所有物品生产都全自变量规模报酬递增意味着对任何物品 j，都有 $\sum_{i=1}^{n} \alpha_{ji} > 1$。在这种情况下，对第 n 种物品来说，如果任何其他物品的标准化稳态增长率 k_i 都不小于 1，则必有：

$$1 < \sum_{i=1}^{n} \alpha_{ni} \leqslant \left(\sum_{i=1}^{n-1} k_i \cdot \alpha_{ni} \right) + \alpha_{nn}$$

此时式（ I.11.6 ）中表示的物品 n 的稳态增长条件无法成立。因此，满足物品 n 的稳态增长条件的前提是，至少存在一个物品 j，它的标准化稳态增长率 k_i 小于 1。

如果这个小于 1 的 k_i 小于零，则推论 14 中的论点已经得证，因为这时各种不同物品的稳态增长率解已经既不可能全部为正，也不可能全部为负。因此，以下所做的推论中仍然假设，那些小于基准物品标准化稳态增长率的标准化稳态增长率虽然小于 1，但是仍然大于零。

根据前面的假设，那种标准化稳态增长率小于 1 的物品 j 的生产也全自变量规模报酬递增，且 $k_j > 0$。如果任何其他物品的标准化稳态增长率 k_i 都不小于 k_j，则必有：

$$k_j < \sum_{i=1}^{n} \alpha_{ji} \cdot k_j < \left(\sum_{i=1}^{n-1} k_i \cdot \alpha_{ji} \right) + \alpha_{jn}$$

此时式（ I.11.5 ）中表示的物品 j 的稳态增长条件无法成立。因此，满足物品 j 的稳态增长条件的前提是，至少存在一个物品 k，它的标准化稳态增长率小于物品 j 的标准化稳态增长率。

可是，由于物品 k 的生产也全自变量规模报酬递增，前面

对物品 j 的稳态增长条件所做的分析也就适用于物品 k。这意味着满足物品 k 的稳态增长条件的前提是，至少存在另一个物品，它的标准化稳态增长率小于物品 k 的标准化稳态增长率。如此递推下去，由于该经济中只有 n 种物品，我们总可以找到在这个只有报酬递增物品的经济中有最小的标准化稳态增长率的物品 h。

如果物品 h 的生产也全自变量规模报酬递增且其标准化稳态增长率大于零，则前面对物品 j 的稳态增长条件所做的分析也就适用于物品 h。此时满足物品 h 的稳态增长条件的前提是，至少存在另一个物品，它的标准化稳态增长率小于物品 h 的标准化稳态增长率。但是，由于物品 h 已经在所有报酬递增物品中具有最小的正数标准化稳态增长率，不可能再有任何报酬递增物品有比它更低的大于零的标准化稳态增长率，式（Ⅰ.11.5）中那样的稳态增长条件 $k_h = \left(\sum_{i=1}^{n-1} k_i \cdot \alpha_{hi} \right) + \alpha_{hn}$ 对物品 h 来说无法满足。

这就意味着，如果整个经济中所有物品的生产都全自变量规模报酬递增且没有外生给定的增长率，就不可能找到一组全部大于零的系数 $k_1, k_2, \cdots, k_{n-1}$，以便用齐次线性方程组（Ⅰ.10.4）系数矩阵的前 $n-1$ 个列向量线性表出其第 n 个列向量。在这种情况下，齐次线性方程组（Ⅰ.10.4）没有各分量全部为正的非零解，该经济中的各种物品不可能都有大于零的稳态增长率。

如果在这样一个经济中存在着规模报酬递减的物品，使得对标准化稳态增长率最低的物品 h 来说有 $\sum_{i=1}^{n} \alpha_{hi} < 1$，那就可以有 $k_h > \sum_{i=1}^{n} \alpha_{hi} \cdot k_h$，这时虽然有 $\sum_{i=1}^{n} \alpha_{hi} \cdot k_h < \left(\sum_{i=1}^{n-1} k_i \cdot \alpha_{hi} \right) + \alpha_{hn}$，

物品 h 的稳态增长条件 $k_h = \left(\sum_{i=1}^{n-1} k_i \cdot \alpha_{hi} \right) + \alpha_{hn}$ 仍然可能得到满足。在这种情况下，标准化稳态增长率最低的物品 h 仍然可以有一个大于零的标准化稳态增长率。这意味着如果一个经济同时具有报酬递增和报酬递减物品，则即使没有外生给定的正增长率，该经济中所有物品的稳态增长率解仍然可以都大于零或都小于零。

即使一个经济中只有全自变量规模报酬递增的物品，如果其标准化稳态增长率最低的物品 h 的标准化稳态增长率小于零，则仍然会有 $k_h > \sum_{i=1}^{n} \alpha_{hi} \cdot k_h$。这时虽然有

$$\sum_{i=1}^{n} \alpha_{hi} \cdot k_h < \left(\sum_{i=1}^{n-1} k_i \cdot \alpha_{hi} \right) + \alpha_{hn}，$$ 物品 h 的稳态增长条件 $k_h = \left(\sum_{i=1}^{n-1} k_i \cdot \alpha_{hi} \right) + \alpha_{hn}$ 仍然可能得到满足。在这种情况下，这个只有报酬递增物品的经济虽然没有外生给定的增长率，但是各种物品仍然可以有非零的稳态增长率解，只是不同物品的稳态增长率解必定是有的大于零，有的小于零。

以上的最后两段论述已经证明了命题 14 的正确，同时也对推论 14.1 作了论证。

例 14：只有报酬递增物品

某经济的最终产品生产函数是全自变量规模报酬递增的：

$Y = (s_{ya} \cdot A)^{0.8} \cdot (s_{yk} \cdot K)^{0.4} \cdot (s_{yh} \cdot H)^{0.3} \cdot (s_{yl} \cdot L)^{0.4}$，其中 s_{ji} 为第 i 种自变量物品用于生产第 j 种物品的份额，K 为物质资本的存量。自变量物品 A、H 和 L 的生产函数也是全自变量规模报酬递增的：

$$\frac{\mathrm{d}A}{\mathrm{d}t}=\left(s_{aa}\bullet A\right)^{0.8}\bullet\left(s_{ak}\bullet K\right)^{0.7}\bullet\left(s_{ah}\bullet H\right)^{0.1}\bullet\left(s_{al}\bullet L\right)^{0.1},$$

$$\frac{\mathrm{d}H}{\mathrm{d}t}=\left(s_{ha}\bullet A\right)^{0.1}\bullet\left(s_{hk}\bullet K\right)^{0.2}\bullet\left(s_{hh}\bullet H\right)^{0.8}\bullet\left(s_{hl}\bullet L\right)^{0.8},$$

$$\frac{\mathrm{d}L}{\mathrm{d}t}=\left(s_{la}\bullet A\right)^{0.3}\bullet\left(s_{lk}\bullet K\right)^{0.2}\bullet\left(s_{lh}\bullet H\right)^{0.6}\bullet\left(s_{ll}\bullet L\right)^{0.6}。$$

各种物品都没有折旧。

按照本书第一章所说明的运算程序，我们可以解出最终产品及 4 种自变量物品的稳态增长条件，并且定义物品 L 为基准物品，将其非零的稳态增长率解标准化为 $l=1$，将物品 K 和最终产品的标准化稳态增长率标为 k，记物品 A 的标准化稳态增长率为 a，物品 H 的标准化稳态增长率为 h。由此可知在增长的稳态下，物品 A、K、H 和 L 的标准化稳态增长率必定是下述联立方程组的解：

$$\begin{cases} (0.8-1)\bullet a+0.7\bullet k+0.1\bullet h+0.1\bullet l=0 \\ 0.8\bullet a+(0.4-1)\bullet k+0.3\bullet h+0.4\bullet l=0 \\ 0.1\bullet a+0.2\bullet k+(0.8-1)\bullet h+0.8\bullet l=0 \\ 0.3\bullet a+0.2\bullet k+0.6\bullet h+(0.6-1)\bullet l=0 \end{cases}$$

（例 14）

按定义，物品 L 的标准化稳态增长率为 $l=1$。在此基础上解此齐次线性方程组，得物品 A、K、H 的标准化稳态增长率 $a=-2$，$k=-1$，$h=2$。正如推论 14.1 所说，由于所有 4 种自变量物品的生产函数都是全自变量规模报酬递增的，它们非零的稳态增长率解只能有的大于零，有的小于零。

命题 2 已经说明，在任何一个严格正则生产函数经济中，任何物品都不可能有小于零的增长率。第一章第四节的第三小节据此指出，对于齐次线性方程组（I.10.4）中的稳态增长条件来说，某些物品可能有小于零的"稳态增长率解"，但是这些小于零的解不可能是严格正则生产函数经济的真正增长率，从而也不可能是它的稳态增长率。这个论点正好可以运用到只有报酬递增物品的情况下：既然在这种情况下，稳态增长率的非零解中必定有某些物品有小于零的增长率，这种稳态增长率解就不可能是严格正则生产函数经济中可能真正出现的稳态增长率，甚至也不可能是严格正则生产函数经济中可能出现的增长率。在严格正则生产函数经济中，可能出现的非零的增长率和稳态增长率都只能是大于零的增长率。

在本节所讨论的情况下，某些物品非零的稳态增长率解之所以必须小于零，是由于所有的物品在生产上都全自变量规模报酬递增。由此可以得出结论：如果所有物品在生产上都全自变量规模报酬递增且没有外生给定增长率，就可能有非零的稳态增长率解，但仍然没有非零的稳态增长率。在这种情况下，偏离所有物品的增长率都为零的状态时只可能有某些物品有大于零的增长率，而不可能有任何物品的增长率小于零。这样一种状态的发展动态只可能有两个前途：或者是最终趋向所有物品增长率都等于零的稳态，或者是永远按式（Ⅰ.9.9）所描述的增长动态变动其增长率，而不趋向任何稳态增长。在后一种情况下，动态增长系统是不稳定的。

但是，由于本节讨论的小于零的稳态增长率解是由所有物品都报酬递增造成的，偏离稳态增长率的零解的后果更可能是进入不稳定的增长动态。根据式（Ⅰ.9.9）对增长动态所做的分析告诉我们，如果所有物品的增长率都不小于零，有最低的非负增长率的报酬递增物品其增长率将会上升。而当所有物品都报酬递增时，整个经济中最低的非负增长率将会不断提高，并且不会收敛到任何一个特定的水平上。这就使整个经济进入增长率不断提高的爆炸性不稳定增长。而这样一个经济具有某些物品的增长率小于零的稳态增长率非零解，只不过标志着这个经济一旦偏离零增长之后就会进入爆炸性增长。

内生稳态增长模型的生产结构

第三节 一种物品的增长率外生给定

本节讨论的情况是：只有一种物品的增长率外生给定，而其他所有物品的生产都全自变量规模报酬递增。

命题 15

在一个折旧率不随时间而变化的正则生产函数经济中，如果只有一种物品有外生给定的非零增长率，其他物品的生产函数都是全自变量规模报酬递增的，这些物品的稳态增长率解也都与外生给定增长率有相同正负号，则在该经济的 n 种不同物品的稳态增长率解中，外生给定的第 n 种物品增长率绝对值最小。

证

根据命题 14，任一生产上全自变量规模报酬递增物品 k 的稳态增长率具有非零解的一个必要前提是，该经济在稳态增长下至少存在下述两种物品中的一种：一种物品在稳态增长率解上与物品 k 的正负号不同，这种物品可以是规模报酬递增的；另一种物品 h 是规模报酬不递增的，它在稳态增长率解上与 k 的正负号相同，且在稳态增长率解绝对值上小于任何与物品 k 有相同正负号的稳态增长率解的规模报酬递增物品。

而在本命题所说的经济中，不存在与任何报酬递增物品在稳态增长率解正负号上不同的物品，因而不可能通过命题 14 中所说的第一种物品来满足报酬递增物品稳态增长率有非零解的必要前提，只能通过命题 14 中所说的第二种物品来满足报酬递增物品稳态增长率有非零解的必要前提。这种物品必须是一种规模报酬不递增的物品，而在本命题所说的经济中，这种物品只能是那种增长率外生给定的物品。

这样，增长率外生给定的物品与各种报酬递增物品有相同的稳态增长率解正负号并在稳态增长率解绝对值上小于任何报酬递增物品，就成了本命题所说的经济中任何报酬递增物品有非零的稳态增长率解的前提条件。在本命题所说的经济中，如果任何报酬递增物品有非零的稳态增长率解，则由于增长率外生给定的物品与各种报酬递增物品有相同的稳态增长率解正负号，增长率外生给定的物品在稳态增长率解绝对值上必定小于任何报酬递增物品。

证毕

由命题 15 可以直接得出：

推论 15

在一个折旧率不随时间而变化的正则生产函数经济中，如果只有一种物品有外生给定的正增长率，其他物品的生产函数都是全自变量规模报酬递增的，这些物品的稳态增长率解也都大于零，则在该经济的 n 种不同物品的稳态增长率中，外生给定的第 n 种物品增长率最低。

例 15.1：新古典增长模型中的数值排序

在例 7 中列举了两种新古典增长模型，两者都将技术存量 A 的增长率 g 与劳动 L 的增长率 n 看作外生给定的：

索洛本人的模型在讨论"中性技术变化"时，实际上列出了三个自变量的柯布—道格拉斯最终产品生产函数：

$$Y = A(t) \quad K^a L^{1-a} \qquad （例 7.2）$$

式中的 Y 为最终产品产出，K 为物质资本存量。索洛证明，这种情况下最终产品产出和物质资本存量的稳态增长率都

等于 $n+\dfrac{g}{1-a}$。

而罗默简化的新古典经济增长模型则假定最终产品的生产函数为：

$$Y = K^a(AL)^{1-a} = A^{1-a}K^aL^{1-a} \qquad （例7.3）$$

由这个生产函数所推得的最终产品产出和物质资本存量的稳态增长率都为 $n+g$。

由于这两个模型都假设 $0 < a < 1$，以及外生给定的劳动力增长率 n 和技术存量增长率 g 都大于零，这两个模型中最终产品和物质资本的稳态增长率（$n+\dfrac{g}{1-a}$ 和 $n+g$）都大于任何一种外生给定的增长率（n 或 g）。例 7 中已经指出，这是由于在这两种新古典增长模型中，最终产品的生产函数都是全自变量规模报酬递增的。而在本节中，我们注意的是新古典增长模型中稳态增长率的数值排序：当报酬递增物品（物质资本和最终产品）与外生给定的增长率有相同的正负号时，报酬递增物品在稳态增长率的绝对值上大于外生给定的增长率。这可以看作印证了命题 15 和推论 15。不过，命题 15 和推论 15 讨论的情况是只有一种物品有外生给定的非零增长率，而新古典增长模型则假定有两种物品的增长率外生给定。

例 15.2：外生给定增长率与报酬递增物品——稳态增长率解正负号相同的情况

某经济的最终产品生产函数是全自变量规模报酬递增的：

$Y = (s_{yk} \cdot K)^{0.4} \cdot (s_{ya} \cdot A)^{0.5} \cdot (s_{yl} \cdot L)^{0.2}$，其中 s_{ji} 为第 i 种自变量物品用于生产第 j 种物品的份额，K 为物质资本的存量。自变量物品 A 的生产函数也是全自变量规模报酬递增的：

$\dfrac{\mathrm{d}A}{\mathrm{d}t} = (s_{ak} \cdot K)^{0.5} \cdot (s_{aa} \cdot A)^{0.4} \cdot (s_{al} \cdot L)^{0.2}$，而自变量物品 L 的增长率外生给定。各种物品都没有折旧。

按照本书第一章所说明的运算程序，我们可以解出最终产品及三种自变量物品的稳态增长条件，并且定义物品 L 为基准物品，将其外生给定的增长率标准化为1，将物品 K 和最终产品的标准化稳态增长率标为 k，记物品 A 的标准化稳态增长率为 a。由此可知在稳态增长下，物品 K 和物品 A 的标准化稳态增长率必定是下述联立方程组的解：

$$\begin{cases} (0.4-1) \cdot k + 0.5 \cdot a = -0.2 \\ 0.5 \cdot k + (0.4-1) \cdot a = -0.2 \end{cases} \qquad （例15.2）$$

解此方程组，得报酬递增物品 K 的标准化稳态增长率为 $k=2$，报酬递增物品 A 的标准化稳态增长率为 $a=2$。正如命题 15 所说，如果除一种物品增长率外生给定之外其他所有物品在生产上都规模报酬递增，且所有物品的稳态增长率非零解都有相同的正负号，则各报酬递增物品在稳态增长率解的绝对值上都大于外生给定的增长率（这里标准化为1），该经济中外生给定增长率的绝对值最低。

注意： 在本节所述命题中，规定了各报酬递增物品的稳态增长率解与外生给定增长率有相同的正负号这个前提条件。而在许多情况下，报酬递增物品的生产函数本身就决定了某些报酬递增物品的稳态增长率解与外生给定的增长率有不同的正负号。在这种情况下，命题 15 及其推论当然无法适用。而在至少一种物品的增长率外生给定的条件下，什么情况下各种不同物品的稳态增长率解会有不同的正负号，这正是本书第五章所要讨论的问题。

内生稳态增长模型的生产结构

第五章　稳态增长率解有不同正负号

第四章第二节已经指出，如果所有物品的生产都全自变量规模报酬递增且没有外生给定的增长率，则各种不同物品非零的稳态增长率解必定有不同的正负号。本章讨论除这种情况之外的其他情况，在这些情况下，各种不同物品非零的稳态增长率解也会有不同的正负号。

在本章的讨论中，至多有一种物品的增长率是外生给定的。这是因为如果有两种及两种以上物品的增长率外生给定，则外生给定的增长率本身就可以有不同的正负号，这就足以使稳态增长率解有不同的正负号了。我们不讨论外生给定增长率引起的这种正负号不同。

第二章已经指出，如果所有物品的生产都全自变量规模报酬不变且至多有一种外生给定的增长率，则所有物品的稳态增长率解都彼此相等。第三章第二节和第三节分别说明，如果所有物品的生产都全自变量规模报酬递减，则该经济没有非零的稳态增长率解；即使所有物品的生产都规模报酬不递增且至多有一种外生给定的增长率，各种不同物品非零的稳态增长率解也不会有相反的正负号。这些命题总起来足以说明，只有在至少一种物品的生产全自变量规模报酬递增时，各种不同物品非零的稳态增长率解才会有相反的正负号；第四章更证明了，如果只有报酬递增物品而没有外生给定的增长率，则各种不同物品非零的稳态增长率解就必定会有相反的正负号。

但是如果有一种或一种以上物品有外生给定的增长率或生产上全自变量规模报酬不递增，各种不同物品非零的稳态增长率解仍然可能有相同的正负号。第四章第三节中已经提到了这样的情况，本章及以下各章将更详细讨论这种情况下各种不同物品非零的稳态增长率解的正负号问题。

第四章第二节中已经指出，如果稳态增长率的非零解中某些物品有小于零的增长率，这种稳态增长率解就不可能是严格正则生产函数经济中可能真正出现的稳态增长率，甚至也不可能是严格正则生产函数经济中可能出现的增长率。在严格正则生产函数经济中，可能出现的非零的增长率和稳态增长率都只能是大于零的增长率，偏离所有物品的增长率都为零的状态时只可能有某些物品有大于零的增长率，而不可能有任何物品的增长率小于零。现在我们已经清楚，之所以出现小于零的稳态增长率解是由于某些物品的生产报酬递增；而第四章第二节已经指出，在某些物品的生产报酬递增的情况下，偏离稳态增长率的零解的后果更可能是进入不稳定的增长动态，这时整个经济进入增长率不断提高的爆炸性不稳定增长。而这样一个经济具有某些物品的增长率小于零的稳态增长率非零解，只不过标志着这个经济一旦偏离零增长之后就会进入爆炸性增长。

第一节　自变量物品对其自身生产的贡献率大于 1

命题 16

在一个折旧率不随时间而变化的正则生产函数经济中，如果稳态增长率有非零的解，而某种自变量物品具有规模报酬"超递增"的生产函数（即 $\alpha_{ii} > 1$，该物品对其本身生产的贡献率大于 1；如果该物品的生产函数是柯布—道格拉斯式的，这意味着该物品的投入在其本身的生产中是边际产量递增的），则必定有某些物品的"稳态增长率解"为负，各种不同物品的"稳态增长率解"中，有的大于零，有的小于零。

证

可以将式（I.10.3）中的第 j 种物品稳态增长条件改写为：

$$\left(1-\alpha_{jj}\right)\cdot gx_j^* = \sum_{i=1}^n \alpha_{ji}\cdot gx_i^* \text{ 其中 } i\neq j \qquad （V.1）$$

若 $\alpha_{jj}>1$，则（$1-\alpha_{jj}$）< 0。但是因为对每个 i 都有 $\alpha_{ji}\geqslant 0$，且在有非零的稳态增长率解时，至少对某些 i 有 $\alpha_{ji}>0$，所以式（V.1）左边的 gx_j^* 必定与右边的某些 gx_i^* 有相反的正负号。这就意味着该经济中某些自变量物品的稳态增长率解为负。

证毕

例 16.1：规模报酬"超递增"的生产函数

某经济的最终产品具有规模报酬"超递增"的生产函数：$Y=\left(s_{yk}\cdot K\right)^{1.3}\cdot\left(s_{ya}\cdot A\right)^{0.3}\cdot\left(s_{yl}\cdot L\right)^{0.4}$，其中 s_{ji} 为第 i 种自变量物品用于生产第 j 种物品的份额，K 为物质资本的存量。自变量物品 A 的生产函数是全自变量规模报酬不变的：$\dfrac{\mathrm{d}A}{\mathrm{d}t}=\left(s_{ak}\cdot K\right)^{0.3}\cdot\left(s_{aa}\cdot A\right)^{0.4}\cdot\left(s_{al}\cdot L\right)^{0.3}$。各种物品都没有折旧。当该经济的稳态增长率有非零的解时，可以将自变量物品 L 看作基准物品，不必考虑其生产函数的状态。

按照本书第一章所说明的运算程序，我们可以解出最终产品及三种自变量物品的稳态增长条件。由于定义物品 L 为基准物品，可以将其外生给定的增长率标准化为 1，将物品 K 和最终产品的标准化稳态增长率解标为 k，记物品 A 的标准化稳态增长率解为 a。由此可知在稳态增长下，物品 K 和物品 A 的标准化稳态增长率必定是下述联立方程组的解：

$$\begin{cases} (1.3-1)\cdot k + 0.3\cdot a + 0.4 = 0 \\ 0.3\cdot k + (0.4-1)\cdot a + 0.3 = 0 \end{cases}$$ （例 16.1）

由此解得 $k = -\dfrac{11}{9}, a = -\dfrac{1}{9}$。由于物品 K 具有规模报酬"超递增"的生产函数，对其本身生产的贡献率大于 1，物品 K 和物品 A 的稳态增长率解都与基准物品的稳态增长率解正负号相反。

在本命题所说的情况下，由于自变量物品对其本身生产的贡献率大于 1 而造成了不同物品的稳态增长率解有不同正负号。这可以说是生产函数的性质使不同物品的稳态增长率解正负号必定相反。而当某种自变量物品对其本身生产的贡献率大于 1 时，该物品的生产必定是全自变量规模报酬递增的。

本命题必定适用于只有报酬递增物品而没有外生给定增长率的情况。第四章已经指出，当所有物品的生产都全自变量规模报酬递增而没有外生给定的增长率时，各种不同物品的稳态增长率非零解必定有不同的正负号。本命题所说的就是上述情况的一种极端的特例。

本命题也适用于某些物品有外生给定增长率或并非报酬递增的情况。原则上说，只要有某些物品的生产是全自变量规模报酬递增的，各种不同物品的稳态增长率解就有可能有不同的正负号。这一点也同样适用于有外生给定增长率的条件下。但是第四章也表明，如果有至少一种物品的增长率外生给定，则即使其他物品都在生产上全自变量规模报酬递增，也可能各种

内生稳态增长模型的生产结构

不同物品的非零稳态增长率解有同样的正负号。以下各章还会说明，当有些物品报酬递增、有些物品报酬递减时，各种不同物品的非零稳态增长率解也可能有同样的正负号。而本命题则说明了，在上述两种情况下，什么条件会使各种不同物品的非零稳态增长率解必定有不同的正负号。由于本命题所说的是生产上全自变量报酬递增的一种极端情况，它就印证了本章开头的论点：报酬递增物品的存在使各种不同物品的非零稳态增长率解有不同正负号成为可能。

在本命题所说的情况下，非零的稳态增长率解不可能是该经济的稳态增长率。这是因为在任何严格正则生产函数经济中，如果一个稳态增长率解中各种不同物品的解有不同的正负号，则该稳态增长率解不可能是该经济的稳态增长率。本书第一章和第四章都论证了这一点。

本章的开头曾经指出，一个经济具有某些物品的增长率小于零的稳态增长率非零解，这往往标志着这个经济没有真正的稳态增长率，将陷入增长率不断提高的爆炸性增长。本命题所说的情况就是这方面的典型。

例 16.2：爆炸性增长的规模报酬"超递增"生产函数

戴维·罗默在其宏观经济学教科书中分析了一个只有劳动 L 和技术 A 这两种自变量物品的经济（Romer D., 1996, 第三章第二节），其中最终产品 Y 的生产函数为 $Y(t) = A(t) \cdot (1-\alpha_L) \cdot L(t)$，$A$ 的生产函数为 $\dfrac{\mathrm{d}A(t)}{\mathrm{d}t} = B \cdot (\alpha_L \cdot L(t))^\gamma \cdot A(t)^\theta$，而式中的 $B, \alpha_L, \gamma, \theta$ 都为大于零的常数，L 的增长率 n 则外生给定。A 的生产函数中的参数 θ 就是命题 16 中所说的自变量物品对其本身生产的贡献率 α_{ii}。显然该经济中

最终产品的增长率只能为 $gY=gA+n$。罗默还根据 A 的生产函数推出了技术水平 A 的稳态增长条件：

$$gA = \frac{\gamma \cdot n}{1-\theta}$$ （例 16.2）

显然当 $\theta > 1$ 时，物品 A 的稳态增长率解必定与人口增长率 n 正负号相反。这时如果人口增长率 n 大于零，物品 A 的稳态增长率解就必定小于零。

但是戴维·罗默书中的分析说明，当 $\theta > 1$ 时，该经济的增长率以及自变量物品 A 的增长率都将不断上升。这是一个典型例子，说明一旦某种自变量物品对其本身生产的贡献率 α_{ii} 大于 1，该经济各种不同物品的非零稳态增长率解就会有不同的正负号，而这种稳态增长率解不可能是严格正则生产函数经济的稳态增长率，该经济将没有非零的稳态增长率，至少在所有物品都投入增长率非外生给定物品生产时会陷入增长率不断上升的爆炸性增长。

第二节 稳态增长率解正负号必定相反的其他情况

即使任何自变量物品对其本身生产的贡献率 α_{ii} 都不大于 1，只要满足某些数量关系，各种不同物品的稳态增长率解也必定会有不同的正负号。

命题 17

在一个折旧率不随时间而变化的正则生产函数经济中，当基准物品 n 的增长率外生给定时，即使所有的自变量物品对其本身生产的贡献率都小于 1（即 $\alpha_{ii} < 1$），如果各种非基准物品有不同的稳态增长率解，除基准物品外的所有物品在某种物品 j 的生产上全自变量规模报酬递增，且物品 j 的

标准化稳态增长率小于除基准物品之外的所有物品平均的标

准化稳态增长率 $\bar{k}_{jn} = \dfrac{\sum\limits_{i=1}^{n-1} \alpha_{ji} \cdot k_i}{\sum\limits_{i=1}^{n-1} \alpha_{ji}}$，基准物品对该物品 j 生产

的贡献率大于零（即存在物品 j，使得 $k_j < \bar{k}_{jn}$，对于所有的

$i \neq n, \sum\limits_{i=1}^{n-1} \alpha_{ji} > 1,$ 且 $\alpha_{jn} > 0$），该物品稳态增长率的非零解就会

与基准物品的稳态增长率解正负号相反，使各种不同物品的稳
态增长率非零解有相反的正负号。

证

如果将物品 n 作为基准物品，以此为基础将各种物品的稳
态增长率解标准化，则第 n 种物品的标准化稳态增长率解为 1。
物品 j 的稳态增长率解与基准物品稳态增长率解正负号相反，
意味着 $k_j < 0$。

根据式（I.11.3），第 j 种物品的标准化稳态增长率必须
满足条件：

$$\sum_{i=1}^{n-1} \alpha_{ji} \cdot k_i - k_j + \alpha_{jn} = 0 \qquad （V.2）$$

在本命题所讨论的情况下，有 $k_j < \bar{k}_{jn} = \dfrac{\sum\limits_{i=1}^{n-1} \alpha_{ji} \cdot k_i}{\sum\limits_{i=1}^{n-1} \alpha_{ji}}$ 且

$\sum\limits_{i=1}^{n-1} \alpha_{ji} > 1$。由此可得 $\sum\limits_{i=1}^{n-1} \alpha_{ji} \cdot k_i > \left(\sum\limits_{i=1}^{n-1} \alpha_{ji} \right) \cdot k_j$，并可以进一步由

此推得 $\left(\sum\limits_{i=1}^{n-1} \alpha_{ji} \cdot k_i - k_j \right) > \left(\sum\limits_{i=1}^{n-1} \alpha_{ji} - 1 \right) \cdot k_j$。

将上述不等式代入式（V.2）可得：

$$0 = \sum_{i=1}^{n-1} \alpha_{ji} \cdot k_i - k_j + \alpha_{jn} > \left(\sum_{i=1}^{n-1} \alpha_{ji} - 1 \right) \cdot k_j + \alpha_{jn}$$

该式意味着对物品 j 有：

$$\left(1 - \sum_{i=1}^{n-1} \alpha_{ji} \right) \cdot k_j > \alpha_{jn}$$

在本命题所讨论的情况下，$\alpha_{jn} > 0$ 且 $\left(1 - \sum_{i=1}^{n-1} \alpha_{ji} \right) < 0$，于

是必有 $k_j < 0$，即物品 j 的稳态增长率解与基准物品稳态增长率
解正负号相反。

证毕

例 17.1：外生给定增长率、报酬不变与报酬递增物品——稳态增长率解正负号相反

某经济的最终产品生产函数是全自变量规模报酬不变

的：$Y = \left(s_{yk} \cdot K \right)^{0.5} \cdot \left(s_{yh} \cdot H \right)^{0.4} \cdot \left(s_{yl} \cdot L \right)^{0.1}$，其中 s_{ji} 为第 i 种
自变量物品用于生产第 j 种物品的份额，K 为物质资本的存
量。自变量物品 H 的生产函数是全自变量规模报酬递增的：

$\dfrac{\mathrm{d}H}{\mathrm{d}t} = \left(s_{hk} \cdot K \right)^{0.6} \cdot \left(s_{hh} \cdot H \right)^{0.7} \cdot \left(s_{hl} \cdot L \right)^{0.2}$，而自变量物品 L 的增

长率外生给定。各种物品都没有折旧。

按照本书第一章所说明的运算程序，我们可以解出最终产
品及三种自变量物品的稳态增长条件，并且定义物品 L 为基准
物品，将其外生给定的增长率标准化为 1，将物品 K 和最终产
品的标准化稳态增长率标为 k，记物品 H 的标准化稳态增长率
为 h。由此可知在稳态增长下，物品 K 和物品 H 的标准化稳态
增长率必定是下述联立方程组的解：

$$\begin{cases} (0.5-1) \cdot k + 0.4 \cdot h = -0.1 \\ 0.6 \cdot k + (0.7-1) \cdot h = -0.2 \end{cases} \quad \text{（例 17.1）}$$

报酬递增物品 H 的生产对基准物品之外的其他物品也报酬递增，因为 $\sum_{i=1}^{n-1} \alpha_{hi} = 0.6 + 0.7 = 1.3 > 1$。

解方程组（例 17.1），得最终产品和物质资本的标准化稳态增长率为 $k = -\dfrac{11}{9}$，报酬递增物品 H 的标准化稳态增长率为 $h = -\dfrac{16}{9}$。报酬递增物品 H 的标准化稳态增长率小于零，与基准物品的稳态增长率解正负号相反。正如命题 17 指出的，这是因为物品 H 的标准化稳态增长率 $\left(-\dfrac{16}{9}\right)$ 小于除基准物品之外的所有物品平均的标准化稳态增长率

（ $\bar{k}_{hn} = \dfrac{-\dfrac{16}{9} \cdot 0.7 - \dfrac{11}{9} \cdot 0.6}{0.7 + 0.6} \approx -1.52$ ）。

但是，命题 17 与本书中的其他许多命题不一样，没有为模型的分析结果提供准确的预测。本书的其他许多命题都为稳态增长模型的分析结果提供了准确的预测，可以依据这些命题，根据稳态增长模型的数学形式而预言稳态增长率的解会是什么样子的。而在命题 17 中，虽然也预言了在什么条件下稳态增长率的解将为负数，但是得出这样的结论时所需要的前提，不仅有可以从模型中观察到的 $\left(1-\sum_{i=1}^{n-1} a_{ji}\right) < 0$，而且有相关物品的标准化稳态增长率解 k_j 小于除基准物品之外的所有物品平均的标准化稳态增长率这一点。但是一般来说，如果不解出所有物品的稳态增长率解，就无法判断物品 j 的标准化稳态增长率解是

否小于除基准物品之外的所有物品平均的标准化稳态增长率。因此，本命题通常只能在从模型中解出稳态增长率解之后用于印证分析是否正确，而不能用于精确地预言模型的分析结果。

例 17.2：外生给定增长率、报酬不变与报酬递增物品——稳态增长率解正负号相同

例如，可以对例子 17.1 中的两个生产函数仅仅作一个微小的改动：将报酬递增物品 H 对其自身生产的贡献率由 0.7 变为 0.5，于是自变量物品 H 的生产函数就变为 $\dfrac{\mathrm{d}H}{\mathrm{d}t} = \left(s_{hk} \cdot K\right)^{0.6} \cdot \left(s_{hh} \cdot H\right)^{0.5} \cdot \left(s_{hl} \cdot L\right)^{0.2}$，而例 17.1 中的稳态增长条件变为：

$$\begin{cases} (0.5-1) \cdot k + 0.4 \cdot h = -0.1 \\ 0.6 \cdot k + (0.5-1) \cdot h = -0.2 \end{cases} \qquad （例 17.2）$$

解此方程组，可得 $h=16$，$k=13$，三种物品的稳态增长率解有相同的正负号。但是在这种情况下，报酬递增物品 H 的生产对基准物品之外的其他物品也报酬递增，因为 $\displaystyle\sum_{i=1}^{n-1} \alpha_{hi} = 0.6 + 0.5 = 1.1 > 1$。当然，物品 H 的标准化稳态增长率（16）大于除基准物品之外的所有物品平均的标准化稳态增长率（$\bar{k}_{hn} = \dfrac{16 \cdot 0.5 - 13 \cdot 0.6}{0.5 + 0.6} \approx 14.36$），但是这一点却只能在求出标准化稳态增长率解之后才能看出。在解出稳态增长率解之前，我们只能观察到 $\displaystyle\sum_{i=1}^{n-1} \alpha_{hi} = 1.1 > 1$ 这一事实，因而无法预测到各种不同物品的稳态增长率解都有相同的正负号。

命题 18

在一个折旧率不随时间而变化的正则生产函数经济中，

内生稳态增长模型的生产结构

如果所有外生给定的增长率都有相同的正负号，除增长率外生给定的物品之外，其他任何物品的生产都使用了所有的物品，并且任何非外生给定增长率的物品的生产都对所有增长率非外生给定的物品规模报酬递增，则当该经济的稳态增长率有非零解时，各种不同物品的稳态增长率非零解必定有相反的正负号。

证

将增长率外生给定的物品标为物品 k，增长率非外生给定的物品标为物品 h；如果增长率外生给定的物品有 m 个，增长率非外生给定的物品就有 $n-m$ 个。

所有的物品都参与除增长率外生给定的物品之外的任何其他物品的生产，意味着在那 $n-m$ 个增长率非外生给定的物品中，对任何物品 j 都有 $\alpha_{jk}>0, \alpha_{jh}>0$。

任何增长率非外生给定的物品的生产都对所有增长率非外生给定的物品规模报酬递增，意味着在那 $n-m$ 个增长率非外生给定的物品中，对任何物品 j 都有：

$$\sum_{h=1}^{n-m} \alpha_{jh} > 1$$

式（I.10.3）表明，对任何一组非零的稳态增长率解，将每种物品的稳态增长率解都乘以 -1 所得的仍为一组非零的稳态增长率解，在这组稳态增长率解下稳态增长条件依然成立。而在本命题所说的情况下，所有外生给定的增长率都有相同的正负号，这就使我们可以将每种外生给定的增长率 gx_k，都规定为大于零。这样丝毫不影响证明结果的普遍适用性，却可以简化证明的过程。由于每种外生给定的增长率都大于零，因此必有：

$$\sum_{k=1}^{m} \alpha_{jk} \cdot gx_k > 0$$

根据式（Ⅰ.10.3），在本命题所说的条件下，对任何增长率非外生给定的物品 j，稳态增长率解都必须满足稳态增长条件：

$$\sum_{h=1}^{n-m} \alpha_{jh} \cdot gx_h - gx_j + \sum_{k=1}^{m} \alpha_{jk} \cdot gx_k = 0 \qquad （Ⅴ.2.1）$$

由于 $\sum_{k=1}^{m} \alpha_{jk} \cdot gx_k > 0$，式（Ⅴ.2.1）意味着：

$$\sum_{h=1}^{n-m} \alpha_{jh} \cdot gx_h - gx_j = -\sum_{k=1}^{m} \alpha_{jk} \cdot gx_k < 0 \qquad （Ⅴ.2.2）$$

由于对任何增长率非外生给定的物品 j 都有 $\sum_{h=1}^{n-m} \alpha_{jh} > 1$，如果任何增长率非外生给定物品的稳态增长率解都大于零，则对增长率非外生给定物品中稳态增长率解最小的物品 l 来说就必有：

$$\sum_{h=1}^{n-m} \alpha_{lh} \cdot gx_h \geqslant \sum_{h=1}^{n-m} \alpha_{lh} \cdot gx_l > gx_l$$

这意味着：

$$\sum_{h=1}^{n-m} \alpha_{lh} \cdot gx_h - gx_l > 0$$

但是在这种情况下，式（Ⅴ.2.2）中的稳态增长条件无法成立。这意味着要使式（Ⅴ.2.2）中的稳态增长条件成立，那 $n-m$ 个增长率非外生给定物品的稳态增长率解 gx_h 中至少要有一个小于零。这也就是说，在本命题所说的情况下，要使稳态增长条件成立，增长率非外生给定物品的稳态增长率解至少必须有一个与外生给定的增长率有相反的正负号。

证毕

第三节 判断稳态增长率解正负号可能相反的标准

为此首先需要引入概念"按物品 j 计算的平均增长率 $A_j \overline{gx}$":

定义 19

定义"按物品 j 计算的平均增长率" $A_j \overline{gx} = \dfrac{\sum\limits_{i=1}^{n} \alpha_{ji} \cdot gx_i}{\sum\limits_{i=1}^{n} \alpha_{ji}} =$

$\dfrac{\sum\limits_{i=1}^{n} \alpha_{ji} \cdot gx_i}{r_j}$ ，其中 $r_j = \sum\limits_{i=1}^{n} \alpha_{ji}$ 。

当 j 代表不同的自变量物品时，系数 α_{ji} 通常会不一样。由于这个原因，即使是对同一组特定的增长率（ gx_1, gx_2, ⋯, gx_n ），按上述定义计算的平均增长率对于不同的物品 j 常常会不同，甚至同一个物品的增长率 gx_i 是高于还是低于平均增长率，在按不同物品 j 计算的不同平均增长率下也有可能不同。但是由于所有的系数 α_{ji} 都大于零，同一组特定的增长率（ gx_1, gx_2, ⋯, gx_n ）如果不是完全彼此相等，则其中最高的增长率 gx_h 会高于按任何物品计算的平均增长率，最低的增长率 gx_l 也会低于按任何物品计算的平均增长率。

根据按物品 j 计算的平均增长率定义，式（I.10.3）中的稳态增长条件可以变换为：

$$A_j g\overline{x} = \frac{gx_j}{r_j} \text{ 或 } r_j \cdot A_j g\overline{x} = gx_j \qquad （V.3）$$

由于在正则生产函数经济中恒有 $r_j \geqslant 0$ ，根据式（V.3），任何物品的稳态增长率解都不可能与按该物品计算的平均增长率有相反的正负号；在这个前提下，以绝对值衡量，如果物品 j 在生产上全自变量规模报酬递增（$r_j>1$），则该物品的稳态增长率解大于按该物品计算的平均增长率；如果物品 j 在生产上全自变量规模报酬递减（$r_j<1$），则该物品的稳态增长率解小于按该物品计算的平均增长率；如果物品 j 在生产上全自变量规模报酬不变（$r_j=1$），则该物品的稳态增长率解等于按该物品计算的平均增长率。

稳态增长条件 $r_j \cdot A_j \overline{gx} = gx_j$ 还表明，如果不同物品的稳态增长率解有不同的正负号，则自变量物品对其本身的平均增长率有很大影响，因为此时在同样的一组稳态增长率解之下，按不同物品计算的平均增长率有很大差别，且这些平均增长率的正负号取决于相应物品稳态增长率解的正负号：按稳态增长率解大于零的物品计算的平均增长率大于零，按稳态增长率解小于零的物品计算的平均增长率小于零。这就说明，如果不同物品的稳态增长率解有不同的正负号，则至少对某些物品 j，该物品影响其本身平均增长率的系数 $\dfrac{\alpha_{jj}}{r_j}$ 会很大。

命题 19

在一个折旧率不随时间而变化的正则生产函数经济中：

1. 如果所有的物品都参与除增长率外生给定的物品之外的任何其他物品的生产，则当不同物品的稳态增长率解有不同的正负号时，该经济中至少有一种物品的生产是全自变量规模报酬递增的；

2. 如果有外生给定的增长率，但是所有外生给定的增长率都有相同的正负号，所有的物品都参与除增长率外生给定的物品之外的任何其他物品的生产，则各种不同物品的稳态增长率非零解有相反的正负号时，至少有一种物品的生产对所有增长率非外生给定的物品规模报酬递增。

证

这里首先使用按物品 j 计算的平均增长率定义来论证命题 19 中的论点 1。

1. 显然，除非所有物品的增长率都完全彼此相等，否则在按任何物品计算的平均增长率下，都必定有某些物品的增长率高于这一平均增长率，而同时就有另一些物品的增长率低于这一平均增长率。

当各种不同物品的稳态增长率非零解有不同正负号时，我们可以任意取一组稳态增长率解正负号相同的物品，将它们的稳态增长率解符号规定为正，于是这些稳态增长率解中绝对值最大的物品就有了最高的增长率 $gx_h > 0$，gx_h 也必定大于按物品 h 计算的平均增长率。此时由于不同物品的稳态增长率解有不同的正负号，最小的稳态增长率解 gx_l 就必定小于零。这一最低的增长率 gx_l 不仅低于按物品 h 计算的平均增长率，也必定低于按物品 l 本身计算的平均增长率。

由于 gx_l 是稳态增长率解，如果它不是外生给定的增长率的话，它与按物品 l 本身计算的平均增长率的关系就必须满足式（V.3）。在本命题讨论的情况下，$r_l > 0$，根据式（V.3），由于 $gx_l < 0$，按物品 l 本身计算的平均增长率 $A_l \overline{gx}$ 必定也小于零，且有 $r_l \cdot A_l \overline{gx} = gx_l$。但是由于 gx_l 必须小于 $A_l \overline{gx}$，r_l 就必须大于 1，只有这样才能在 gx_l 和 $A_l \overline{gx}$ 都小于零的情况下满足式（V.3）的稳态增长条件 $r_l \cdot A_l \overline{gx} = gx_l$，并使 $gx_l < A_l \overline{gx}$。$r_l > 1$

意味着物品 l 的生产是全自变量规模报酬递增的。而如果物品 l 的生产全自变量规模报酬递减（$r_l < 1$）或报酬不变（$r_l = 1$），就不可能在 gx_l 和 $A_l\overline{gx}$ 都小于零、$r_l \cdot A_l\overline{gx} = gx_l$ 的条件下使 $gx_l < A_l\overline{gx}$。

以上论证说明，如果所有的物品都参与除增长率外生给定的物品之外的任何其他物品的生产，则当不同物品的稳态增长率解有不同的正负号时，该经济中至少有一种物品的生产是全自变量规模报酬递增的。

对命题 19 中的论点 2 可做如下论证：

2. 将增长率外生给定的物品标为物品 k，增长率非外生给定的物品标为物品 h；如果增长率外生给定的物品有 m 个，增长率非外生给定的物品就有 $n-m$ 个。

由于所有的物品都参与除增长率外生给定的物品之外的任何其他物品的生产，对任何增长率非外生给定的物品 j 就都有 $\alpha_{jk} > 0, \alpha_{jh} > 0$。

由于所有外生给定的增长率都有相同的正负号，就可以像命题 18 的证明中所做的那样，将每种外生给定的增长率 gx_k 都规定为大于零，以简化证明的过程，同时又丝毫不影响证明结果的普遍适用性。这样就有：

$$\sum_{k=1}^{m} \alpha_{jk} \cdot gx_k > 0$$

在这种情况下，对任何增长率非外生给定的物品 j，其任何非零的稳态增长率解都必定满足式（V.2.2）中的那种稳态增长条件：

$$\sum_{h=1}^{n-m} \alpha_{jh} \cdot gx_h - gx_j = -\sum_{k=1}^{m} \alpha_{jk} \cdot gx_k < 0 \qquad （\text{V.2.2}）$$

而各种不同物品的稳态增长率非零解有相反的正负号，则意味着在那 $n-m$ 个增长率非外生给定物品的稳态增长率解 gx_h 中，至少有一个要小于零。

如果任何增长率非外生给定的物品的生产都对所有增长率非外生给定的物品规模报酬不递增，则对任何增长率非外生给定的物品 j 都有：

$$\sum_{h=1}^{n-m} \alpha_{jh} \leqslant 1$$

将增长率非外生给定物品中稳态增长率解小于零且其绝对值最大的物品标为物品 l，它的稳态增长率解为 $gx_l < 0$，并由此得 $-gx_l > 0$。

由于 gx_l 在小于零的稳态增长率解中绝对值最大，因此，如果在稳态增长率解中所有的 gx_h 都小于零，则虽有 $\sum_{h=1}^{n-m} \alpha_{lh} \cdot gx_h < 0$，但是由于 $\sum_{n=1}^{n-m} \alpha_{lh} \leqslant 1$，必有 $\left| \sum_{h=1}^{n-m} \alpha_{lh} \cdot gx_h \right| \leqslant \left| \sum_{h=1}^{n-m} \alpha_{lh} \cdot gx_l \right| \leqslant -gx_l$。在这种情况下，$\sum_{h=1}^{n-m} \alpha_{lh} \cdot gx_h - gx_l \geqslant 0$，无法满足式（V.2.2）中的稳态增长条件。

如果某些其他物品 h 的稳态增长率解 gx_h 大于零，则可能出现两种情况：一种情况是由于某些 gx_h 大于零，$\sum_{h=1}^{n-m} \alpha_{lh} \cdot gx_h \geqslant 0$，此时必有 $\sum_{h=1}^{n-m} \alpha_{lh} \cdot gx_h - gx_l > 0$，式（V.2.2）中的稳态增长条件不可能得到满足；另一种情况是虽有 $\sum_{h=1}^{n-m} \alpha_{lh} \cdot gx_h < 0$，但是由于 gx_l 是小于零的 gx_h 中绝对值最大者，$\sum_{h=1}^{n-m} \alpha_{lh} \leqslant 1$，还

由于大于零和小于零的 gx_h 相互抵消，因此必有 $\left|\sum\limits_{h=1}^{n-m}\alpha_{lh}\cdot gx_h\right|<$ $\left|\sum\limits_{h=1}^{n-m}\alpha_{lh}\cdot gx_l\right|\leqslant -gx_l$，此时 $\sum\limits_{h=1}^{n-m}\alpha_{lh}\cdot gx_h-gx_l>0$，式（V.2.2）中的稳态增长条件也不可能得到满足。

综合以上三种可能的情况可知，在本命题所说的情况下，只要任何增长率非外生给定的物品的生产都对所有增长率非外生给定的物品规模报酬不递增，某些物品的稳态增长条件就不可能得到满足。从以上有关物品 l 的分析还可看出，在本命题所说的情况下，只有当物品 l 的生产对所有增长率非外生给定的物品规模报酬递增（即 $\sum\limits_{h=1}^{n-m}\alpha_{lh}>1$）时，物品 l 的稳态增长条件才可能得到满足。这也就是说，在本命题所说的情况下，只有当至少稳态增长率解的正负号与外生给定增长率相反且其绝对值最大的物品在生产上对所有增长率非外生给定的物品规模报酬递增时，不同物品的稳态增长率解才可能有相反的正负号。

证毕

注意： 至少有一种物品的生产对所有增长率非外生给定的物品规模报酬递增，这只是在有外生给定增长率的条件下不同物品稳态增长率解有相反的正负号的必要条件，而非其充分条件。例 17.2 表明，在至少有一种物品的生产对所有增长率非外生给定的物品规模报酬递增的条件下，有外生给定增长率时不同物品的稳态增长率非零解仍可能有相同的正负号。所有增长率非外生给定的物品的生产都对所有增长率非外生给定的物品规模报酬递增，才是有外生给定增长率时不同物品的稳态增长率非零解有相反的正负号的充分条件。

内生稳态增长模型的生产结构

例 19

戴维·罗默的宏观经济学教科书中，曾经分析了一个有物质资本 K、劳动 L 和技术 A 这三种自变量物品的经济，其中劳动的增长率 n 外生给定，最终产品 Y 的生产函数为 $Y(t) = \left[\left(1-\alpha_k\right) \cdot K(t)\right]^{\alpha} \cdot \left[A(t) \cdot \left(1-\alpha_L\right) \cdot L(t)\right]^{1-\alpha}$，$A$ 的生产函数则为 $\dfrac{\mathrm{d}A(t)}{\mathrm{d}t} = B \cdot \left[\alpha_k \cdot K(t)\right]^{\beta} \cdot \left[\alpha_L \cdot L(t)\right]^{\gamma} \cdot A(t)^{\theta}$。这两个公式中的 $B, \alpha, \alpha_K, \alpha_L, \beta, \gamma, \theta$ 都为大于零的给定常数。罗默据此导出 $\beta + \theta < 1$ 时该经济的稳态增长条件：

$$\begin{cases} gK^* = gA^* + n \\ \beta \cdot gK^* + \gamma \cdot n + (\theta - 1) \cdot gA^* = 0 \end{cases} \quad （例 19.A）$$

罗默还将上述两个稳态增长条件合并为（Romer, D., 1996，第三章第三节）：

$$gA^* = \frac{\beta + \gamma}{1 - (\theta + \beta)} \cdot n \quad （例 19.B）$$

这个稳态增长条件当然也是 $\beta + \theta \geqslant 1$ 时该经济的稳态增长条件。但是当 $\beta + \theta > 1$ 时，物品 A 的稳态增长率解必定与物品 L 的稳态增长率解 n 有相反的正负号。由于 n 是外生给定的增长率，所以 $\beta + \theta$ 是物品 A 的生产对所有增长率非外生给定的物品的规模报酬程度，$\beta + \theta > 1$ 意味着物品 A 的生产对所有增长率非外生给定的物品规模报酬递增。物品 A 的稳态增长率解与外生给定增长率 n 有相反的正负号，印证了命题 19 的第 2 点：当各种不同物品的稳态增长率非零解有相反的正负号时，至少有一种物品的生产对所有增长率非外生给定的物品规模报酬递增。

但是，有时也可以根据其他某些辅助性的标志来判断具有

$$\left(1-\sum_{i=1}^{n-1}\alpha_{ji}\right)<0$$ 特征的物品 j 是否可能在稳态增长率解上小于平均值，并据此预测模型的分析结果。

一个这样的辅助性标志是：

大致的判断标准 19

在一个折旧率不随时间而变化的正则生产函数经济中，如果物品 j 一方面在生产上全自变量规模报酬递增 $\left(\sum_{i=1}^{n}\alpha_{ji}>0\right)$ 且递增的程度相当大，另一方面该物品在稳态增长时对其本身生产的贡献率（ α_{jj} ）又足够接近1；特别地，如果该经济中同时有两种或两种以上物品处于这种物品 j 的情况下，则各种不同物品的稳态增长率如果有非零的解，它们极可能有不同的正负号。

这里可以为上述规则作一个大概的解释：

假设该经济中的稳态增长率有非零的解。根据式（I.10.3），第 j 种物品的稳态增长率解必须满足条件：

$$\left(1-\alpha_{jj}\right)\cdot gx_{j}^{*}(t)=\sum_{i=1}^{n}\alpha_{ji}\cdot gx_{i}^{*}(t) \text{ 其中 } i\neq j \quad （\text{V.4}）$$

定义"除第 j 种物品外的其他物品平均增长率"：

$$\overline{gx}_{ji}=\frac{\sum_{i=1}^{n}\alpha_{ji}\cdot gx_{i}^{*}(t)}{\sum_{i=1}^{n}\alpha_{ji}} \text{ 其中 } i\neq j \quad （\text{V.5}）$$

根据上式，式（V.4）可以转化为：

$$\left(1-\alpha_{jj}\right)\cdot gx_{j}^{*}(t)=\overline{gx}_{ji}\cdot\left(\sum_{i=1}^{n}\alpha_{ji}\right) \text{其中 } i\neq j \quad （\text{V.4.1}）$$

上式还可以变换为：

$$\frac{gx_j^*(t)}{\overline{gx}_{ji}} = \frac{\sum\limits_{i=1}^{n}\alpha_{ji}}{1-\alpha_{jj}} \text{ 其中 } i \neq j \qquad (\text{V}.4.2)$$

上式右边的 " $\dfrac{\sum\limits_{i=1}^{n}\alpha_{ji}}{1-\alpha_{jj}}$ 其中 $i \neq j$ " 是 "其他物品相对于第 i

种物品生产的规模报酬扩充度"，由于本命题只讨论 $\alpha_{jj} < 1$ 的
情况，该规模报酬扩充度在本命题讨论的情况中始终大于零。
由简单的推导可知，当 "其他物品相对于第 j 种物品生产的规
模报酬扩充度" 大于 1 时，第 j 种物品的生产是全自变量规模
报酬递增的；当该规模报酬扩充度小于 1 时，第 j 种物品的生
产是全自变量规模报酬递减的；而当该规模报酬扩充度等于 1
时，第 j 种物品的生产是全自变量规模报酬不变的。

式 (V.4.2) 表明，第 j 种物品的稳态增长率解与除它之外
其他物品的平均增长率之比等于其他物品相对于第 j 种物品生
产的规模报酬扩充度。由于本命题只讨论其他物品相对于第 i
种物品生产的规模报酬扩充度大于零的情况，根据式 (V.4.2)，
本命题中就只限于讨论下述情况：第 j 种物品的稳态增长率解
与其他物品的平均增长率正负号相同。这样，下面的讨论都基
于第 j 种物品的稳态增长率解与其他物品的平均增长率正负号
相同这个前提，在比较它们的绝对值时也以它们有相同的正负
号为前提。

在这种情况下，如果第 j 种物品的生产是全自变量规模报
酬递减的，则其他物品的规模报酬扩充度就会小于 1，第 j 种物
品的稳态增长率解在绝对值上将小于其他物品的平均增长率；
而如果第 j 种物品的生产是全自变量规模报酬递增的，则该物
品的稳态增长率解将在绝对值上大于其他物品的平均增长率。

这样，如果出现了本命题所讨论的情况，某个物品的生产上全自变量规模报酬递增程度相当大，该物品对其本身生产的贡献率又足够接近 1，则根据式（V.4.2），该物品的稳态增长率解在绝对值上将必须是其他物品平均增长率的许多倍。

如果稳态增长率的解只需考虑一种物品的稳态增长条件，上边所说的情况并不妨碍所讨论的物品与所有其他物品的稳态增长率解都有同样的正负号：无论该物品的稳态增长率解在绝对值上必须是其他物品平均增长率的多少倍，我们总可以为所有的物品找到一组稳态增长率解，其中的增长率一方面有相同的正负号，另一方面又保证使所考虑物品的稳态增长率解在绝对值上足够地大于其他物品的平均增长率。

但是在本命题中，我们必须为两个以上的物品考虑稳态增长条件。这样，就可能有两个以上的物品都出现上述情况：一方面，某物品的生产上全自变量规模报酬递增程度相当大；另一方面，该物品对其本身生产的贡献率又足够接近 1。记其中的一种物品为物品 k，另一种物品为物品 h。因为式（V.4.2）同样适用于这两种物品，非零的稳态增长率解就必须使下述两式同时成立：

$$\frac{gx_k^*(t)}{\overline{gx}_{ki}} = \frac{\sum\limits_{i=1}^{n}\alpha_{ki}}{1-\alpha_{kk}} \text{ 其中 } i \neq k \qquad （V.4.3）$$

$$\frac{gx_h^*(t)}{\overline{gx}_{hi}} = \frac{\sum\limits_{i=1}^{n}\alpha_{hi}}{1-\alpha_{hh}} \text{ 其中 } i \neq h \qquad （V.4.4）$$

根据以上两式，由于物品 k 和物品 h 在生产上全自变量规模报酬递增的程度都相当大，它们各自对其本身生产的贡献率又足够接近 1，如果该经济所有物品的稳态增长率非零解在正

内生稳态增长模型的生产结构

负号上都相同，则它们各自的稳态增长率解在绝对值上相对于

其他物品的平均增长率 $\left[\dfrac{gx_k^*(t)}{\overline{gx_{ki}}}\text{和}\dfrac{gx_h^*(t)}{\overline{gx_{hi}}}\right]$ 都必定大许多倍。

在上述两式中，物品 k 和物品 h 的两组投入的贡献率参数 α_{ki} 和 α_{hi} 可以说是相互独立地外生给定的。但是由于这两种物品处于同一个经济中且相互参与对方的生产，它们的稳态增长率解和其他物品的平均增长率都必定来源于同一组稳态增长率解。由式（V.5）可知，物品 k 的稳态增长率解 $gx_k^*(t)$ 必定以加权方式参与决定"除第 h 种物品外的其他物品平均增长率" $\overline{gx_{hi}}$，物品 h 的稳态增长率解 $gx_h^*(t)$ 也必定以加权方式参与决定"除第 k 种物品外的其他物品平均增长率" $\overline{gx_{ki}}$。这样，如果交叉生产贡献率 α_{hk} 和 α_{kh} 不是足够地接近零，那么在所有物品的稳态增长率解有相同的正负号的条件下，$gx_k^*(t)$ 在绝对值上相对于 $\overline{gx_{ki}}$ 非常大就会使 $\overline{gx_{hi}}$ 在绝对值上相对于 $gx_h^*(t)$ 相当大，而 $gx_h^*(t)$ 在绝对值上相对于 $\overline{gx_{hi}}$ 非常大也会使 $\overline{gx_{ki}}$ 在绝对值上相对于 $gx_k^*(t)$ 相当大。因此，如果所有物品的稳态增长率解有相同的正负号，则 $gx_k^*(t)$ 在绝对值上相对于 $\overline{gx_{ki}}$ 非常大就会使 $gx_h^*(t)$ 不可能在绝对值上相对于 $\overline{gx_{hi}}$ 非常大，式（V.4.3）和式（V.4.4）在本命题所说的条件下无法同时成立。

在这种情况下，如果物品 k 和物品 h 在生产上全自变量规模报酬递增的程度都相当大，它们各自对其本身生产的贡献率又足够接近 1，要使式（V.4）那样的稳态增长条件对物品 k 和物品 h 同时成立，就只有两个方法：或者是物品 k 和物品 h 的稳态增长率解以及其他物品的平均增长率都等于零，此时该经济的稳态增长率没有非零的解；或者是在另外还存在物品 k 和

物品 h 之外的第 3 种以致更多种物品的情况下，使物品 k 和物品 h 与它们之外的其他某些物品在稳态增长率解上有相反的正负号。在后一种情况下，存在着与物品 k 和物品 h 有正负号相反的稳态增长率解的物品，它们与物品 k 在稳态增长率解上的加权和构成了 $\overline{gx_{hi}}$，与物品 h 在稳态增长率解上的加权和构成了 $\overline{gx_{ki}}$。由于它们与物品 k 和物品 h 在稳态增长率解上正负号相反，在加权相加构成平均增长率时，就可以在 $gx_k^*(t)$ 的绝对值很高时使 $\overline{gx_{hi}}$ 的绝对值很小，同时又在 $gx_h^*(t)$ 的绝对值很高时使 $\overline{gx_{ki}}$ 的绝对值很小，从而使 $gx_k^*(t)$ 在绝对值上相对于 $\overline{gx_{ki}}$ 非常大与 $gx_h^*(t)$ 在绝对值上相对于 $\overline{gx_{hi}}$ 非常大同时成立。

对此很容易举出数字的例子。

例 19.1：两种物品报酬递增

某经济的最终产品生产函数是全自变量规模报酬递增的：

$Y = \left(s_{yk} \cdot K\right)^{0.8} \cdot \left(s_{yh} \cdot H\right)^{0.5} \cdot \left(s_{yl} \cdot L\right)^{0.3}$，其中 s_{ji} 为第 i 种自变量物品用于生产第 j 种物品的份额，K 为物质资本的存量。自变量物品 H 的生产函数也是全自变量规模报酬递增的：

$\dfrac{\mathrm{d}H}{\mathrm{d}t} = \left(s_{hk} \cdot K\right)^{0.6} \cdot \left(s_{hh} \cdot H\right)^{0.5} \cdot \left(s_{hl} \cdot L\right)^{0.2}$，而自变量物品 L 的增长率外生给定。各种物品都没有折旧。

按照本书第一章所说明的运算程序，我们可以解出最终产品及三种自变量物品的稳态增长条件，并且定义物品 L 为基准物品，将其外生给定的增长率标准化为 1，将物品 K 和最终产品的标准化稳态增长率解标为 k，记物品 H 的标准化稳态增长率解为 h。由此可知在稳态增长下，物品 K 和物品 H 的标准化稳态增长率必定是下述联立方程组的解：

内生稳态增长模型的生产结构

164

$$\begin{cases} (0.8-1) \cdot k + 0.5 \cdot h + 0.3 = 0 \\ 0.6 \cdot k + (0.5-1) \cdot h + 0.2 = 0 \end{cases} \qquad (\text{例 } 19.1)$$

由此解得 $k = -\dfrac{5}{4}, h = -\dfrac{11}{10}$，物品 k 和物品 h 的稳态增长率解在正负号上与基准物品相反。产生这样的稳态增长率解，当然是因为在上述联立方程组中，命题 17 所要求的各个条件都得到了满足，其中包括物品 k 的标准化稳态增长率（-1.25）小于除基准物品之外的所有物品平均的标准化稳态增长率

（$\overline{k}_{kn} = \dfrac{-\dfrac{5}{4} \cdot 0.8 - \dfrac{11}{10} \cdot 0.5}{0.8 + 0.5} \approx -1.1923$）。不过上述联立方程组也符合前面所说的出现不同符号的稳态增长率解的辅助性标志：一方面，物品 k 和物品 h 在生产上全自变量规模报酬递增且递增的程度相当大（$\sum\limits_{i=1}^{n} \alpha_{ki} = 1.6, \sum\limits_{i=1}^{n} \alpha_{hi} = 1.3$），另一方面物品 k 在稳态增长下对其本身生产的贡献率（α_{jj}）又相当接近 1（$\alpha_{kk} = 0.8$）。本例的设计故意使它的物品 h 稳态增长条件与例 17.2 中相同，只是改变了例 17.2 中物品 k 的稳态增长条件，使它反映的稳态增长下 k 的生产函数与例 17.2 中很不一样：从全自变量规模报酬不变改成了有很大报酬递增，物品 k 对其本身生产的贡献率也变成足够接近 1。这样的对比意在说明：仅仅一种物品生产函数的这样一种改变，就足以将有相同正负号的非零稳态增长率解变成正负号不同的非零稳态增长率解。

从判断标准 19 所做的分析中可以看出，其实有两种物品报酬递增且对本身生产的贡献率接近 1 只是不同物品稳态增长率解有不同正负号的充分条件。而只要有一种物品报酬递增且对本身生产的贡献率接近 1，不同物品稳态增长率解有不同正负号就具备了必要条件。即使其他物品在生产上全自变量规模报

酬递减或增长率外生给定，只要有一种物品在生产上报酬递增且对本身生产的贡献率足够接近 1，各种不同物品的稳态增长率解就可能具有不同的正负号。

例 19.2：只有一种物品报酬递增

某经济的最终产品生产函数是全自变量规模报酬递增的：

$Y = \left(s_{yk} \cdot K\right)^{0.9} \cdot \left(s_{yh} \cdot H\right)^{0.3} \cdot \left(s_{yl} \cdot L\right)^{0.2}$，其中 s_{ji} 为第 i 种自变量物品用于生产第 j 种物品的份额，K 为物质资本的存量。但是自变量物品 H 的生产函数却是全自变量规模报酬递减的：

$\dfrac{\mathrm{d}H}{\mathrm{d}t} = \left(s_{hk} \cdot K\right)^{0.3} \cdot \left(s_{hh} \cdot H\right)^{0.3} \cdot \left(s_{hl} \cdot L\right)^{0.3}$，而自变量物品 L 的增长率外生给定。各种物品都没有折旧。

按照本书第一章所说明的运算程序，我们可以解出最终产品及三种自变量物品的稳态增长条件，并且定义物品 L 为基准物品，将其外生给定的增长率标准化为 1，将物品 K 和最终产品的标准化稳态增长率解为 k，记物品 H 的标准化稳态增长率解为 h。由此可知在增长的稳态下，物品 K 和物品 H 的标准化稳态增长率必定是下述联立方程组的解：

$$\begin{cases} (0.9-1) \cdot k + 0.3 \cdot h + 0.2 = 0 \\ 0.3 \cdot k + (0.3-1) \cdot h + 0.3 = 0 \end{cases} \quad （例 19.2）$$

由此解得 $k = -\dfrac{23}{2}, h = -\dfrac{9}{2}$，物品 K 和物品 H 的稳态增长率解在正负号上与基准物品相反。在上述联立方程组中，命题 17 所要求的各个条件都得到了满足，其中包括物品 K 的标准化稳态增长率（−10.5）小于除基准物品之外的所有物品平均的

标准化稳态增长率（$\bar{k}_{kn} = \dfrac{-\dfrac{23}{2} \cdot 0.9 - \dfrac{9}{2} \cdot 0.3}{0.9 + 0.3} = -9.75$）。之所以

出现这种稳态增长率解，只不过是因为物品 K 在生产上全自变量规模报酬递增且递增的程度相当大（$\sum_{i=1}^{n}\alpha_{ki}=1.4$），同时物品 H 在稳态增长下对其本身生产的贡献率（α_{jj}）又足够接近 1（$\alpha_{kk}=0.9$）。

　　判断标准 19 所讨论的情况以至少一种物品的生产全自变量规模报酬递增为前提，它的结论必定适用于只有报酬递增物品而没有外生给定增长率的情况。但是第四章已经指出，当所有物品的生产都全自变量规模报酬递增而没有外生给定的增长率时，各种不同物品的稳态增长率非零解必定有不同的正负号，这时不需要满足判断标准 19 为稳态增长率非零解有不同正负号所提出的进一步要求。

　　命题 19 和判断标准 19 都适用于某些物品有外生给定增长率或并非报酬递增的情况。本章已经一再说明，原则上说，只要有某些物品的生产是全自变量规模报酬递增的，各种不同物品的稳态增长率解就有可能有不同的正负号；但只要不是各种物品的生产都全自变量规模报酬递增，各种不同物品的稳态增长率解也可能有相同的正负号。命题 19 和判断标准 19 都进一步说明了，在有些物品报酬递增、另一些物品报酬不递增的情况下，什么条件会使各种不同物品的非零稳态增长率解必定有不同的正负号，它们进一步印证了本章开头的论点：报酬递增物品的存在使各种不同物品的非零稳态增长率解有不同正负号成为可能。

　　基于本书过去多次重复过的理由，在命题 19 和判断标准 19 所说的情况下，非零的稳态增长率解也不可能是该经济的稳态增长率；该经济具有某些物品的增长率小于零的稳态增长率非零解，这多半标志着这个经济没有真正的稳态增长率，将陷入增长率不断提高的爆炸性增长。

大卫·罗默的宏观经济学教科书中，曾经分析了一个有物质资本 K、劳动 L 和技术 A 这三种自变量物品的经济，其中 A 的生产函数为 $\dfrac{\mathrm{d}A(t)}{\mathrm{d}t} = B \cdot \left[\alpha_K \cdot K(t)\right]^{\beta} \cdot \left[\alpha_L \cdot L(t)\right]^{\gamma} \cdot A(t)^{\theta}$，而式中的 $B, \alpha_K, \alpha_L, \beta, \gamma, \theta$ 都为大于零的给定常数。这个公式中的就是本命题说的自变量物品对其本身生产的贡献率 α_{ii}。按罗默所说的该经济的最终产品生产函数，该经济物质资本的稳态增长率 gK^*、技术水平的稳态增长率 gA^* 和外生给定的人口增长率 n 的数值之间必须满足等式 $gK^* = gA^* + n$。在这样一些前提条件下，罗默说明，当 $n > 0$ 且 $\beta + \theta > 1$ 时，该经济的最终产品、物质资本和技术水平的增长率都将不断上升（Romer，D.，1996，第三章第三节）。

根据罗默给出的技术水平 A 的生产函数，可知技术水平的稳态增长率必须满足条件 $\beta \cdot gK^* + \gamma \cdot n + (\theta - 1) \cdot gA^* = 0$。可以将这个稳态增长条件标准化为 $\beta \cdot \dfrac{gK^*}{n} + (\theta - 1) \cdot \dfrac{gA^*}{n} = -\gamma$。由此可得除基准物品之外的所有物品平均的标准化稳态增长率 $\bar{k}_{An} = \dfrac{gK^* \cdot \beta + gA^* \cdot \theta}{\beta + \theta} \cdot \dfrac{1}{n}$，再代入物质资本的稳态增长条件 $gK^* = gA^* + n$，可得 $\bar{k}_{An} = \dfrac{gA^* \cdot (\beta + \theta)}{\beta + \theta} \cdot \dfrac{1}{n} + \dfrac{\beta \cdot n}{\beta + \theta} \cdot \dfrac{1}{n} = \dfrac{gA^*}{n} + \dfrac{\beta}{\beta + \theta}$。显然当 β 和 θ 都大于零时，技术水平 A 的标准化稳态增长率 $\dfrac{gA^*}{n}$ 小于除基准物品之外的所有物品平均的标准化稳态增长率 $\bar{k}_{An}$。如果再有 $\beta + \theta > 1$，命题 19 对技术水平稳态增长

率的非零解与基准物品的稳态增长率解正负号相反所规定的条件就都得到满足。而罗默的分析证明了，当技术水平与人口在稳态增长率解上有不同正负号时（即 $\beta+\theta>1$，β 和 θ 都大于零），该经济的最终产品、物质资本和技术水平的增长率都将不断上升。在罗默所举的例子中，具有某些物品的增长率小于零的稳态增长率非零解，确实标志着该经济没有真正的稳态增长率，会陷入增长率不断上升的爆炸性增长。

第四节　稳态增长率解正负号相反的连锁效应

如果所有物品对本身生产的贡献率都小于 1，则稳态增长率解正负号相反有连锁效应：第一种物品与第二种物品的稳态增长率解正负号相反，会要求第三种物品也与第二种物品的稳态增长率解正负号相反：

命题 20

在一个折旧率不随时间而变化的正则生产函数经济中，如果自变量物品 j 对其本身生产的贡献率小于 1（即 $\alpha_{jj}<1$），则当该物品的稳态增长率解与物品 i 的稳态增长率解正负号相反时，必定至少还有另外一种自变量物品与物品 i 有相反的稳态增长率解正负号。

证

根据式（V.4），第 j 种物品的稳态增长率必须满足条件：

$$\left(1-\alpha_{jj}\right)\cdot gx_j^*(t)=\sum_{i=1}^{n}\alpha_{ji}\cdot gx_i^* \text{ 其中 } i\neq j$$

假设上述等式左边的 gx_j^* 小于零，该式右边至少有一个 gx_i^* 大于零，这两个稳态增长率解正负号相反。由于 $\alpha_{jj}<1$，当该

等式左边的 gx_j^* 小于零时，该式左边小于零。而由于所有的 α_{ji} 都大于或等于零，如果等式右边的任何其他 gx_i^* 都不小于零，则等式（V.4）将不能成立，稳态增长的条件将得不到满足。

证毕

例 14 中大于零和小于零的稳态增长率解各有两个，例 17.1、例 19.1 和例 19.2 中与外生给定增长率正负号相反的稳态增长率解各有两个，这些都是命题 20 的例证。

第五节　爆炸性增长：稳态增长率解正负号相反的动态含义

命题 2 已经说明，在一个严格正则生产函数经济中，任何物品的增长率都不可能小于零。第一章第四节据此说明，当各种不同物品的稳态增长率解必须有相反的正负号时，一个严格正则生产函数经济不可能有非零的稳态增长率。本节将进一步证明，在一个严格正则生产函数经济中，当各种不同物品的稳态增长率解有相反的正负号而某些物品的增长率大于零时，该经济最终将陷入爆炸性增长——各种增长率非外生给定物品的增长率有越来越高的趋势。

为证明这一论点，首先可以作一些预备性的分析。根据按物品 j 计算的平均增长率定义，可以将式（I.9.12）中物品 j 增长率的增长率公式变换为：

$$\frac{\dfrac{\mathrm{d}\left(gx_j\right)}{\mathrm{d}t}}{gx_j} = \sum_{i=1}^{n}\alpha_{ji} \cdot gx_i - gx_j = r_i \cdot \left(A_j g\overline{x} - \frac{gx_j}{r_j}\right) \quad r_j > 0$$

（V.3.1）

由上式可知，如果 $A_j \overline{gx} > \dfrac{gx_j}{r_j}$，物品 j 的增长率会上升；

如果 $A_j \overline{gx} < \dfrac{gx_j}{r_j}$，物品 j 的增长率会下降。当 $A_j \overline{gx} = \dfrac{gx_j}{r_j}$ 时，物品 j 的增长率不变。

根据式（V.3.1），如果所有物品的增长率都等于零，就必

然有 $A_j \overline{gx} = \dfrac{gx_j}{r_j}$。此时所有物品增长率的增长率都等于零。这又证明了第一章第四节所说的原理：所有物品的增长率都为零是一个满足稳态增长条件的稳态增长率解。

由于在严格正则生产函数经济中不可能有小于零的增长率，以下根据式（V.3.1）所讨论的增长率动态将只限于任何物品的增长率都不小于零的情况。

如果物品 j 的生产是全自变量规模报酬不变的，就有 $r_j = 1$。在这种情况下，根据式（V.3.1），如果该物品的增长率高于按该物品计算的平均增长率，该物品的增长率会下降；如果该物品的增长率低于按该物品计算的平均增长率，该物品的增长率则会上升；若该物品的增长率正好等于其平均增长率，该物品的增长率就不变。这是一个典型的具有稳定性的负反馈机制。其他物品增长率的改变也会影响该报酬不变物品增长率的变化，其机制可以很容易地由式（V.3.1）导出。如果所有的物品都全自变量规模报酬不变，则当所有物品有相同的增长率时，每种物品的增长率都会等于其平均增长率，任何物品的增长率都不会再改变。这就恰好是第二章所说的报酬不变条件下的稳态。

如果物品 j 的生产全自变量规模报酬递减，就会有 $r_j < 1$。根据式（V.3.1），在这种情况下，只要该报酬递减物品的增长

率不低于其平均增长率，该物品的增长率就会下降。即使报酬递减物品的增长率已经低于其平均增长率，在一定范围内（在仍有 $A_j \overline{gx} < \dfrac{gx_j}{r_j}$ 的范围内），报酬递减物品的增长率仍会下降。哪怕是该报酬递减物品的增长率已经是各种物品增长率中最低的，它仍然可能处于这个增长率继续下降的范围内。

  这样，如果所有物品都在生产上全自变量规模报酬递减，则增长率较高的物品都会不断降低其增长率，增长率最低的物品有可能提高其增长率，但也可能降低其增长率。而在所有物品都有相同增长率时，所有物品增长率都会降低，因为此时所有物品的增长率都会等于其平均增长率，而根据式（V.3.1），报酬递减物品在其增长率不低于按它计算的平均增长率时增长率会降低。这种动态将导致所有物品的增长率都逐渐降低，而且在降至所有物品的增长率都为零之前，这个过程不会停止。这就从动态上证明了第三章中的命题10：如果所有的物品都在生产上全自变量规模报酬递减，则所有物品的增长率都为零是唯一的稳态增长率解。

  如果物品 j 的生产全自变量规模报酬递增，就会有 $r_j > 1$。根据式（V.3.1），在这种情况下，只要该报酬递增物品的增长率不高于其平均增长率，该物品的增长率就会上升。即使报酬递增物品的增长率已经高于其平均增长率，在一定范围内（在仍有 $A_j \overline{gx} > \dfrac{gx_j}{r_j}$ 的范围内），报酬递增物品的增长率仍会上升。哪怕是该报酬递增物品的增长率已经是各种物品增长率中最高的，它仍然可能处于这个增长率继续上升的范围内。

  如果一个经济中除了存在着报酬递增物品之外，还存在着报酬递减、报酬不变或者增长率外生给定的物品，则该经济的

增长率动态将出现很复杂的情况。在生产贡献率 α_{ji} 的某些组合

下，可能出现下列情况：报酬递增物品达到了 $A_j g \bar{x} = \dfrac{g x_j}{r_j}$ 的状

态，此时报酬递增物品的增长率高于其平均增长率，而低于其
平均增长率的物品具有外生给定的增长率。这是第四章第三节
讨论的只有报酬递增物品与外生给定增长率而所有物品都有正
的稳态增长率的情况，显然此时报酬递增物品都有高于外生给
定增长率的稳态增长率。

且可能出现这样的情况：报酬递增物品和报酬递减物品都

达到了 $A_j g \bar{x} = \dfrac{g x_j}{r_j}$ 的状态，此时报酬递增物品的增长率高于其

平均增长率，而报酬递减物品的增长率低于其平均增长率。这
时整个经济进入了稳态增长，显然稳态增长率最高的物品在生
产上全自变量规模报酬递增，而稳态增长率最低的物品则全自
变量规模报酬递减。这就是本书第六章讨论的稳态增长率解全
都大于零的情况中最主要的一种：各种不同物品的生产既有全
自变量规模报酬递增的，也有报酬递减的。

当然，在不同物品的生产既有全自变量规模报酬递增、也
有全自变量规模报酬递减的严格正则生产函数经济中，各种不
同物品的稳态增长率解不一定都能大于零。在不同物品的生产
既有全自变量规模报酬递增、也有全自变量规模报酬递减的严
格正则生产函数经济中，某些情况下各种不同物品的稳态增长
率非零解可能正负号相反。在下面对命题 21 的证明过程中将会
讨论这种情况。

命题 21

在一个严格正则生产函数经济中，如果所有外生给定的增

长率都大于零，所有的物品都参与除增长率外生给定的物品之外的任何其他物品的生产，则当各种不同物品的稳态增长率非零解有相反的正负号而某些物品的增长率大于零时，该经济最终将陷入爆炸性增长——每种增长率非外生给定物品的增长率都有越来越高的趋势。

证

由于所有的物品都参与除增长率外生给定的物品之外的任何其他物品的生产，对任何增长率非外生给定的物品 j 就都有 $\alpha_{ji} > 0$。

第一章的命题 2 和第四节已经说明，在一个严格正则生产函数经济中，任何物品的增长率都不可能小于零，因此当这个经济中各种不同物品的稳态增长率解必须有相反的正负号时，它就不可能有非零的稳态增长率。这样，在本命题所讨论的情况下，不仅任何物品的增长率都不可能小于零，而且也不会出现增长率小于零的物品会变向增长率大于零而增长率不小于零的物品增长率都不变的情况，因为增长率的这种变化动态意味着不同物品的稳态增长率解正负号不相反，这不是本命题所要讨论的情况。

因此，在本命题所讨论的情况中，既不会有各种物品的增长率最终都收敛到零，也不会有所有物品的增长率最终各自收敛到某一大于零的正数或零。这是因为，如果各种物品的增长率最终都会收敛到零，该经济的稳态增长率就只有零解；如果所有物品的增长率最终各自收敛到某一大于零的正数或零，该经济的稳态增长率就会有正数解。这些都不涉及本命题要讨论的情况——只有正负号不同的稳态增长率非零解。

在这样的前提下，我们可以清楚地确定各种不同物品在长期中的变动趋势。在以下的讨论中，当我们谈到某种物品的增长率"趋于下降"时，我们指的是该物品的增长率在长期中有下降的趋势。这意味着，该物品的增长率在其动态变化过程中虽然可能出现暂时的上升，但是在暂时的上升之后会降得更低：某物品的增长率在降到 k 之后出现暂时的上升，但在上升之后又下降，并且最终会下降得低于 k。仿此，我们可以定义一物品的增长率"趋于上升"（在长期中有上升的趋势）和"趋于不变"（在长期中有不变的趋势）。

在本命题所讨论的情况下，显然不可能是所有物品的增长率在长期中都有下降的趋势。这是因为，如果所有物品的增长率在长期中都有下降的趋势，最终的结果就必定是：或者是某些物品的增长率变为小于零，这在本命题所讨论的情况下是不可能出现的；或者是所有物品的增长率都各自收敛到某一不小于零的数值上去——这套全都不小于零的数值可能全都等于零，也可能有某一些大于零。在后面这类情况下，各种不同物品的稳态增长率解都不会正负号相反。这就不是本命题所要讨论的情况——只有正负号不同的稳态增长率非零解。

在本命题所讨论的情况下，也不可能是某些物品的增长率在长期中有不变或上升的趋势，而另一些物品的增长率在长期中有下降的趋势：

如果某些物品的增长率趋于不变而其他物品的增长率都趋于下降，则增长率趋于下降的物品最终不是变为增长率小于零，就是其增长率收敛到某一不小于零的数值。在后一种情况下，所有物品的增长率都会各自收敛到某一不小于零的数值上去。这两种情况都不是本命题所要讨论的情况。

如果有任何物品的增长率趋于上升而某些其他物品的增长率趋于下降，则由于任何物品的增长率都不会小于零，且所有

第五章　稳态增长率解有不同正负号

的物品都参与除增长率外生给定的物品之外的任何其他物品的生产，对任何增长率非外生给定的物品 j，最终都会有其平均增长率 $A_j g\bar{x}$ 大于零。在这种情况下，由于有至少一种物品的增长率会始终大于零（它不小于零且趋于上升），对任何增长率趋于下降的物品 j 来说，最终都会有 $A_j g\bar{x} > \dfrac{g x_j}{r_j}$，此后该物品的增长率将趋于上升。这就说明，在本命题所讨论的情况下，某些物品的增长率趋于上升而某些其他物品的增长率趋于下降的动态不可能永远持续下去，它最后一定会转变为除增长率外生给定物品之外的所有物品的增长率都趋于上升。

以上讨论已经证明，在本命题所讨论的情况下，不可能是所有物品的增长率在长期中都有下降的趋势，也不可能是某些物品的增长率在长期中有不变或上升的趋势，而另一些物品的增长率在长期中有下降的趋势。这样，在本命题所讨论的情况下，如果不是除增长率外生给定物品之外的所有物品的增长率都趋于上升，就只剩下一种可能性：所有增长率非外生给定物品的增长率都不小于零且在某个范围内波动，但它们却永远不会各自收敛到某一不小于零的数值上。

以下我们将证明，在一个有 n 种物品的经济中，如果所有增长率非外生给定物品的增长率都不小于零但在某个范围内波动，而它们又永远不会各自收敛到某一不小于零的数值上，则该经济将有各种物品的增长率都不小于零的稳态增长率解。

假定在有 n 种物品的经济中，物品 j 的增长率 $g x_j$ 不小于零但在不小于 l_j 和不大于 h_j 的范围内波动，而它又永远不会收敛到某一不小于零的数。我们可以为该物品定义"增长率的相对高度"：

$$p_j(t) = \frac{h_j - gx_j(t)}{h_j - l_j} \qquad (\text{V.6})$$

在上式中，显然有 $h_j > 0, l_j \geqslant 0$。由于 $h_j \geqslant gx_j(t) \geqslant l_j$，恒有 $1 \geqslant p_j(t) \geqslant 0$。由式（V.6）可知：

$$gx_j(t) = h_j - p_j(t) \cdot \left(h_j - l_j\right) \qquad (\text{V.6.1})$$

如果该经济有 m 种增长率非外生给定物品，其中每种物品的增长率都不小于零但在某一范围内波动，而它又永远不会收敛到某一不小于零的数值上，我们就可以为这 m 种物品中的每一种物品 j 都定义一个增长率的相对高度 $p_j(t)$。这 m 个变量组成了一个 m 维的向量 $p(t)$。由于对每个 $p_j(t)$ 都恒有 $1 \geqslant p_j(t) \geqslant 0$，向量 $p(t)$ 必处于一个单位单纯型（unit simplex）内。

由向量 $p(t)$ 可以构造一个连续函数：

$$
\begin{aligned}
f_j(p(t)) &= \frac{h_j}{h_j - l_j} - \left(h_j - l_j\right)^{-1} \cdot \left[h_j - p_j(t) \cdot \left(h_j - l_j\right)\right] \cdot \\
&\quad \left(1 + \left\{\sum_{i=1}^{n} \alpha_{ji} \cdot \left[h_i - p_i(t) \cdot \left(h_i - l_i\right)\right]\right\} - \left[h_j - p_j(t) \cdot \left(h_j - l_j\right)\right]\right) \\
&= \left(h_j - l_j\right)^{-1} \left\{h_j - gx_j(t) \cdot \left[1 + \sum_{i=1}^{n} \alpha_{ji} \cdot gx_i(t) - gx_j(t)\right]\right\} \\
&= \left(h_j - l_j\right)^{-1} \cdot \left\{h_j - gx_j(t) \cdot \left[1 + \frac{\dfrac{\mathrm{d}\left(gx_j(t)\right)}{\mathrm{d}t}}{gx_j(t)}\right]\right\} \\
&= \frac{h_j - gx_j(t) - \dfrac{\mathrm{d}\left(gx_j(t)\right)}{\mathrm{d}t}}{h_j - l_j}
\end{aligned}
$$

$$(\text{V.6.2})$$

上述 $f_j(p(t))$ 定义后的简化过程利用了式（1.9.12）

中的 $\dfrac{\dfrac{\mathrm{d}(gx_j(t))}{\mathrm{d}t}}{gx_j(t)}$ 定义、式（1.9.9）中的 $\dfrac{\mathrm{d}(gx_j(t))}{\mathrm{d}t}$ 定义，以及式

（1.9.5）中严格正则生产函数下 $gx_j(t)=\dfrac{z_j(t)}{x_j(t)}$ 的性质。

在上述 $f_j(p(t))$ 的定义中，n 种物品 i 中也包括了增长率外生给定的物品。对这些增长率外生给定的物品 i，这里简单地将与其对应的 $h_i-p_i(t)\cdot(h_i-l_i)$ 定义为常数——其外生给定的增长率 gx_i。

由于恒有 $h_j\geqslant gx_j(t)\geqslant l_j$，就也恒有 $h_j\geqslant gx_j(t)+\dfrac{\mathrm{d}(gx_j(t))}{\mathrm{d}t}\geqslant l_j$，这就决定了对任何物品 j，都恒有 $1\geqslant f_j(p(t))\geqslant 0$。

我们可以为 m 种增长率非外生给定物品中的每一种物品 j 都定义一个这样的函数 $f_j(p(t))$。这 m 个变量组成了一个 m 维的向量 $f(p(t))$。由于对每个 $f_j(p(t))$ 都恒有 $1\geqslant f_j(p(t))=0$，向量 $f(p(t))$ 必处于一个单位单纯型内。

根据布劳威尔不动点定理（Brouwer fixed-point theorem），如果 $f(p): s^m \to s^m$ 是一个从单位单纯型到其自身的连续函数，则该函数至少有一个不动点，即在该单位单纯型上存在着一点 p 使得 $p=f(p)$。

将该不动点上的 p 标为 p^*。由不动点的定义可知，对每一种增长率非外生给定的物品 j，在不动点上都必有：

$$p_j^*(t)=f_j\left(p^*(t)\right) \qquad (\text{V}.6.3)$$

根据 $p_j(t)$ 和 $f_j(p(t))$ 的定义，式（V.6.3）意味着：

内生稳态增长模型的生产结构

$$\frac{h_j - gx_j(t)}{h_j - l_j} = \frac{h_j - gx_j(t) - \dfrac{\mathrm{d}\big(gx_j(t)\big)}{\mathrm{d}t}}{h_j - l_j}$$

要满足上述等式，就必须有 $\dfrac{\mathrm{d}\big(gx_j(t)\big)}{\mathrm{d}t} = 0$。

还可以根据 $f_j\big(p(t)\big)$ 的定义，将式（V.6.3）化为：

$$p_j(t) = \frac{h_j}{h_j - l_j} - \big(h_j - l_j\big)^{-1} \cdot \Big[h_j - p_j(t) \cdot \big(h_j - l_j\big)\Big] \cdot$$
$$(1 + \Big\{\sum_{i=1}^{n} \alpha_{ji} \cdot \big[h_j - p_i(t) \cdot (h_i - l_i)\big]\Big\} -$$
$$\Big[h_j - p_j(t) \cdot \big(h_j - l_j\big)\Big])$$

上式可以变换为：

$$h_j - p_j(t) \cdot \big(h_j - l_j\big) = \Big[h_j - p_j(t) \cdot \big(h_j - l_j\big)\Big] \cdot$$
$$(1 + \Big\{\sum_{i=1}^{n} \alpha_{ji} \cdot \big[h_j - p_i(t) \cdot (h_i - l_i)\big]\Big\} -$$
$$\Big[h_j - p_j(t) \cdot \big(h_j - l_j\big)\Big])$$

该式又可以根据 $gx_j(t)$ 的定义变换为：

$$gx_j(t) = gx_j(t) \cdot \left[1 + \sum_{i=1}^{n} \alpha_{ji} \cdot gx_i(t) - gx_j(t)\right]$$

上式意味着：

$$1 = 1 + \sum_{i=1}^{n} \alpha_{ji} \cdot gx_i(t) - gx_j(t)$$

或

$$\sum_{i=1}^{n} \alpha_{ji} \cdot gx_i(t) = gx_j(t)$$

这正是严格正则生产函数经济中物品 j 的稳态增长条件，

它意味着 $\dfrac{\mathrm{d}\big(gx_j(t)\big)}{\mathrm{d}t}=0$。在上述 $p^{*}=f\big(p^{*}\big)$ 的不动点上，对每一个增长率非外生给定的物品来说，上述条件都得到了满足。显然，与这样一个不动点相对应的各种物品的增长率不仅构成了一个稳态增长率解，而且其中每种物品的增长率都不会小于零。

上述的分析证明，如果所有增长率非外生给定物品的增长率都不小于零但在某个范围内波动，而它们又永远不会各自收敛到某一不小于零的数值上，则该经济将有各种物品的增长率都不小于零的稳态增长率解，各种不同物品的稳态增长率非零解不必有相反的正负号。

这样，上述的全部讨论证明，在一个严格正则生产函数经济中，如果所有外生给定的增长率都大于零，所有的物品都参与除增长率外生给定的物品之外的任何其他物品的生产，则当各种不同物品的稳态增长率非零解有相反的正负号而某些物品的增长率大于零时，各种不同物品增长率变化的下述动态都是不可能的：所有物品的增长率在长期中都有下降的趋势；或者某些物品的增长率在长期中有不变或上升的趋势，而另一些物品的增长率在长期中有下降的趋势；或者所有增长率非外生给定物品的增长率都不小于零而在某个范围内波动，但它们却永远不会各自收敛到某一不小于零的数值上。这样，在本命题所讨论的情况下就只有一种可能性：除增长率外生给定物品之外的所有物品的增长率在长期中都趋于上升。

根据命题 19，在一个折旧率不随时间而变化的正则生产函数经济中，只要所有的物品都参与除增长率外生给定的物品之外的任何其他物品的生产，则当不同物品的稳态增长率解有不同的正负号时，该经济中至少有一种物品的生产是全自变量规模报酬递增的。这意味着在本命题所讨论的情况下，至少有一种物品的生产是全自变量规模报酬递增的。报酬递增物品的存在使得各种不同物品的增长率都同时上升成为可能。

根据式（V.3.1），无论物品 j 在生产上全自变量规模报酬递增还是不递增，其增长率要上升，都必须满足条件 $A_j g\bar{x} > \dfrac{g x_j}{r_j}$。但是根据本节开头所做的分析，对于报酬不递增物品，这意味着其增长率不能高于其平均增长率；而对于全自变量规模报酬递增物品，增长率在一定限度内高于其平均增长率时也可以满足这个条件。当报酬递增物品的增长率适当高于报酬递减物品时，完全可能同时满足上述两个条件。

而且只要各种物品增长率上升的速度适当，也完全可以永远对所有物品都同时满足上述条件。这时一方面是报酬递增物品和报酬递减物品的增长率都不断上升（不等式 $A_j g\bar{x} > \dfrac{g x_j}{r_j}$ 的右边不断上升），另一方面则是各种物品增长率的上升又使按每一种物品计算的平均增长率不断上升（不等式 $A_j g\bar{x} > \dfrac{g x_j}{r_j}$ 的左边不断上升），以致这个不等式本身对任何增长率非外生给定物品都永远成立。在这种情况下就出现了增长率逐渐上升的爆炸性增长。

证毕

命题 21 的一个最显著例证是所有物品的生产都全自变量规模报酬递增的情况。

在式（V.3.1）之后所做的分析已经说明，只要报酬递增物品的增长率不高于其平均增长率，该物品的增长率就会上升。

即使报酬递增物品的增长率已经高于其平均增长率，在一定范围内（即在仍有 $A_j g\bar{x} > \dfrac{gx_j}{r_j}$ 的范围内），报酬递增物品的增长率仍会上升。哪怕是该报酬递增物品的增长率已经是各种物品增长率中最高的，它仍然可能处于这个增长率继续上升的范围内。

根据以上原理，当所有物品都在生产上全自变量规模报酬递增、没有外生给定增长率时，如果所有物品都有相同的增长率，则所有物品的增长率都会等于其平均增长率，而每一种物品的增长率都将上升。如果各种物品有不同的增长率，则增长率较低的物品都将不断提高其增长率。即使有少数增长率最高的物品逐渐降低其增长率，这些物品在其增长率降到低于所有其他物品之前也会转向提高增长率，因为报酬递增物品在增长率降到低于其平均增长率之前增长率就会转向上升。这样，如果一个严格正则生产函数经济中的所有物品都在生产上全自变量规模报酬递增，该经济在某些物品有大于零的增长率之后就会陷入最低的增长率不断上升的局面。

而推论14已经说明，在所有物品的生产都全自变量规模报酬递增的严格正则生产函数经济中，各种不同物品稳态增长率的非零解必定有不同的正负号。这样，正负号不同的稳态增长率解只不过暗示了一种增长率不断上升的爆炸性增长。

还可以从另一个角度来印证命题21：只要加上增长率不能低于零的限制条件，各种不同物品的稳态增长率解有相反正负号的稳态增长率解就会转化为各种非外生给定的增长率都上升的情况。

将一个 n 种物品的稳态增长率解标为 $gx^*(gx_1^*, gx_2^*, \cdots, gx_n^*)$，

内生稳态增长模型的生产结构

在这 n 个 gx_i 中，有的大于零，有的小于零。如果在这 n 种物品中有增长率外生给定的物品，则根据命题 21 的前提条件，这些外生给定的增长率都不小于零。将稳态增长率解 $gx^*(gx_1^*, gx_2^*, \cdots, gx_n^*)$ 中所有小于零的稳态增长率解都变为零，就得到一个完全由正的稳态增长率解和零组成的增长率向量

$$gx'\left(gx_1', gx_2', \cdots, gx_n'\right), \quad \text{其中 } gx_i' = \begin{cases} gx_i^*, gx_i^* \geqslant 0 \\ 0, \quad gx_i^* < 0 \end{cases} \text{。}$$

在增长率向量 gx' 之下，增长率非外生给定的各种物品增长率的变动可以分两种情况：

一种情况是物品 j 本身的稳态增长率解不小于零，此时 $gx_j' = gx_j^*$。由于其他物品的稳态增长率解 gx_i^* 中小于零的那些在 gx' 中都变为零，就必有 $\sum_{i=1}^{n} \alpha_{ji} \cdot gx_i' > \sum_{i=1}^{n} \alpha_{ji} \cdot gx_g^*$。这样就使：

$$\frac{\dfrac{d\left(gx_j'\right)}{dt}}{gx_j'} = \sum_{i=1}^{n} \alpha_{ji} \cdot gx_i' - gx_i' > \sum_{i=1}^{n} \alpha_{ji} \cdot gx_i^* - gx_j^* = 0$$

在这种情况下，物品 j 的增长率将不断上升。

另一种情况是物品 j 的稳态增长率解 gx_j^* 小于零，此时 $gx_j' = 0$。由于其他物品的稳态增长率解 gx_i^* 中有某些大于零，增长率向量 gx' 中与其相对应的分量就大于零，而 gx' 中的其他分量则等于零，因此有 $\sum_{i=1}^{n} \alpha_{ji} \cdot gx_i' > 0$。这样，这种情况下必有：

$$\frac{\dfrac{d\left(gx_j'\right)}{dt}}{gx_j'} = \sum_{i=1}^{n} \alpha_{ji} \cdot gx_i' - gx_j' = \sum_{i=1}^{n} \alpha_{ji} \cdot gx_i' > 0$$

在这种情况下，物品 j 的增长率也将不断上升。

综合以上分析可知，只要在各种不同物品的稳态增长率解有相反正负号的稳态增长条件中加上增长率不能低于零的限制条件，就会出现增长率非外生给定的各种物品的增长率都不断上升的爆炸性增长。在这里，正负号不同的稳态增长率解也只是暗示了许多物品的增长率都上升的爆炸性增长。

例21

例16.2转述了戴维·罗默在其宏观经济学教科书中分析的一个经济，其中只有劳动 L 和技术 A 这两种自变量物品，L 的增长率 n 又外生给定。罗默根据 A 的生产函数推出的技术水平 A 的稳态增长条件为 $gA = \dfrac{\gamma \cdot n}{1 - \theta}(\gamma, \theta > 0)$，而该经济中最终产品的增长率则为 $gY = gA + n$。当 $\theta > 1$ 时，物品 A 的稳态增长率解必定与人口增长率 n 正负号相反。这时如果人口增长率 n 大于零，物品 A 的稳态增长率解就必定小于零。

戴维·罗默在他的书中做了详细的分析，说明当 $\theta > 1$ 时，该经济的增长率以及自变量物品 A 的增长率都将不断上升。这是一个典型例子，说明当各种不同物品的非零稳态增长率解有不同的正负号时，这种稳态增长率解不可能是严格正则生产函数经济的稳态增长率，该严格正则生产函数经济将没有非零的稳态增长率，而且至少在所有物品都投入增长率非外生给定物品的生产时会陷入增长率不断上升的爆炸性增长。

例19中转述了戴维·罗默在其宏观经济学教科书中分析的另一个经济，该经济有物质资本 K、劳动 L 和技术 A 这三种自变量物品，其中劳动的增长率 n 外生给定，A 的生产函数则为 $\dfrac{\mathrm{d}A(t)}{\mathrm{d}t} = B \cdot \left[\alpha_K \cdot K(t)\right]^\beta \cdot \left[\alpha_L \cdot L(t)\right]^\gamma \cdot A(t)^\theta$，式中的

$B, \alpha_K, \alpha_L, \beta, \gamma, \theta$ 都为大于零的给定常数。罗默为该经济导出的 $\beta + \theta < 1$ 时的稳态增长条件为 $gA^* = \dfrac{\beta + \gamma}{1 - (\theta + \beta)} \cdot n$，而这也是 $\beta + \theta \geqslant 1$ 时该经济的稳态增长条件。但是当 $\beta + \theta > 1$ 时，物品 A 的稳态增长率解必定与物品 L 的稳态增长率解 n 有相反的正负号。如果 n 大于零，$\beta + \theta > 1$ 时物品 A 的稳态增长率解就只能小于零。

戴维·罗默在他的教科书中做了详细的分析，说明当 $n > 0$ 且 $\beta + \theta > 1$ 时，该经济的最终产品、物质资本和技术水平的增长率都将不断上升（Romer, D., 1996，第三章第三节）。但是在这种情况下，物品 A 的稳态增长率解却与人口增长率 n 的正负号相反。这是命题 21 的又一个例证，说明了在一个严格正则生产函数经济中，各种物品具有正负号不同的稳态增长率解只不过暗示着会出现许多物品的增长率都上升的爆炸性增长。

戴维·罗默在其教科书中所举的这两个例子都表明，一个严格正则生产函数经济具有某些物品的增长率小于零的稳态增长率非零解，确实标志着该经济没有真正的非零稳态增长率，会陷入增长率不断上升的爆炸性增长。

第六章 稳态增长率解 正负号相同的情况

内生稳态增长模型的生产结构

　　本章所研究的稳态增长率解正负号相同的情况，是不同的物品稳态增长率解互不相等，它们各自有不同的绝对值。第二章已经指出，如果所有物品的生产都全自变量规模报酬不变且至多只有一种外生给定的增长率，则所有物品的稳态增长率解都彼此相等。第三章也指出，如果所有物品的生产都全自变量规模报酬递减且没有外生给定的增长率，则稳态增长率只有零解。这些情况下各种不同物品的稳态增长率解也会有相同的正负号。而本章的讨论不涉及这些情况。

　　不同物品的稳态增长率解正负号相同但互不相等的情况对当代的经济增长理论有决定性的重要意义：当代的经济增长理论力图以稳态增长模型来描述一百多年来发达工业化国家的稳定增长状态，而在这种稳定增长状态下，技术在不断进步，最终产品的产出、人口等都有大于零的正增长率，但是最终产品产出和物质资本存量的增长率都显著大于人口增长率。这样，建立一个所有物品的稳态增长率解都有相同正负号但绝对值互不相等的经济增长模型，就成了经济增长理论对实际的增长有足够解释力的关键问题。本章的讨论就是为了回答这个问题，目的是说明：各种不同物品的生产函数具有什么样的性质，才能建立一个所有物品的稳态增长率解都有相同正负号但绝对值互不相等的经济增长模型。

第三章的讨论已经指出：如果有一种外生给定的增长率，其他物品的生产全为全自变量规模报酬不变或递减，则所有物品的稳态增长率解可以有相同正负号但绝对值互不相等。第四章的讨论也说明了，如果有一种外生给定的增长率，其他物品的生产全为全自变量规模报酬递增，也可能有不同物品的稳态增长率解都有相同正负号但绝对值互不相等。

本章的讨论将进一步说明，如果有一种外生给定的增长率，其他物品的生产既有报酬递增的，也有报酬递减的，则所有物品的稳态增长率解也可能有相同正负号但绝对值互不相等；而如果没有外生给定的增长率，则一般来说只有在某些物品的生产全自变量规模报酬递增、某些物品的生产全自变量规模报酬递减时，才会使所有物品的稳态增长率解有相同正负号但绝对值互不相等。

但对这一规律有一个例外：在一种特殊的生产函数结构下，即使没有外生给定的增长率，一个只有报酬不变和报酬递减物品的经济，或者一个只有报酬不变和报酬递增物品的经济，都可能使所有物品的稳态增长率解有相同正负号但绝对值互不相等。

这种例外情况要求整个经济中的生产函数有特殊的结构：在稳态增长下，非报酬不变物品不影响报酬不变物品的生产。这时如果有多个报酬不变物品，这些报酬不变物品将有相同的稳态增长率，构成一个"相等增长率组"。这样我们就需要在本章第一节中讨论一个更一般的命题，这个更一般的命题说明：在一个生产 n 种物品的经济中，在什么情况下会有 m 种物品的稳态增长率解彼此相等。

第一节　稳态增长率解相等的前提条件

在一个折旧率不随时间而变化的正则生产函数经济中，如果有 m 种物品的稳态增长率解彼此相等，我们称这 m 种物品构成了一个"相等增长率组"。为了便于分析，这里使用式（I.11.2）所定义的那种标准化了的稳态增长率解。在标准化之后，按定义标号为第 n 种物品的基准物品的标准化稳态增长率 $k_n = 1$。

一、一般情况

记"相等增长率组"中标准化了的共同稳态增长率为 k_e，第 u 种增长率与其他物品不同的物品的标准化稳态增长率为 k_u。

如果在 n 种物品中有 m 种物品的稳态增长率解彼此相等，则由其他 $n-m$ 种彼此互不相等的稳态增长率解可以得出标准化了的"不同增长率物品的平均增长率"。但是为了得出这样一种平均增长率，首先必须解决计算平均增长率时使用的权数问题。为了这里的研究目的，我们就取每种不同增长率物品 i 对某种物品 j 生产的贡献率 α_{ji} 作权数。当然，同一种物品对不同物品生产的贡献率通常是不一样的。这样，我们会为不同物品的生产得出不一样的"不同增长率物品的平均增长率"。

定义与第 j 种物品生产有关的"不同增长率物品的平均增长率"为：

$$\bar{k}_{ju} = \frac{\sum_{u=1}^{n-m} k_u \cdot \alpha_{ju}}{\sum_{u=1}^{n-m} \alpha_{ju}} \qquad （\text{Ⅵ.1}）$$

在上式中，生产贡献率之和 $\sum\limits_{u=1}^{n-m}\alpha_{ju}$ 代表了不同增长率物品在第 j 种物品生产中的规模报酬程度。对上式略作变换可知：

$$\sum_{u=1}^{n-m}\alpha_{ju}=\frac{\sum\limits_{u=1}^{n-m}k_u\cdot\alpha_{ju}}{\overline{k}_{ju}}\qquad（\text{Ⅵ}.1.1）$$

对其余 m 个有相同增长率的物品，将第 e 个物品对第 j 个物品生产的贡献率标为 α_{je}，则增长率相同物品在第 j 种物品生产中的规模报酬程度为 $\sum\limits_{e=1}^{m}\alpha_{je}$，而 $1-\sum\limits_{e=1}^{m}\alpha_{je}$ 则表示增长率相同物品在第 j 种物品生产中的规模报酬程度与规模报酬不变之间的差距。本章以后还将讨论一种"无外来投入的规模报酬不变系统"，对这种系统中的任一物品 j 来说，恒有 $\sum\limits_{n=1}^{n-m}\alpha_{ju}=0$ 且 $\sum\limits_{e=1}^{m}\alpha_{je}=1$，即该系统中的任一物品 j 的生产都是全自变量规模报酬不变的且只是对增长率相同物品是规模报酬不变的。

由此可以将比值 $\dfrac{\sum\limits_{u=1}^{n-m}\alpha_{ju}}{1-\sum\limits_{e=1}^{m}\alpha_{je}}$ 称作"不同增长率物品在第 j 种物品生产中的规模报酬扩充度"。由规模报酬的定义可知，如果该规模报酬扩充度等于 1，第 j 种物品的生产是全自变量规模报酬不变的；如果该扩充度大于 1，第 j 种物品的生产是全自变量规模报酬递增的；如果该扩充度小于 1，第 j 种物品的生产就是全自变量规模报酬递减的。

还可以做出进一步的定义：

规模报酬扩充度平均增长率定义

不同增长率物品在第 j 种自变量物品生产中的规模报酬扩

充度平均增长率为 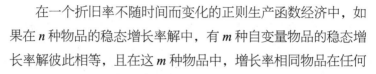 $\dfrac{\sum\limits_{u=1}^{n-m}\alpha_{ju}\cdot k_u}{1-\sum\limits_{e=1}^{m}\alpha_{je}}$ 。

在此基础上，可以得出：

命题 22

在一个折旧率不随时间而变化的正则生产函数经济中，如果在 n 种物品的稳态增长率解中，有 m 种自变量物品的稳态增长率解彼此相等，且在这 m 种物品中，增长率相同物品在任何一种物品生产中的规模报酬都不是不变的（即 $\sum\limits_{e=1}^{m}\alpha_{je}\neq 1$ ），则：

1. 不同增长率物品在"增长率相等组"的任何物品生产中的规模报酬扩充度平均增长率都是相同的。

2. 如果增长率相同物品在同类物品生产中的规模报酬递减且不同增长率物品对该种物品生产的平均增长率为正，或者增长率相同物品在同类物品生产中的规模报酬递增且不同增长率物品对该种物品生产的平均增长率为负，则"增长率相等组"共同的稳态增长率解与基准物品的稳态增长率解正负号相同；如果增长率相同物品在同类物品生产中的规模报酬递减且不同增长率物品对该种物品生产的平均增长率为负，或者增长率相同物品在同类物品生产中的规模报酬递增且不同增长率物品对该种物品生产的平均增长率为正，则"增长率相等组"共同的稳态增长率解与基准物品的稳态增长率解正负号相反。

3. 当增长率相同物品在某种同类物品生产中的规模报酬递减时，如果"增长率相等组"共同的稳态增长率解与不同增长率物品对该种物品生产的平均增长率正负号相同且大于后者，则该物品的生产为全自变量规模报酬递增；如果"增长率相等组"共同的稳态增长率解与不同增长率物品对该种物品生产的平均增长率正负号相反，或者"增长率相等组"共同的稳态增长率解与不同增长率物品对该种物品生产的平均增长率正负号相同但小于后者，则该物品的生产为全自变量规模报酬递减；如果"增长率相等组"共同的稳态增长率解与不同增长率物品对该种物品生产的平均增长率正负号相同且等于后者，则该物品的生产为全自变量规模报酬不变。

4. 当增长率相同物品在某种物品生产中的规模报酬递增时，该物品的生产必定为全自变量规模报酬递增。

证

可以根据有 m 种物品的稳态增长率解相同这一点改写式（I.11.3），知这种条件下第 j 种物品稳态增长率的解必满足条件：

$$k_j = \sum_{i=1}^{n} \alpha_{ji} \cdot k_i = \sum_{e=1}^{m} \alpha_{je} \cdot k_e + \sum_{u=1}^{n-m} \alpha_{ju} \cdot k_u \qquad （VI.2）$$

这里我们只讨论增长率相同物品的情况。对这种物品有 $k_j = k_e$，上式就可以化为：

$$\left(1 - \sum_{e=1}^{m} \alpha_{je}\right) \cdot k_e = \sum_{u=1}^{n-m} \alpha_{ju} \cdot k_u \qquad （VI.2.1）$$

在此基础上我们逐个证明命题 22 中的各个论点：

1. 式（VI.2.1）可进一步变为：

$$k_e = \frac{\displaystyle\sum_{u=1}^{n-m} \alpha_{ju} \cdot k_u}{1 - \displaystyle\sum_{e=1}^{m} \alpha_{je}} \qquad （VI.2.2）$$

这意味着"增长率相等组"共同的稳态增长率解正好等于不同增长率物品在该组物品生产中的规模报酬扩充度平均增长率。由于对"增长率相等组"中的任何物品 j 都有 $k_j = k_e =$

$$\frac{\displaystyle\sum_{u=1}^{n-m} \alpha_{ju} \cdot k_u}{1 - \displaystyle\sum_{e=1}^{m} \alpha_{je}}$$，因而该组中的任何物品都有相同的不同增长率物

品的规模报酬扩充度平均增长率。

2. 由于式（Ⅵ.2）中将基准物品的标准化稳态增长率解定义为 1，故当 $k_e > 0$ 时，"增长率相等组"共同的稳态增长率解与基准物品的稳态增长率解正负号相同；当 $k_e < 0$ 时，"增长率相等组"共同的稳态增长率解与基准物品的稳态增长率解正负号相反。

在式（Ⅵ.2.2）中，若 $1 - \displaystyle\sum_{e=1}^{m} \alpha_{je} < 0$，则增长率相同物品在同类的第 j 种物品生产中的规模报酬递增；若 $1 - \displaystyle\sum_{e=1}^{m} \alpha_{je} > 0$，则增长率相同物品在同类的第 j 种物品生产中的规模报酬递减；若 $1 - \displaystyle\sum_{e=1}^{m} \alpha_{je} = 0$，则增长率相同物品在同类的第 j 种物品生产中的规模报酬不变。若 $\displaystyle\sum_{u=1}^{n-m} \alpha_{ju} \cdot k_u > 0$，不同增长率物品对第 i 种

物品生产的平均增长率 $\bar{k}_{ju} = \dfrac{\displaystyle\sum_{u=1}^{n-m} k_u \cdot \alpha_{ju}}{\displaystyle\sum_{u=1}^{n-m} \alpha_{ju}}$ 为正；若 $\displaystyle\sum_{u=1}^{n-m} \alpha_{ju} \cdot k_u < 0$，

不同增长率物品对第 i 种物品生产的平均增长率为负。

依据上述含义审查式（Ⅵ.2.2），即可证明命题 22 的第 2 点成立。

3. 定义物品 i 生产的全自变量规模报酬递增程度：

$$r_j - 1 = \left(\sum_{i=1}^{n} \alpha_{ji} \right) - 1 \qquad （Ⅵ.3）$$

当 $r_j - 1$ 为零时，物品 j 生产的全自变量规模报酬不变；当 $r_j - 1$ 为正数时，物品 j 生产的全自变量规模报酬递增；当 $r_j - 1$ 为负数时，物品 j 生产的全自变量规模报酬递减。

若有 m 种物品的稳态增长率解相同，则：

$$\sum_{i=1}^{n} \alpha_{ji} = \sum_{e=1}^{m} \alpha_{je} + \sum_{u=1}^{n-m} \alpha_{ju} \qquad （Ⅵ.4）$$

如果我们讨论的物品 j 是一种增长率相同物品，再考虑到式（Ⅵ.1.1）和式（Ⅵ.2.1），就有：

$$
\begin{aligned}
r_j - 1 &= \left(\sum_{i=1}^{n} \alpha_{ij} \right) - 1 = \left(\sum_{e=1}^{m} \alpha_{je} \right) - 1 + \sum_{u=1}^{n-m} \alpha_{ju} \\
&= \left(\sum_{e=1}^{m} \alpha_{je} \right) - 1 + \frac{\displaystyle\sum_{u=1}^{n-m} k_u \cdot \alpha_{ju}}{\bar{k}_{ju}} \\
&= \left(\sum_{e=1}^{m} \alpha_{je} \right) - 1 + \frac{k_e \cdot \left(1 - \displaystyle\sum_{e=1}^{m} \alpha_{je} \right)}{\bar{k}_{ju}} \\
&= \left(1 - \sum_{e=1}^{m} \alpha_{je} \right) \cdot \left(\frac{k_e}{\bar{k}_{ju}} - 1 \right)
\end{aligned}
\qquad （Ⅵ.3.1）
$$

依据上式可以直接说明命题 22 第 3 点中的所有论点。

4. 根据式（Ⅵ.4），$\sum_{i=1}^{n} \alpha_{ji} = \sum_{e=1}^{m} \alpha_{je} + \sum_{u=1}^{n-m} \alpha_{ju}$，其中 $\alpha_{ju} \geqslant 0$，$n \geqslant m$。而增长率相同物品在第 j 种物品生产中的规模报酬递增，意味着 $\sum_{e=1}^{m} \alpha_{je} > 1$，此时必有 $\sum_{i=1}^{n} \alpha_{ji} = \sum_{e=1}^{m} \alpha_{je} + \sum_{u=1}^{n-m} \alpha_{ju} > 1$。

证毕

二、只有一种物品有不同增长率

命题 22 涉及的情况是 n 种物品中有 m 种物品稳态增长率解相同。这种情况的一个特例是 $n=m+1$，也即 n 种物品中只有一种物品的稳态增长率解与其他物品不同，其他物品的稳态增长率解全都彼此相等。

对这种情况，我们可以很自然地将稳态增长率解与其他物品不同的那种物品视为基准物品，将它记为第 n 种物品，以它为基础将各种物品的稳态增长率解标准化。在这种情况下，基准物品对第 i 种自变量物品生产的相对贡献率权重 $\dfrac{\alpha_{jn}}{1-\sum\limits_{i=1}^{n-1}\alpha_{ji}}$ 既是不同增长率物品在第 j 种物品生产中的规模报酬扩充度，也是不同增长率物品在第 j 种自变量物品生产中的规模报酬扩充度平均增长率。如果该权重等于 1，第 j 种物品的生产是全自变量规模报酬不变的；如果该权重大于 1，第 j 种物品的生产是全自变量规模报酬递增的；如果该权重小于 1，第 j 种物品的生产是全自变量规模报酬递减的。

将命题 22 运用于这种情况，就可以直接从命题 22 中得出：

推论 22

在一个折旧率不随时间而变化的正则生产函数经济中，如果基准物品对其他各种物品生产的贡献率（α_{jn}）都大于零，且在稳态增长下，基准物品的稳态增长率解为正且不等于其他物品的增长率，但是其他各种自变量物品的稳态增长率解彼此相等，而在这些稳态增长率解彼此相等的物品中，增长率相同物品在任何一种物品生产中的规模报酬都不是不变的（即

$\sum\limits_{e=1}^{m} \alpha_{je} \neq 1$），则：

1. 基准物品对其他各种不同物品生产的相对贡献率权重都相等。

2. 如果增长率相同物品在同类物品生产中的规模报酬递减，则非基准物品共同的稳态增长率解与基准物品的稳态增长率解正负号相同；如果增长率相同物品在同类物品生产中的规模报酬递增，则非基准物品共同的稳态增长率解与基准物品的稳态增长率解正负号相反。

3. 当所有的非基准物品在某种非基准物品的生产中规模报酬递减时，如果这些非基准物品共同的标准化稳态增长率解大于基准物品的标准化稳态增长率，该种非基准物品的生产全自变量规模报酬递增；如果这些非基准物品共同的标准化稳态增长率解小于基准物品的标准化稳态增长率，该种非基准物品的生产全自变量规模报酬递减；如果这些非基准物品共同的标准化稳态增长率解等于基准物品的标准化稳态增长率，该种非基准物品的生产全自变量规模报酬不变。

4. 当所有的非基准物品在某种物品生产中的规模报酬递增时，该物品的生产必定为全自变量规模报酬递增。

还可以将对命题 22 所做的论证运用到推论 22 所说的特殊情况之下，以更严格地确知推论 22 所说的各个论点成立。

在推论 22 所说的情况下，根据式（Ⅰ.11.3），对任何物品 j，标准化的稳态增长率解必满足条件：

$$k_j = \sum_{i=1}^{n-1} \alpha_{ji} \cdot k_i + \alpha_{jn}$$

由于除基准物品之外所有物品的稳态增长率都相等，所以对所有非 n 的 i，都有 $k_j = k_i$。代入式（Ⅰ.11.3），可知对任何

非基准物品的物品 j，都有：

$$\left(1-\sum_{i=1}^{n-1}\alpha_{ji}\right)\cdot k_j = \alpha_{jn}, \text{其中} j \neq n \qquad （\text{Ⅵ}.5）$$

据此很容易证明推论 22 的各个论点：

1. 式（Ⅵ.5）可进一步变为：

$$k_j = \frac{\alpha_{jn}}{1-\sum_{i=1}^{n-1}\alpha_{ji}} \quad \text{其中} j \neq n \qquad （\text{Ⅵ}.5.1）$$

由于从物品 1 到物品 $n-1$ 的所有 $n-1$ 个物品的 k_j 都彼此相等，因此所有的非基准物品都有相同的基准物品相对贡献率权重 $\dfrac{\alpha_{jn}}{1-\sum_{i=1}^{n-1}\alpha_{ji}}$。

2. 各种非基准物品共同的标准化增长率 k_j 大于零时，非基准物品共同的稳态增长率解与基准物品的稳态增长率解正负号相同；各种非基准物品共同的标准化增长率 k_j 小于零时，非基准物品共同的稳态增长率解与基准物品的稳态增长率解正负号相反。

物品 j 的生产对除基准物品之外的其他物品规模报酬递减，意味着 $\sum_{i=1}^{n-1}\alpha_{ji} < 1$；物品 j 的生产对除基准物品之外的其他物品规模报酬递增，意味着 $\sum_{i=1}^{n-1}\alpha_{ji} > 1$。由于所有的 α_{jn} 都大于零，根据式（Ⅵ.5.1），若 $\sum_{i=1}^{n-1}\alpha_{ji} < 1$，则各种非基准物品共同的标准化增长率 k_j 必定大于零；而若 $\sum_{i=1}^{n-1}\alpha_{ji} > 1$，则各种非基准物品共同的标准化增长率 k_j 只能小于零。

3. 在推论 22 所说的情况下利用对命题 22 第 3 点所做的论证，依据式（Ⅵ.3）和式（Ⅵ.5.1），可知物品 j 生产上的全自变量规模报酬递增程度：

$$r_j - 1 = \sum_{i=1}^{n-1} \alpha_{ji} + \alpha_{jn} - 1 = \sum_{i=1}^{n-1} \alpha_{ji} + \left(1 - \sum_{i=1}^{n-1} \alpha_{ji}\right) \cdot k_j - 1$$
$$= \left(1 - \sum_{i=1}^{n-1} \alpha_{ji}\right) \cdot \left(k_j - 1\right)$$

（Ⅵ.3.2）

物品 j 的生产对除基准物品之外的其他物品规模报酬递减，意味着 $\sum_{i=1}^{n-1} \alpha_{ji} < 1$。显然在这种情况下，当 $k_j = 1$ 时，$r_j = 1$，物品 j 生产上的全自变量规模报酬不变；当 $k_j > 1$ 时，$r_j > 1$，物品 j 生产上的全自变量规模报酬递增；当 $k_j < 1$ 时，$r_j < 1$，物品 j 生产上的全自变量规模报酬递减。

推论 22 的第 4 点过于显而易见，因此不需再做论证。

例 22：彼此相等的稳态增长率解

某经济的最终产品生产函数是全自变量规模报酬递增的：

$Y = (s_{yk} \cdot K)^{0.4} \cdot (s_{ya} \cdot A)^{0.5} \cdot (s_{yl} \cdot L)^{0.2}$，其中 s_{ji} 为第 i 种自变量物品用于生产第 j 种物品的份额，K 为物质资本的存量。自变量物品 A 的生产函数也是全自变量规模报酬递增的：

$\dfrac{\mathrm{d}A}{\mathrm{d}t} = (s_{ak} \cdot K)^{0.5} \cdot (s_{aa} \cdot A)^{0.4} \cdot (s_{al} \cdot L)^{0.2}$。当该经济的稳态增长率有非零的解时，可以将自变量物品 L 看作基准物品，不必考虑其生产函数的状态。各种物品都没有折旧。

按照本书第一章所说明的运算程序，我们可以解出最终产品及三种自变量物品的稳态增长条件。由于定义物品 L 为基准物品，可以将其外生给定的增长率标准化为 1，将物品 K 和最终产品的标准化稳态增长率解标为 k，记物品 A 的标准化稳态增长率解为 a。由此可知在稳态增长下，物品 K 和物品 A 的标准化稳态增长率必定是下述联立方程组的解：

$$\begin{cases} (0.4-1)\cdot k+0.5\cdot a+0.2=0 \\ 0.5\cdot k+(0.4-1)\cdot a+0.2=0 \end{cases}$$ （例22）

由此解得 $k=2$，$a=2$，物品 K 和物品 A 的稳态增长率解彼此相等、与基准物品的稳态增长率解正负号相同且在绝对值上大于基准物品的稳态增长率解。简单的验算可以证明，物品 K 和物品 A 有相同的基准物品相对贡献率权重 $\dfrac{\alpha_{jn}}{\left(1-\displaystyle\sum_{i=1}^{n-1}\alpha_{ji}\right)}$，其生产都对除基准物品之外的其他物品规模报酬递减，其生产又都是全自变量规模报酬递增的，因而在标准化稳态增长率解上大于基准物品。

第二节 无外来投入的规模报酬不变系统

上一节讨论的经济具有由多种物品组成的"相同增长率组"。这种经济的一个特例就是具有"无外来投入的规模报酬不变系统"的经济。以上一节讨论"相同增长率组"时使用的符号来表示就是，对"无外来投入的规模报酬不变系统"中的任一物品 j 来说，恒有 $\displaystyle\sum_{u=1}^{n-m}\alpha_{ju}=0$ 且 $\displaystyle\sum_{e=1}^{m}\alpha_{je}=1$，即该系统中的任一物品 j 的生产都是全自变量规模报酬不变的且只是对增长率相同物品是规模报酬不变的。

内生稳态增长模型的生产结构

198

"无外来投入的规模报酬不变系统"定义

设在 n 种物品中，有 m 种物品的生产是全自变量规模报酬不变的，且对这 m 种物品中的任一种物品 j 的稳态增长率解来说，恒有当物品 i 包含在这 m 种物品中时，第 i 种物品对第 j 种物品生产的贡献率 $\alpha_{ji} > 0$，而如果物品 i 不包含在这 m 种物品中时，第 i 种物品对第 j 种物品生产的贡献率 $\alpha_{ji} = 0$。我们称这 m 种物品构成一个"无外来投入的规模报酬不变系统"。

"无外来投入的规模报酬不变系统"中任何一种物品的生产都仅仅以本系统中的物品为投入，但该系统中的物品也可以在系统外其他物品的生产中用作投入。

命题 23

在一个有 n 种物品、没有外生给定的增长率、折旧率不随时间而变化的正则生产函数经济中，如果没有任何物品的生产是全自变量规模报酬递增的但有报酬递减物品，或者没有任何物品的生产是全自变量规模报酬递减的但有报酬递增物品，则仅仅在有 m 种物品（$m \leq n$）构成一个"无外来投入的规模报酬不变系统"时，该经济才能既有非零的稳态增长率解、各种物品的稳态增长率解又有相同的正负号且并不全都彼此相等。此时"无外来投入的规模报酬不变系统"中的所有物品都有相同的稳态增长率解。在没有报酬递增物品时，报酬不变物品共同的稳态增长率解在绝对值上高于全自变量规模报酬递减物品的稳态增长率解；在没有报酬递减物品时，报酬不变物品共同的稳态增长率解在绝对值上低于全自变量规模报酬递增物品的稳态增长率解。

证

本命题只讨论各种不同物品非零的稳态增长率解有相同正

负号的情况，因此以标准化的稳态增长率解来进行分析更为方便。以标准化的稳态增长率解来讨论本命题，各种不同物品非零的稳态增长率解有相同的正负号的情况就变为，各种不同物品标准化的稳态增长率解都大于零。

根据定义，对任何一个全自变量规模报酬不变的物品 j 来说，都有 $\sum_{i=1}^{n}\alpha_{ji}=1$。将这一等式代入式（I.11.3），可知对任何报酬不变物品 j，都有稳态增长的条件：

$$k_j = \sum_{i=1}^{n}\alpha_{ji}\cdot k_j = \sum_{i=1}^{n}\alpha_{ji}\cdot k_i \quad \text{其中}\ k_n=1 \quad （VI.6）$$

在此基础上，我们可以分别就没有报酬递增物品和没有报酬递减物品两种情况来证明本命题。

1. 没有报酬递增物品的情况

此时如果没有报酬递减物品，则所有的物品都在生产上全自变量规模报酬不变。第二章已经证明，在这种情况下，所有物品的稳态增长率解都会彼此相等，它们虽然有相同的正负号但不会彼此不相等。

如果在没有报酬递增物品的条件下有某些物品在生产上全自变量规模报酬递减，则根据命题9，任何报酬递减物品有非零的稳态增长率解的前提条件是存在全自变量规模报酬不递减的物品，它在非零的稳态增长率解上与该报酬递减物品有相同正负号，并在绝对值上大于任何报酬递减物品的有相同正负号的稳态增长率解。如果将非零的稳态增长率解绝对值最低的报酬递减物品当作基准物品，将稳态增长率解标准化，则作为基准物品的报酬递减物品有非零的稳态增长率解的前提条件就变为：存在全自变量规模报酬不递减的物品，它的标准化稳态增长率解不仅大于零且大于任何报酬递减物品的标准化稳态增长率解。

由于在我们这里讨论的情况下不存在外生给定增长率和报酬递增物品，这种报酬不递减的物品只能是在生产上全自变量规模报酬不变的物品。

假设物品 j 是这样的一个报酬不变物品，其标准化稳态增长率解不仅大于零，且大于任何报酬递减物品的标准化稳态增长率解。但是物品 j 的标准化稳态增长率解必须满足式（VI.6）中的稳态增长条件。如果在式（VI.6）表示的物品 j 稳态增长条件中，某种报酬递减物品对物品 j 生产的贡献率 α_{ji} 不为零，则由于报酬递减物品的标准化稳态增长率低于物品 j，物品 j 的生产中就必须使用另外一种标准化稳态增长率高于它的报酬不变物品，使其对物品 j 生产的贡献率大于零，否则物品 j 稳态增长的条件无法成立。这就是说，如果任何一种报酬递减物品影响了报酬不变物品 j 稳态下的生产，该物品 j 稳态增长条件成立的前提就是，至少存在另一种报酬不变物品 k，其标准化稳态增长率解大于物品 j。

但是由于物品 k 也只能在生产上是全自变量规模报酬不变的，对物品 j 所做的分析也完全可以适用于物品 k：如果任何一种标准化稳态增长率低于物品 k 的物品（报酬递减物品或报酬不变物品）影响了报酬不变物品 k 稳态下的生产，该物品 k 稳态增长条件成立的前提就是，至少存在另一种报酬不变物品，其标准化稳态增长率解大于物品 k。如此递推下去，由于自变量物品数目有限，最后必定会推到有最高的标准化稳态增长率的报酬不变物品 h。而对报酬不变物品 j 和 k 所做的分析也完全适用于报酬不变物品 h：如果任何一种标准化稳态增长率低于物品 h 的物品（报酬递减物品或报酬不变物品）影响了报酬不变物品 h 稳态下的生产，该物品 h 稳态增长条件成立的前提就是，至少存在另一种报酬不变物品，其标准化稳态增长率解大于物品 h。不过，由于物品 h 在该经济的所有物品中已经有最高的标准化稳态增长率解，它的稳态增长条件成立的上述前提不可能得到满足。

由此可知，在这里所讨论的情况下，如果没有至少一种报酬不变物品在其稳态下的生产中只使用标准化稳态增长率解与自己相等的物品，报酬递减物品稳态增长率有非零解的前提条件不可能最终得到满足。但是，前面对报酬不变物品 h 的分析表明，在这里所讨论的情况下，如果只有一种报酬不变物品在生产中只使用标准化稳态增长率解与自己相等的物品，这种物品的生产其实只以它本身作投入。根据式（I.5.1）和式（I.5.2），这其实是一种增长率外生给定的物品，而在这里讨论的情况下，没有任何外生给定的增长率。

这样，在这里所讨论的情况下，如果没有至少两种报酬不变物品在其稳态下的生产中只使用标准化稳态增长率解与自己相等的物品，报酬递减物品稳态增长率有非零解的前提条件不可能最终得到满足，任何报酬递减物品都不可能有非零的稳态增长率解。只有在至少有两种报酬不变物品在其稳态下的生产中只使用标准化稳态增长率解与自己相等的物品时，该经济中的报酬递减物品才可能有非零的稳态增长率解。此时各报酬不变物品共同的标准化稳态增长率解大于任何报酬递减物品的标准化稳态增长率解，而在生产中只使用标准化稳态增长率解与自己相等的物品的那些报酬不变物品则构成了一个"无外来投入的规模报酬不变系统"。

2. 没有报酬递减物品的情况

此时如果没有报酬递减物品，则所有的物品都在生产上全自变量规模报酬不变。第二章已经证明，在这种情况下，所有物品的稳态增长率解都会彼此相等，它们虽然有相同的正负号但不会彼此不相等。

如果在没有报酬递减物品的条件下有某些物品在生产上全自变量规模报酬递增，则根据命题14，任何报酬递增物品 k 有非零的稳态增长率解的前提条件是，或者存在稳态增长率解正负号与物品 k 不同的物品，或者存在全自变量规模报酬不递增的物品，它在非零的稳态增长率解上与报酬递增物品 k 有相同的正负号，并在绝对值上小于任何报酬递增物品有相同正负号的稳态增长率解。

但是在本命题所讨论的情况下，所有物品的稳态增长率解都有相同的正负号。因此，我们在讨论任何报酬递增物品 k 有非零的稳态增长率解的前提条件时，不必考虑稳态增长率解正负号与物品 k 不同的物品。这样，在本命题所讨论的情况下，我们只需考虑任何报酬递增物品 k 有非零的稳态增长率解的一种前提条件：存在着全自变量规模报酬不递增的物品，它在非零的稳态增长率解上与报酬递增物品 k 有相同的正负号，并在绝对值上小于任何报酬递增物品有相同正负号的稳态增长率解。如果将非零的稳态增长率解绝对值最高的报酬递增物品当作基准物品，将稳态增长率解标准化，则作为基准物品的报酬递增物品有非零的稳态增长率解的前提条件就变为：存在全自变量规模报酬不递增的物品，它的标准化稳态增长率解大于零，但小于任何报酬递增物品的标准化稳态增长率解。

由于在这里讨论的情况下不存在外生给定增长率和报酬递减物品，这种报酬不递增的物品只能是在生产上全自变量规模报酬不变的物品。

假设物品 j 是这样的一个报酬不变物品，其标准化稳态增长率解大于零但小于任何报酬递增物品的标准化稳态增长率解。但是物品 j 的标准化稳态增长率解必须满足式（Ⅵ.6）中的稳态增长条件。如果在式（Ⅵ.6）表示的物品 j 稳态增长条件中，某种报酬递增物品对物品 j 生产的贡献率 α_{ji} 不为零，则由于报酬递增物品的标准化稳态增长率高于物品 j，物品 j 的生产中就必须使用另外一种标准化稳态增长率低于它的报酬不变物品，使其对物品 j 生产的贡献率大于零，否则物品 j 稳态增长的条件无法成立。这就是说，如果任何一种报酬递增物品影响了报酬不变物品 j 稳态下的生产，该物品 j 稳态增长条件成立的前提就是，至少存在另一种报酬不变物品 k，其标准化稳态增长率解小于物品 j。

但是由于物品 k 也只能在生产上是全自变量规模报酬不变的，对物品 j 所做的分析也完全可以适用于物品 k：如果任何一种标准化稳态增长率高于物品 k 的物品（报酬递增物品或报酬不变物品）影响了报酬不变物品 k 稳态下的生产，该物品 k 稳态增长条件成立的前提就是，至少存在另一种报酬不变物品，其标准化稳态增长率解小于物品 k。如此递推下去，由于自变量物品数目有限，最后必定会推到有最低的大于零的标准化稳态增长率的报酬不变物品 h。而对报酬不变物品 j 和 k 所做的分析也完全适用于报酬不变物品 h：如果任何一种标准化稳态增长率高于物品 h 的物品（报酬递增物品或报酬不变物品）影响了报酬不变物品 h 稳态下的生产，该物品 h 稳态增长条件成立的前提就是，至少存在另一种报酬不变物品，其标准化稳态增长率解为正且小于物品 h。不过，由于物品 h 在该经济的所有物品中已经有最小的正的标准化稳态增长率解，它的稳态增长条件成立的上述前提不可能得到满足。

由此可知，在这里所讨论的情况下，如果没有至少一种报酬不变物品在其稳态下的生产中只使用标准化稳态增长率解与自己相等的物品，报酬递增物品稳态增长率有非零解的前提条件不可能最终得到满足。但是，前面对报酬不变物品 h 的分析表明，在这里所讨论的情况下，如果只有一种报酬不变物品在生产中只使用标准化稳态增长率解与自己相等的物品，这种物品的生产其实只以它本身作投入。根据式（I.5.1）和式（I.5.2），这其实是一种增长率外生给定的物品，而在这里讨论的情况下，没有任何外生给定的增长率。

这样，在这里所讨论的情况下，如果没有至少两种报酬不变物品在其稳态下的生产中只使用标准化稳态增长率解与自己相等的物品，报酬递增物品稳态增长率有非零解的前提条件不可能最终得到满足，任何报酬递增物品都不可能有非零的稳态增长率解。只有在至少有两种报酬不变物品在其稳态下的生产中只使用标准化稳态增长率解与自己相等的物品时，该经济中的报酬递增物品才可能有非零的稳态增长率解。此时各报酬不变物品共同的标准化稳态增长率解小于任何报酬递增物品的标准化稳态增长率解，而在生产中只使用标准化稳态增长率解与自己相等的物品的那些报酬不变物品则构成了一个"无外来投入的规模报酬不变系统"。

证毕

例 23.1："无外来投入的规模报酬不变系统"与报酬递增物品

某经济的最终产品生产函数是全自变量规模报酬递增的：

$Y = (s_{yk} \cdot K)^{0.4} \cdot (s_{ya} \cdot A)^{0.5} \cdot (s_{yl} \cdot L)^{0.2}$，其中 s_{ji} 为第 i 种自变量物品用于生产第 j 种物品的份额，K 为物质资本的存量。自变量物品 A 与 L 却组成了一个"无外来投入的规模报酬不变系统"：$\dfrac{\mathrm{d}A}{\mathrm{d}t} = (s_{ak} \cdot K)^{0.6} \cdot (s_{al} \cdot L)^{0.4}$，$\dfrac{\mathrm{d}L}{\mathrm{d}t} = (s_{la} \cdot A)^{0.3} \cdot (s_{ll} \cdot L)^{0.7}$。

各种物品都没有折旧。

按照本书第一章所说明的运算程序，我们可以解出最终产品及三种自变量物品的稳态增长条件。为了方便，可以将物质资本存量 K 定义为基准物品，将物品 K 和最终产品的稳态增长率解标准化为 1，将物品 L 的标准化稳态增长率解标为 l，记物品 A 的标准化稳态增长率解为 a。由此可知在稳态增长下，三种物品的标准化稳态增长率必定是下述联立方程组的解：

$$\begin{cases} (0.4-1)+0.5 \cdot a+0.2 \cdot l=0 \\ (0.6-1) \cdot a+0.4 \cdot l=0 \\ 0.3 \cdot a+(0.7-1) \cdot l=0 \end{cases} \quad （例 23.1）$$

由此解得 $a=l=\dfrac{6}{7}$。正如命题 23 所说，"无外来投入的规模报酬不变系统"中的所有物品（A 与 L）都有相同的稳态增长率解（标准化为 $\dfrac{6}{7}$），它与报酬递增物品 K 的稳态增长率解有相同正负号（标准化稳态增长率解都大于零）且在绝对值上小于它（物品 K 的标准化稳态增长率解为 1）。

例 23.2："无外来投入的规模报酬不变系统"与报酬递减物品

本例所说的经济与例 23.1 中的经济只有一个差别：最终产品生产函数是全自变量规模报酬递减的：$Y=(s_{yk} \cdot K)^{0.4} \cdot (s_{ya} \cdot A)^{0.3} \cdot (s_{yl} \cdot L)^{0.2}$，其他方面都与例 23.1 一样。自变量物品 A 与 L 也组成了一个"无外来投入的规模报酬不变系统"：$\dfrac{\mathrm{d}A}{\mathrm{d}t}=(s_{aa} \cdot A)^{0.6} \cdot (s_{al} \cdot L)^{0.4}$，$\dfrac{\mathrm{d}L}{\mathrm{d}t}=(s_{la} \cdot A)^{0.3} \cdot (s_{ll} \cdot L)^{0.7}$。各种物品都没有折旧。

按照本书第一章所说明的运算程序，我们可以解出最终产品及三种自变量物品的稳态增长条件。为了方便，可以将物质

内生稳态增长模型的生产结构

资本存量 K 定义为基准物品，将物品 K 和最终产品的稳态增长率解标准化为 1，将物品 L 的标准化稳态增长率解标为 l，记物品 A 的标准化稳态增长率解为 a。由此可知，在稳态增长下，三种物品的标准化稳态增长率必定是下述联立方程组的解：

$$\begin{cases} (0.4-1) + 0.3 \cdot a + 0.2 \cdot l = 0 \\ (0.6-1) \cdot a + 0.4 \cdot l = 0 \\ 0.3 \cdot a + (0.7-1) \cdot l = 0 \end{cases} \quad （例 23.2）$$

由此解得 $a = l = \dfrac{6}{5}$。正如命题 23 所说，"无外来投入的规模报酬不变系统"中的所有物品（A 与 L）都有相同的稳态增长率解（标准化 $\dfrac{6}{5}$），它与报酬递减物品 K 的稳态增长率解有相同正负号（标准化稳态增长率解都大于零）且在绝对值上大于它（物品 K 的标准化稳态增长率解为 1）。

由命题 23 可以直接推得：

推论 23

在一个有 n 种物品、没有外生给定的增长率、折旧率不随时间而变化的正则生产函数经济中，如果没有任何物品的生产是全自变量规模报酬递增的但有报酬递减物品，或者没有任何物品的生产是全自变量规模报酬递减的但有报酬递增物品，则仅仅在有 m 种物品（$m \leq n$）构成一个"无外来投入的规模报酬不变系统"时，该经济才能既有非零的稳态增长率解、各种物品的稳态增长率解又都大于零，且并不全都彼此相等。此时"无外来投入的规模报酬不变系统"中的所有物品都有相同的正的稳态增长率解。在没有报酬递增物品时，报酬不变物品共同的稳态增长率解大于全自变量规模报酬递减物品的稳态增长率解；在没有报酬递减物品时，报酬不变物品共同的稳态增长率解小于全自变量规模报酬递增物品的稳态增长率解。

所有 n 种物品的生产都全自变量规模报酬不变的情况是本命题在 $m=n$ 条件下的特例，此时所有的物品都有相同的稳态增长率解。而一种物品的增长率外生给定、其他物品的生产都全自变量规模报酬递减的情况，以及一种物品的增长率外生给定、其他物品的生产都全自变量规模报酬递增的情况，都是本命题在 $m=1$ 条件下的特例。

第三节　一种物品的增长率外生给定

本书第五章已经说明，如果一种物品的增长率外生给定，在什么情况下各种不同物品的稳态增长率解会有不同的正负号。本节则将概括地说明，当一种物品的增长率外生给定时，在什么条件下各种不同物品的稳态增长率解并不完全彼此相等但有相同的正负号。

其实，第三章第三节和第四章第三节已经说明了两种情况，在这两种情况下，都有一种物品的增长率外生给定，而各种不同物品的稳态增长率解并不完全彼此相等但有相同的正负号：第三章第三节讲的情况是一种物品的增长率外生给定，没有报酬递增物品且至少有一种物品在生产上全自变量规模报酬递减，在这种情况下外生给定增长率的绝对值最高，而报酬不变物品在稳态增长率解的绝对值上高于报酬递减物品；第四章第三节讲的情况是一种物品的增长率外生给定，其他物品都在生产上全自变量规模报酬递增，在这种情况下外生给定增长率在绝对值上小于报酬递增物品的稳态增长率解。本节可以视为是对那两节所说原理的一个综合，同时本节又有独立的分析价值：它说明了外生给定增长率在绝对值上一方面低于某些物品的稳态增长率解、另一方面高于另一些物品的稳态增长率解的状况。

命题 24

在一个折旧率不随时间而变化的正则生产函数经济中，如果基准物品有外生给定增长率，基准物品对其他各种物品生产的稳态增长贡献率（α_{jn}）都大于零，且在增长的稳态下，各种物品的稳态增长率有非零的解且正负号全都相同、基准物品与其他物品的稳态增长率解不相等，其他各种自变量物品的稳态增长率解也并不彼此都相等，则：1. 当有些物品在稳态增长率解的绝对值上大于基准物品时，稳态增长率解绝对值最高的那种物品的生产是全自变量规模报酬递增的；2. 当有些物品在稳态增长率解的绝对值上小于基准物品时，稳态增长率解绝对值最低的那种物品的生产是全自变量规模报酬递减的。

证

本命题只讨论稳态增长率的非零解正负号相同的情况，此时各种不同物品的标准化稳态增长率必定都大于零。以下分别讨论某些物品在标准化增长率上大于和小于基准物品的两种情况，以分别证明本命题中的两个论点。

1. 如果所有物品稳态增长率解有相同正负号，则当第 j 种物品在稳态增长率解绝对值上大于基准物品时，$k_j > 1$；在这种情况下，第 j 种物品的稳态增长率解绝对值最高意味着对所有的 $i \neq j$，都有 $k_j \geqslant k_i$，并且由于各种自变量物品的稳态增长率解并不彼此都相等，至少对某些 $i \neq j$ 有 $k_j > k_i$。因此，根据式（I.11.3），必有：

$$k_j = \sum_{i=1}^{n-1} \alpha_{ji} \cdot k_i + \alpha_{jn} < \sum_{i=1}^{n-1} \alpha_{ji} \cdot k_j + \alpha_{jn} \qquad （\text{VI}.7）$$

上式可以变换为：

$$k_j \cdot (1 - \sum_{i=1}^{n-1} \alpha_{ji}) < \alpha_{jn} \qquad (\text{VI.7.1})$$

将不等式（VI.7.1）代入式（VI.3）中的物品 j 的全自变量规模报酬递增程度定义，有：

$$r_j - 1 = \sum_{i=1}^{n-1} \alpha_{ji} + \alpha_{jn} - 1 > \sum_{i=1}^{n-1} \alpha_{ji} + \left(1 - \sum_{i=1}^{n-1} \alpha_{ji}\right) \cdot k_j - 1$$
$$= \left(1 - \sum_{i=1}^{n-1} \alpha_{ji}\right) \cdot \left(k_j - 1\right) \qquad (\text{VI.7.2})$$

由于在这里讨论的情况下，$k_j > 1$，如果 $\sum_{i=1}^{n-1} \alpha_{ji} < 1$，必有 $r_j > 1$，物品 j 的生产是全自变量规模报酬递增的。而如果 $\sum_{i=1}^{n-1} \alpha_{ji} \geq 1$，则由于 $\alpha_{jn} > 0$，也必有 $r_j = \sum_{i=1}^{n-1} \alpha_{ji} + \alpha_{jn} > 1$，物品 j 的生产也是全自变量规模报酬递增的。

注意：如果 $k_j > 1$ 时 $\sum_{i=1}^{n-1} \alpha_{ji} \geq 1$，式（VI.7.1）中的不等式仍然成立；而如果 $k_j > 1$、$r_j > 1$ 时 $\sum_{i=1}^{n-1} \alpha_{ji} = 1$，式（VI.7.2）中的不等式依然成立。

2. 如果所有物品稳态增长率解有相同正负号，则当第 i 种物品在稳态增长率解绝对值上小于基准物品时，$0 < k_j < 1$；在这种情况下，第 j 种物品的稳态增长率解绝对值最低意味着对所有的 $i \neq j$，都有 $k_j \leq k_i$，并且由于各种自变量物品的稳态增长率解并不彼此都相等，至少对某些 $i \neq j$ 有 $k_j < k_i$。因此根据式（I.11.3），必有：

$$k_j = \sum_{i=1}^{n-1} \alpha_{ji} \cdot k_i + \alpha_{jn} > \sum_{i=1}^{n-1} \alpha_{ji} \cdot k_j + \alpha_{jn} \qquad (\text{VI}.8)$$

上式可以变换为：

$$k_j \cdot \left(1 - \sum_{i=1}^{n-1} \alpha_{ji}\right) > \alpha_{jn} \qquad (\text{VI}.8.1)$$

将上述不等式代入式（VI.3）中的物品 j 的全自变量规模报酬递增程度定义，有：

$$r_j - 1 = \sum_{i=1}^{n-1} \alpha_{ji} + \alpha_{jn} - 1 < \sum_{i=1}^{n-1} \alpha_{ji} + \left(1 - \sum_{i=1}^{n-1} \alpha_{ji}\right) \cdot k_j - 1$$
$$= \left(1 - \sum_{i=1}^{n-1} \alpha_{ji}\right) \cdot \left(k_j - 1\right) \qquad (\text{VI}.8.2)$$

由于在这里讨论的情况下 $k_j < 1$，如果 $\sum_{i=1}^{n-1} \alpha_{ji} < 1$，则必有 $r_j < 1$，物品 j 的生产是全自变量规模报酬递减的。而如果 $\sum_{i=1}^{n-1} \alpha_{ji} \geqslant 1$，则由于 $k_j > 0$，$\alpha_{jn} > 0$，就会出现数量关系与 $k_1 \leqslant \sum_{i=1}^{n-1} \alpha_{ij} \cdot k_j < \sum_{i=1}^{n-1} \alpha_{ji} \cdot k_j + \alpha_{jn} < \sum_{i=1}^{n-1} \alpha_{ji} \cdot k_i + \alpha_{jn}$，由此使式（I.11.3）中的稳态增长条件不能成立。因而在这里所讨论的稳态增长条件下，必有 $\sum_{i=1}^{n-1} \alpha_{ji} < 1$，$r_j < 1$，物品 j 的生产是全自变量规模报酬递减的。而且由于 $\alpha_{jn} > 0$，$r_j > 0$，也只有当 $\sum_{i=1}^{n-1} \alpha_{ji} < 1$ 时，式（VI.8.1）中的不等式才能成立。

证毕

例 24.1：外生给定增长率取中间值

某经济的最终产品生产函数是全自变量规模报酬递增

的：$Y = (s_{yk} \cdot K)^{0.7} \cdot (s_{ya} \cdot A)^{0.6} \cdot (s_{yl} \cdot L)^{0.15}$，其中 s_{ji} 为第 i 种自变量物品用于生产第 j 种物品的份额，K 为物质资本的存量。自变量物品 A 的生产函数是全自变量规模报酬递减的：

$\dfrac{\mathrm{d}A}{\mathrm{d}t} = (s_{ak} \cdot K)^{0.2} \cdot (s_{aa} \cdot A)^{0.3} \cdot (s_{al} \cdot L)^{0.5}$。而自变量物品 L 的增长率则是外生给定的。各种物品都没有折旧。

按照本书第一章所说明的运算程序，我们可以解出最终产品及三种自变量物品的稳态增长条件。由于定义物品 L 为基准物品，可以将其外生给定的增长率标准化为 1，将物品 K 和最终产品的标准化稳态增长率解标为 k，记物品 A 的标准化稳态增长率解为 a。由此可知在稳态增长下，物品 K 和物品 A 的标准化稳态增长率必定是下述联立方程组的解：

$$\begin{cases} (0.7-1) \cdot k + 0.6 \cdot a + 0.15 = 0 \\ 0.2 \cdot k + (0.3-1) \cdot a + 0.15 = 0 \end{cases}$$ （例24.1）

解此方程组，得 k=1.5，a=0.5。正如命题 24 所指出的，当三种自变量物品的标准化稳态增长率解都大于零时，标准化稳态增长率最高且高于外生给定增长率（这里标准化为 1）的物品 K 在生产上是全自变量规模报酬递增的，标准化稳态增长率最低且低于外生给定增长率的物品 A 在生产上是全自变量规模报酬递减的。

注意：命题 24 只证明了在标准化稳态增长率高于标准化外生给定增长率的那些物品中，有最高的标准化增长率的那个物品是全自变量规模报酬递增的，并没有断定标准化稳态增长率高于标准化外生给定增长率的所有物品都是报酬递增的。类似的陈述也适用于那些标准化稳态增长率低于标准化外生给定增长率的物品。事实上，我们可以举出例证，说明在只有一种外生给定增长率的情况下，有些标准化稳态增长率高于标准化

内生稳态增长模型的生产结构

212

外生给定增长率的物品反而在生产上是全自变量规模报酬递减的。

例24.2：报酬递增和报酬递减物品增长率都偏高

某经济的最终产品生产函数是全自变量规模报酬递增的：$Y = (s_{yk} \cdot K)^{0.7} \cdot (s_{ya} \cdot A)^{0.6} \cdot (s_{yl} \cdot L)^{0.2}$，其中 s_{ji} 为第 i 种自变量物品用于生产第 j 种物品的份额，K 为物质资本的存量。自变量物品 A 的生产函数是全自变量规模报酬递减的：$\dfrac{\mathrm{d}A}{\mathrm{d}t} = (s_{ak} \cdot K)^{0.3} \cdot (s_{aa} \cdot A)^{0.3} \cdot (s_{al} \cdot L)^{0.1}$。而自变量物品 L 的增长率则是外生给定的。各种物品都没有折旧。

按照本书第一章所说明的运算程序，我们可以解出最终产品及三种自变量物品的稳态增长条件。由于定义物品 L 为基准物品，可以将其外生给定的增长率标准化为1，将物品 K 和最终产品的标准化稳态增长率解标为 k，记物品 A 的标准化稳态增长率解为 a。由此可知在稳态增长下，物品 K 和物品 A 的标准化稳态增长率必定是下述联立方程组的解：

$$\begin{cases} (0.7-1) \cdot k + 0.6 \cdot a + 0.2 = 0 \\ 0.3 \cdot k + (0.3-1) \cdot a + 0.1 = 0 \end{cases} \qquad （例24.2）$$

解此方程组，得 $k = 6\dfrac{2}{3}$，$a=3$。不仅报酬递增物品 K，而且连报酬递减物品 A 都在标准化稳态增长率上大于外生给定增长率（这里标准化为1）。但是本例并没有违反命题24：在标准化稳态增长率大于标准化外生给定增长率的物品 K 和 A 中，标准化稳态增长率最高的物品 K 在生产上是全自变量规模报酬递增的。

由命题24可以直接推得：

推论 24

在一个折旧率不随时间而变化的正则生产函数经济中，如果基准物品有外生给定增长率，基准物品对其他各种物品生产的稳态增长贡献率（α_{jn}）都大于零，且在增长的稳态下，各种物品的稳态增长率都大于零、基准物品与其他物品的稳态增长率解不相等，其他各种自变量物品的稳态增长率解也并不彼此都相等，则：1. 当有些物品在稳态增长率上大于基准物品时，稳态增长率最高的那种物品的生产是全自变量规模报酬递增的；2. 当有些物品在稳态增长率上小于基准物品时，稳态增长率最低的那种物品的生产是全自变量规模报酬递减的。

第四节　没有外生给定的增长率

本节讨论在没有外生给定增长率的条件下，什么情况下稳态增长率会有非零的解，且各种不同物品的稳态增长率解并不全都彼此相等但正负号全都相同。本章第二节已经说明，当一个经济中具有"无外来投入的规模报酬不变系统"时，该经济的稳态增长率也会有非零的解，且各种不同物品的稳态增长率解并不全都彼此相等但正负号全都相同。而本节讨论的重点则是不存在"无外来投入的规模报酬不变系统"时的情况。

首先要论证一个最一般的定理，它适用于一切稳态增长率有非零解且各种不同物品的稳态增长率解正负号全都相同的情况下。

一、"不可能全都报酬递减"定理

命题 25

在一个折旧率不随时间而变化的正则生产函数经济中，如

内生稳态增长模型的生产结构

果没有任何物品的增长率外生给定，则当该经济的稳态增长率具有非零的解时，至少有一种物品的生产不是全自变量规模报酬递减的。

证

本命题其实是第三章的命题 10 的一个推论。但是这里可以用另一种方式来证明它。

第一章第四节的命题 3 指出，在一个没有外生给定增长率、折旧率不随时间而变化的正则生产函数经济中，如果有非零的稳态增长率解，则其"稳态增长条件系数矩阵" $\boldsymbol{A}$ 的第 n 个列向量 a_n 可以像式（I.11）所示的那样由其他 $n-1$ 个列向量 a_i 线性表出：

$$a_n = -\sum_{i=1}^{n-1} k_i \cdot a_i \qquad (\text{I}.11)$$

列向量 a_n 的第 j 行因此表为：

$$a_{jn} = -\sum_{i=1}^{n-1} k_i \cdot a_{ji}, \qquad \begin{cases} a_{jn} = \begin{cases} \alpha_{jn}, & j \neq n \\ \alpha_{jn} - 1, & j = n \end{cases} \\ a_{ji} = \begin{cases} \alpha_{ji}, & i \neq j \\ \alpha_{ji} - 1, & i = j \end{cases} \end{cases} \qquad (\text{VI}.9)$$

由此可以将第 j 种物品生产上的全自变量规模报酬程度表为：

$$r_j = \sum_{i=1}^{n} \alpha_{ji} = \sum_{i=1}^{n-1} a_{ji} + a_{jn} + 1 = \sum_{i=1}^{n-1} (1 - k_i) \cdot a_{ji} + 1 \qquad (\text{VI}.9.1)$$

式（VI.9.1）最右边的 a_{ji} 只是针对前 $n-1$ 个物品 i 的，因此当 $j \neq n$ 时，$a_{ji} = \begin{cases} \alpha_{ji}, & i \neq j \\ \alpha_{ji} - 1, & i = j \end{cases}$；而当 $j=n$ 时，只能恒有 $a_{ji} = \alpha_{ji}$。考虑到 a_{ji} 和 α_{ji} 的这种关系，再将式（VI.9.1）的两

边都减去 1，就得第 j 种物品规模报酬递增的程度：

$$r_j - 1 = \sum_{i=1}^{n-1} (1 - k_i) \cdot a_{ji}$$

$$= \begin{cases} \sum_{i=1}^{n-1} (1 - k_i) \cdot \alpha_{ji} - (1 - k_j), j \neq n & (\text{VI}.9.2) \\ \sum_{i=1}^{n-1} (1 - k_i) \cdot \alpha_{ji}, \quad j = n \end{cases}$$

根据对规模报酬程度 r_j 的定义，若规模报酬递增程度 $r_j - 1 = 0$，则物品 j 的生产全自变量规模报酬不变，$r_j - 1 > 0$ 时则物品 j 的生产全自变量规模报酬递增，而 $r_j - 1 < 0$ 零时物品 j 的生产全自变量规模报酬递减。这个规模报酬递增程度 $r_j - 1$ 方便对本命题的论证，因为当物品 j 的生产全自变量规模报酬递减（即 $r_j < 1$）时，根据式（VI.9.1）恒有 $\sum_{i=1}^{n-1} \alpha_{ji} \leq \sum_{i=1}^{n-1} a_{ji} + a_{jn} = r_j - 1 < 0$。

第一章第四节第二小节已经指出，式（I.11）中的各个 k_i 其实就是以第 n 种物品为基准物品所得出的前 $n-1$ 种物品中第 i 种物品的标准化稳态增长率解。

在利用式（VI.9.2）证明命题 25 时，我们只需研究下述情况：对任何物品 j，都有 $\sum_{i=1}^{n-1} \alpha_{ji} < 1$。因为对任何物品 j 都有 $\alpha_{jn} \geq 0$，所以对任何物品 j 如果不是 $\sum_{i=1}^{n-1} \alpha_{ji} < 1$，则该物品的生产已经不是全自变量规模报酬递减，此时的情况已经合乎命题 25。

由式（VI.9.2）可知，如果所有的 k_i 都等于 1（基准物品的标准化稳态增长率解），则规模报酬递增程度 $r_j - 1$ 对所有的物

内生稳态增长模型的生产结构

品 j 都等于零。这意味着所有物品的生产都全自变量规模报酬不变。这印证了本书第二章的命题：如果所有物品的生产都全自变量规模报酬不变，则所有自变量物品都有相同的稳态增长率解。这种所有物品都有相同稳态增长率解的情况，当然也包括了所有物品的稳态增长率解都为零的情况。这时式（Ⅰ.10.4）所示的齐次线性方程组有零解。

该齐次线性方程组有非零解的情况可以分为两种：所有的 k_i 都不大于 1 和至少有一个 k_i 大于 1。

由式（Ⅵ.9.2）可知，如果所有的 k_i 都不大于 1，则至少第 n 种物品的规模报酬递增程度 $r_n - 1$ 不小于零，因而此时它的生产是全自变量规模报酬不递减（递增或不变）的，此时的情况已经合乎命题 25。

要使第 n 种物品生产的规模报酬递减，即要使 $r_n - 1$ 小于零，就必须至少有一个 i 不等于 n 的 k_i 大于 1，这就是至少有一个 k_i 大于 1 的情况。在这些大于 1 的 k_i 中，必可以找出一个 k_i 值最大的，将其标为 k_j。假设在非物品 n 的 $n-1$ 种物品中，增长率等于 k_j 的物品有 m 个，将其标为物品 h，增长率不等于 k_j 的物品有 s 个，将其标为物品 f，则 $m+s=n-1$。按定义必有 $k_j > k_f$，从而 $(1-k_f) > (1-k_j)$。而且对于任何物品 j，都必有 $\sum_{i=1}^{n-1}\alpha_{ji} = \sum_{f=1}^{s}\alpha_{if} + \sum_{h=1}^{m}\alpha_{jh}$。

这里已经假定了 $k_j > 1$，因而 $(1-k_j) < 0$。在 $\sum_{i=1}^{n-1}\alpha_{ji} < 1$ 的情况下，因为较小的数乘以一个负数之积大于较大的数乘以同一个负数之积，因而 $\left(\sum_{i=1}^{n-1}\alpha_{ji}\right) \cdot (1-k_j) > (1-k_j)$。于是对这样

一个物品 j 就有：

$$\sum_{i=1}^{n-1}(1-k_i)\cdot\alpha_{ji}=\sum_{f=1}^{s}(1-k_f)\cdot\alpha_{jf}+\sum_{h=1}^{m}(1-k_j)\cdot\alpha_{jh}$$

$$\geqslant\left(\sum_{i=1}^{n-1}\alpha_{ji}\right)\cdot(1-k_j)>(1-k_j)$$

而根据式（Ⅵ.9.2），对于任何非物品 n 的物品 j，如果有

$\sum_{i=1}^{n-1}(1-k_i)\cdot\alpha_{ji}>(1-k_j)$，就必有 $r_j-1>0$，此时物品 j 的生产

全自变量规模报酬递增。此时的情况也合乎命题 25。

综合以上分析，在命题 25 所涵盖的各种情况下，命题 25 都成立。

证毕

由命题 25 还可以直接推出命题 10：

推论 25

在一个折旧率不随时间而变化的正则生产函数经济中，如果所有物品的生产都是全自变量规模报酬递减的，没有任何物品的增长率外生给定，则该经济的稳态增长率不存在非零的解。

由命题 25 还可以直接推出：

推论 25.1

在一个折旧率不随时间而变化的正则生产函数经济中，如果没有任何物品的增长率外生给定，则当所有物品的稳态增长率解都大于零时，至少有一种物品的生产不是全自变量规模报酬递减的。

二、"报酬递减与报酬递增共存"定理

如果既没有外生给定的增长率，又不存在"无外来投入的

内生稳态增长模型的生产结构

规模报酬不变系统"，要使各种不同物品的稳态增长率解都大于零而又不全都彼此相等，就必须是增长率最高的物品在生产上全自变量规模报酬递增，增长率最低的物品则全自变量规模报酬递减。

命题 26

在一个折旧率不随时间而变化的正则生产函数经济中，如果没有任何物品的增长率外生给定，不存在"无外来投入的规模报酬不变系统"，则当该经济的稳态增长率有非零的解、各种物品的稳态增长率解并不全都彼此相等但正负号全都相同时，该经济中各种物品的生产既有全自变量规模报酬递增的，也有全自变量规模报酬递减的，且稳态增长率解绝对值最高的自变量物品的生产是全自变量规模报酬递增的，而稳态增长率解绝对值最低的自变量物品的生产则是全自变量规模报酬递减的。

证

本命题对本书的研究最为重要，因此这里不厌其烦地用两种方式来证明本命题。

这里使用标准化的稳态增长率解进行论证。如果一个经济的稳态增长率有非零的解、各种物品的稳态增长率解并不全都彼此相等但正负号全都相同时，则对任何物品 j，标准化的稳态增长率解 k_j 都大于零，且这些标准化的稳态增长率解并不全都等于 1。

第一种证明

根据围绕式（Ⅵ.9.2）所做的分析，在任何有 n 种自变量物品的经济中，对任何物品 j 都有其规模报酬递增程度：

$$r_j - 1 = \sum_{i=1}^{n-1} (1 - k_i) \cdot \alpha_{ji} - (1 - k_j), \ j \neq n \qquad （\text{Ⅵ}.9.3）$$

$$r_j - 1 = \sum_{i=1}^{n-1} (1 - k_i) \cdot \alpha_{ji}, \ j = n \qquad （\text{Ⅵ}.9.4）$$

根据第一章第四节第二小节的分析，上两式中的各个 k_i 其实就是以第 n 种物品为基准物品所得出的前 $n-1$ 种物品中第 i 种物品的标准化稳态增长率解，而基准物品（第 n 种物品）在这里的标准化稳态增长率则为 1。

选稳态增长率解的绝对值最低的一种物品作基准物品，将它视为第 n 种物品，依据它来将各种不同物品的稳态增长率解标准化。在本命题所说的经济中，由于稳态增长率有非零的解且各种物品的稳态增长率解并不全都彼此相等但正负号全都相同，对式（Ⅵ.9.3）和式（Ⅵ.9.4）中的任何物品 i 和物品 j，只要 $i \neq n$，$j \neq n$，恒有 $k_i \geqslant 1$，$k_j \geqslant 1$。

如果作为基准物品的第 n 种物品属于一个"无外来投入的规模报酬不变系统"，则在式（Ⅵ.9.4）中，只有当第 i 种物品属于该系统时，才有 $\alpha_{ji} > 0$。由命题 23 可知，该系统中的所有物品都有相同的稳态增长率解，这意味着在式（Ⅵ.9.4）中对所有的物品 i，只要 $\alpha_{ji} > 0$，都有 $k_i = 1$。由式（Ⅵ.9.4）可知，此时 $r_n - 1 = 0$，第 n 种物品的生产全自变量规模报酬不变。

如果一种非基准物品 j 属于一个"无外来投入的规模报酬不变系统"，这个系统中也包括了第 n 种物品，则在式（Ⅵ.9.3）中，只有当第 i 种物品属于该系统时，才有 $\alpha_{ji} > 0$。而由命题 23 可知，"无外来投入的规模报酬不变系统"中的所有物品都有相同的稳态增长率解，在这里就是等于基准物品的标准化增长率 1。这意味着在式（Ⅵ.9.3）中，对物品 j 和所有

的物品 i，只要 $\alpha_{ji} > 0$，都有 $k_i = k_j = 1$。由式（Ⅵ.9.3）可知，此时 $r_j - 1 = 0$，第 j 种物品生产的全自变量规模报酬不变。

如果一种非基准物品 j 属于一个"无外来投入的规模报酬不变系统"，而这个系统中不包括第 n 种物品，则在式（Ⅵ.9.3）中，只有当第 i 种物品属于该系统时，才有 $\alpha_{ji} > 0$。

这首先意味着在式（Ⅵ.9.3）中，$\sum_{i=1}^{n-1} \alpha_{ji} = \sum_{e=1}^{m} \alpha_{je} = 1$。其次，由命题 23 可知，"无外来投入的规模报酬不变系统"中的所有物品都有相同的稳态增长率解，这意味着在式（Ⅵ.9.3）中，对所有的物品 i，只要 $\alpha_{ji} > 0$，都有 $k_i = k_j > 1$。这里 $k_j > 1$，是因为根据此处的标准化定义，第 n 种物品的标准化稳态增长率最低且等于 1。由式（Ⅵ.9.3）可知，此时 $r_j - 1 = 0$，第 j 种物品生产的全自变量规模报酬不变。当然，这里所说的这种属于"无外来投入的规模报酬不变系统"的非基准物品 j，也可能有绝对值最高的稳态增长率解。

在本命题讨论的经济中，由于不存在"无外来投入的规模报酬不变系统"，在式（Ⅵ.9.3）和式（Ⅵ.9.4）的物品 i 中就至少存在一种物品，对它来说 $k_i > 1$，而其他物品的稳态增长率解也都不小于 1；而在式（Ⅵ.9.3）的物品 i 中则至少有一种物品的 k_i 不等于 k_j。

在这种情况下，式（Ⅵ.9.4）中的所有 k_i 都不小于 1，且至少有一个以上的 k_i 大于 1。这就决定了用作基准物品的第 n 种物品的规模报酬递增程度 $r_j - 1$ 小于零。由于该物品是该经济中稳态增长率解绝对值最低的物品，该经济中稳态增长率解绝对值最低的物品的生产必定是全自变量规模报酬递减的。

在这种情况下，式（Ⅵ.9.3）也适用于该经济中稳态增长率解绝对值最高的物品。我们取该物品为式（Ⅵ.9.3）中的物品 j。对于这种物品来说，式（Ⅵ.9.3）中的 k_j 必定大于 1 且不会小于任何 k_i。由于不存在"无外来投入的规模报酬不变系统"，式（Ⅵ.9.3）中的 k_i 还至少有一个小于 k_j 且对该两物品 i 和 j 有 $\alpha_{ji} > 0$。这样，如果式（Ⅵ.9.3）中的 $\sum_{i=1}^{n-1} \alpha_{ji} \leq 1$，在式（Ⅵ.9.3）中必有 $(k_j - 1) > \sum_{i=1}^{n-1} (k_i - 1) \cdot \alpha_{ji}$，此时根据式（Ⅵ.9.3）必有 $r_j - 1 > 0$，该种物品的生产是全自变量规模报酬递增的；而如果式（Ⅵ.9.3）中的 $\sum_{i=1}^{n-1} \alpha_{ji} > 1$，则这本身就决定了这种物品的生产是全自变量规模报酬递增的。因此，在任何情况下，本命题所研究的经济中稳态增长率解绝对值最高的物品都在生产上是全自变量规模报酬递增的。

注意： 如果将本命题讨论的前提条件稍作修改，允许该经济中存在一个"无外来投入的规模报酬不变系统"，就可以从一个新角度对命题 23 做出论证。

这时我们讨论的是这样一个折旧率不随时间而变化的正则生产函数经济：其中虽然没有任何物品的增长率外生给定，但是该经济的稳态增长率有非零解，且各种物品的稳态增长率解并不全都彼此相等但正负号全都相同。

在这样一个经济中，如果稳态增长率解绝对值最低的第 n 种物品属于"无外来投入的规模报酬不变系统"，而稳态增长率解绝对值最高的物品却不属于这个"无外来投入的规模报酬不变系统"，则可以照搬前面对稳态增长率解绝对值最高的物品在生产上全自变量规模报酬递增的论证。这时只需对前面的

内生稳态增长模型的生产结构

论证作一个小修改：即使前 $n-1$ 种物品中的某一些属于"无外来投入的规模报酬不变系统"，式（Ⅵ.9.3）中的 k_i 也至少有一个小于 k_j 且对该两物品 i 和 j 有 $\alpha_{ji} > 0$。这丝毫不影响前面论证的正确。这时在该经济中，"无外来投入的规模报酬不变系统"中共同的稳态增长率解在各种物品的稳态增长率解中是绝对值最低的，而有最高稳态增长率解绝对值的物品生产是全自变量规模报酬递增的。

而如果在这个经济中稳态增长率解绝对值最高的物品属于"无外来投入的规模报酬不变系统"，稳态增长率解绝对值最低的第 n 种物品却不属于这个"无外来投入的规模报酬不变系统"，则可以照搬前面对用作基准物品的第 n 种物品全自变量规模报酬递减的论证。这时在该经济中，"无外来投入的规模报酬不变系统"中共同的稳态增长率解在各种物品的稳态增长率解中是绝对值最高的，而有最低稳态增长率解绝对值的物品生产是全自变量规模报酬递减的。

如果在这个经济中，稳态增长率解绝对值最高的物品和稳态增长率解绝对值最低的第 n 种物品都不属于"无外来投入的规模报酬不变系统"，就可以照搬本命题前面的两个论证，证明在这种情况下用作基准物品的第 n 种物品全自变量规模报酬递减，而稳态增长率解绝对值最高的物品在生产上全自变量规模报酬递增。这不仅从另一个角度印证了命题23，而且对它做了进一步的发展。

第二种证明

由式（Ⅰ.3.3）知，第 j 种物品生产的全自变量规模报酬

$$r_j = \sum_{i=1}^{n} \alpha_{ji} = \sum_{i=1}^{n-1} \alpha_{ji} + \alpha_{jn}$$。由此可得：

$$\sum_{i=1}^{n}\frac{\alpha_{ji}}{r_j}=\sum_{i=1}^{n-1}\frac{\alpha_{ji}}{r_j}+\frac{\alpha_{jn}}{r_j}=1 \qquad （Ⅵ.10）$$

还可由公式的变换得：

$$\sum_{i=1}^{n}\alpha_{ji}\bullet k_i^{*}=r_j\bullet\left(\sum_{i=1}^{n}\frac{\alpha_{ji}}{r_j}\bullet k_i^{*}\right) \qquad （Ⅵ.11）$$

根据式（Ⅵ.10）知式（Ⅵ.11）中$\sum_{i=1}^{n}\dfrac{\alpha_{ji}}{r_j}=1$。

根据式（Ⅰ.11.3）知，标准化的稳态增长率解必满足：

$$k_j^{*}=\sum_{i=1}^{n}\alpha_{ji}\bullet k_i^{*} \quad 其中k_n^{*}=1 \qquad （Ⅵ.11.1）$$

定义标准化稳态增长率解最高的物品 h 的标准化增长率 $k_h^{*}\geqslant k_i^{*},\forall i\in$（1，2，…，$n$）。如果物品 h 不属于某个"无外来投入的规模报酬不变系统"，则在物品 h 的标准化稳态增长条件式中，至少对某个物品 i，有 $k_h^{*}>k_i^{*}$。再考虑到式（Ⅵ.11）、式（Ⅵ.11.1）和式（Ⅵ.10），对第 h 种物品来说必有：

$$\sum_{i=1}^{n}\alpha_{hi}\bullet k_i^{*}=r_h\bullet\left(\sum_{i=1}^{n}\frac{\alpha_{hi}}{r_h}\bullet k_i^{*}\right)=k_h^{*}$$

$$=\sum_{i=1}^{n}\frac{\alpha_{hi}}{r_h}\bullet k_h^{*}>\sum_{i=1}^{n}\frac{\alpha_{hi}}{r_h}\bullet k_i^{*}$$

上式中 $\sum_{i=1}^{n}\alpha_{hi}\bullet k_i^{*}>\sum_{i=1}^{n}\dfrac{\alpha_{hi}}{r_h}\bullet k_i^{*}$，这意味着 $r_h>1$，标准化稳态增长率最高的物品 h 的生产是全自变量规模报酬递增的。

同样地，我们可以定义标准化稳态增长率解最低的物品 l 的增长率 $k_l^{*}\leqslant k_i^{*}\forall i\in$（1，2，…，$n$）。如果物品 l 不属于某个"无外来投入的规模报酬不变系统"，则在物品 l 的稳态增长条件式中，至少对某个物品 i，有 $k_l^{*}<k_i^{*}$。再考虑到式

内生稳态增长模型的生产结构

（Ⅵ.11）、式（Ⅵ.11.1）和式（Ⅵ.10），对第 l 种物品来说必有：

$$\sum_{i=1}^{n} \alpha_{ik} \cdot k_i^* = r_l \cdot \left(\sum_{i=1}^{n} \frac{\alpha_{li}}{r_l} \cdot k_i^*\right) = k_l^* = \sum_{i=1}^{n} \frac{\alpha_{li}}{r_l} \cdot k_i^* < \sum_{i=1}^{n} \frac{\alpha_{li}}{r_l} \cdot k_i^*$$

上式中 $\sum_{i=1}^{n} \alpha_{li} \cdot k_i^* < \sum_{i=1}^{n} \frac{\alpha_{li}}{r_l} \cdot k_i^*$，这意味着 $r_l < 1$，标准化稳态增长率最低的物品 l 的生产是全自变量规模报酬递减的。

证毕

推论 26

在一个折旧率不随时间而变化的正则生产函数经济中，如果没有任何物品的增长率外生给定，不存在"无外来投入的规模报酬不变系统"，则当该经济中所有物品的稳态增长率解都不小于零且并不全都相等时，该经济中各种物品的生产既有全自变量规模报酬递增的，也有全自变量规模报酬递减的，且稳态增长率最高的自变量物品的生产是全自变量规模报酬递增的，而稳态增长率最低的自变量物品的生产则是全自变量规模报酬递减的。

例 26：将外生给定增长率内生化

在本书至今为止所举的数字例子里，许多例子中不存在"无外来投入的规模报酬不变系统"，但是所有三种物品的标准化稳态增长率解都大于零，也即所有三种物品的稳态增长率解都有同样的正负号，而这些稳态增长率解并不全都彼此相等。不过在这些例子中，都至多只给出了两种自变量物品的"生产函数"，而将另外至少一种物品的增长率视为外生给定。而在这里，为了说明命题 26，我们将把这些例子中外生给定的增长率都内生化，为那些本来有外生给定增长率的物品设计出合乎该经济稳态增长条件的"生产函数"来。

将外生给定增长率内生化的操作程序如下：例如，在原来的数字例子中，各种物品都没有折旧，两种增长率内生的物品分别有生产函数 $Y = (s_{yk} \cdot K)^{ayk} \cdot (s_{ya} \cdot A)^{aya} \cdot (s_{yl} \cdot L)^{ayl}$ 和

$\dfrac{\mathrm{d}A}{\mathrm{d}t} = (s_{ak} \cdot K)^{aak} \cdot (s_{aa} \cdot A)^{aaa} \cdot (s_{yl} \cdot L)^{aal}$，据此可以得出该经济的稳态增长条件：

$$\begin{cases} (\alpha_{yk} - 1) \cdot k + \alpha_{ya} \cdot a + \alpha_{yl} = 0 \\ \alpha_{ak} \cdot k + (\alpha_{aa} - 1) \cdot a + \alpha_{al} = 0 \end{cases} \quad （例26.1）$$

内生稳态增长模型的生产结构

该经济的两种具有内生增长率的物品的稳态增长率解 k 和 a 就是根据式（例 26.1）解出的。而本例中要将其外生给定增长率内生化的物品，是该经济中的基准物品 L。将 L 本来外生给定的增长率内生化，意味着为该经济引进一个新的生产函数

$\dfrac{\mathrm{d}L}{\mathrm{d}t} = (s_{lk} \cdot K)^{\alpha_{lk}} \cdot (s_{la} \cdot A)^{\alpha_{la}} \cdot (s_{al} \cdot L)^{\alpha_{ll}}$，并据此得出一个新的稳态增长条件：

$$\alpha_{lk} \cdot k + \alpha_{la} \cdot a + (\alpha_{ll} - 1) = 0 \quad （例26.2）$$

将外生给定的增长率内生化，就是为式（例 26.2）中的 α_{lk}，α_{la}，α_{ll} 找到一组合适的数值以使该式成立。

这样将外生给定的增长率内生化，是对原来各例子中的求稳态增长率解程序的逆运算。在原先的各个例子中，是已知所有的 α_{ji} 而求未知的 k 和 a（或 h），而在现在的将外生给定增长率内生化的过程中，则是已知 k 和 a（或 h）而求未知的 α_{ji}。但是原来各例子中的求稳态增长率解程序是依据两个线性方程组求解两个未知数，因而问题有唯一解；而现在这种将外生给定增长率内生化的运算却是依据式（例 26.2）这一个方程来确

定 α_{lk}，α_{la}，α_{ll} 这三个未知数的数值。显然可以为方程（例 26.2）找出无穷多组解。因此下面为每个例子中原先有外生给定增长率的物品 L 设计的生产函数在一定程度上带有任意性。但是尽管如此，这样将外生给定增长率内生化仍然可以为命题 26 提供例证。

（1）在例 4 中，全部三种物品的稳态增长条件式（例 4.1）

可以化为：
$$\begin{cases} (0.4-1) \cdot k + 0.5 \cdot a + 0.2 = 0 \\ 0.5 \cdot k + (0.4-1) \cdot a + 0.2 = 0 \\ 0.1 \cdot k + 0.2 \cdot a + (0.4-1) = 0 \end{cases}$$

由此解得 $k=2$，$a=2$。如果三种物品的生产函数都是柯布—道格拉斯式的，各种物品都没有折旧，由上述稳态增长条件可以推知这三种物品的生产函数应分别为 $Y = (s_{yk} \cdot K)^{0.4} \cdot (s_{ya} \cdot A)^{0.5} (s_{yl} \cdot L)^{0.2}$，$\dfrac{\mathrm{d}A}{\mathrm{d}t} = (s_{ak} \cdot K)^{0.5} \cdot (s_{aa} \cdot A)^{0.4} \cdot (s_{al} \cdot L)^{0.2}$ 和 $\dfrac{\mathrm{d}L}{\mathrm{d}t} = (s_{lk} \cdot K)^{0.1} \cdot (s_{la} \cdot A)^{0.2} \cdot (s_{ll} \cdot L)^{0.4}$。这里没有什么外生给定增长率需要内生化，但是三种物品有两种在生产上全自变量规模报酬递增，一种在生产上规模报酬递减。

（2）例 7 中的新古典增长模型有两种物品（A 和 L）增长率外生给定，只有最终产品和物质资本的增长率是内生决定的。

这里我们取索洛的新古典生产函数，并按照经济学界通常的做法，假定式（例 7.2）中的指数 $a=0.3$。

我们还可以按照经济学界通常的看法，以美国为例将最终产品和物质资本的稳态增长率（在索洛模型中等于 $n + \dfrac{g}{1-a}$）设定为 3%，将外生给定的人口增长率 n 设定为 0.3%，并依据最终产品稳态增长率与人口增长率的关系式 $n + \dfrac{g}{1-a}$ 而求出本应是外生给定的技术水平 A 的增长率 $g=1.89\%$。

如果将劳动力看作基准物品，将人口增长率 n 标准化为 1，则根据上边所给出的数值，可将最终产品和物质资本的稳态增长率标准化为 $k=10$，将技术的稳态增长率标准化为 $a=6.3$。如果我们依据式（例7.2）中的索洛生产函数 $Y = A \cdot K^a \cdot L^{1-a}$ 得出最终产品和物质资本的稳态增长条件并令其中的 $a=0.3$，我们可得稳态增长条件 $(0.3-1) \cdot k + a + 0.7 = 0$，而上述的标准化稳态增长率 $k=10$，$a=6.3$ 正是这个稳态增长条件的一组解。

依据这样一组标准化的稳态增长率 $k=10$，$a=6.3$，$l=1$，我们可以用技术水平 A 和劳动力 L 的以下两个"生产函数"来把它们的外生给定增长率内生化：$\dfrac{\mathrm{d}A}{\mathrm{d}t} = (s_{ak} \cdot K)^{0.05} \cdot (s_{aa} \cdot A)^{0.9} \cdot (s_{al} \cdot L)^{0.13}$，$\dfrac{\mathrm{d}L}{\mathrm{d}t} = (s_{lk} \cdot K)^{0.027} \cdot (s_{la} \cdot A)^{0.1} \cdot (s_{ll} \cdot L)^{0.1}$，而各种物品都没有折旧。这样就把索洛最终产品生产函数下的稳态增长条件扩展为：

$$\begin{cases} (0.3-1) \cdot k + a + 0.7 = 0 \\ 0.05 \cdot k + (0.9-1) \cdot a + 0.13 = 0 \\ 0.027 \cdot k + 0.1 \, a + (0.1-1) = 0 \end{cases} \quad (\text{例}7.5)$$

$k=10$，$a=6.3$ 仍然是这个方程组的解。但是在这样一个经济中，物品 K 和 A 的生产是全自变量规模报酬递增的，而物品 L 的生产却是全自变量规模报酬递减的。

（3）在例12.1中，最终产品生产函数是全自变量规模报酬不变的：$Y = (s_{yk} \cdot K)^{0.3} \cdot (s_{ya} \cdot A)^{0.3} \cdot (s_{yl} \cdot L)^{0.4}$，而物品 A 的生产函数是全自变量规模报酬递减的：$\dfrac{\mathrm{d}A}{\mathrm{d}t} = (s_{ak} \cdot K)^{0.3} \cdot$

$(s_{aa} \cdot A)^{0.4} \cdot (s_{al} \cdot L)^{0.2}$，物品 L 的增长率外生给定，各种物品都没有折旧。据此可以得出方程组（例 12.1），它是这种情况下的稳态增长条件。由这个稳态增长条件可以解得物品 K 和 A 的标准化稳态增长率 $k = \dfrac{1}{1.1}$，$a = \dfrac{2.6}{3.3}$。

可以根据物品 K 和 A 的上述标准化稳态增长率数值，为物品 L 设计出合乎其稳态增长条件的生产函数 $\dfrac{\mathrm{d}L}{\mathrm{d}t} = (s_{lk} \cdot K)^{0.4} \cdot (s_{la} \cdot A)^{0.3} \cdot (s_{ll} \cdot L)^{0.4}$。由这个生产函数可以得出物品 L 的稳态增长条件，将它加入方程组（例 12.1）之后，就可以将其中的稳态增长条件扩展为：

$$\begin{cases} (0.3-1) \cdot k + 0.3 \cdot a + 0.4 = 0 \\ 0.3 \cdot k + (0.4-1) \cdot a + 0.2 = 0 \\ 0.4 \cdot k + 0.3 \cdot a + (0.4-1) = 0 \end{cases} \quad （例 12.11）$$

$k = \dfrac{1}{1.1}$，$a = \dfrac{2.6}{3.3}$ 仍然是这个方程组的解。

（4）在例 12.2 中，最终产品生产函数是全自变量规模报酬递减的：$Y = (s_{yk} \cdot K)^{0.3} \cdot (s_{ya} \cdot A)^{0.4} \cdot (s_{yl} \cdot L)^{0.2}$，而物品 A 的生产函数也是全自变量规模报酬递减的：$\dfrac{\mathrm{d}A}{\mathrm{d}t} = (s_{ak} \cdot K)^{0.6} \cdot (s_{aa} \cdot A)^{0.1} \cdot (s_{al} \cdot L)^{0.1}$，物品 L 的增长率外生给定，各种物品都没有折旧。据此可以得出方程组（例 12.2），它是这种情况下的稳态增长条件。由这个稳态增长条件可以解得物品 K 和 A 的标准化稳态增长率 $k \approx 0.5641025$，$a \approx 0.4871794$。

可以根据物品 K 和 A 的上述标准化稳态增长率数值，为物品 L 设计出合乎其稳态增长条件的生产函数

$$\frac{\mathrm{d}L}{\mathrm{d}t} = (s_{lk} \cdot K)^{0.3} \cdot (s_{la} \cdot A)^{0.3} \cdot (s_{ll} \cdot L)^{\frac{89}{130}}$$，该生产函数显然是全

自变量规模报酬递增的，因为 $r_l = 0.3 + 0.3 + \dfrac{89}{130} = \dfrac{167}{130} > 1$。

由这个生产函数可以得出物品 L 的稳态增长条件，将它加

入方程组（例 12.2）之后，就可以将其中的稳态增长条件扩

展为：

$$\begin{cases} (0.3-1) \cdot k + 0.4 \cdot a + 0.2 = 0 \\ 0.6 \cdot k + (0.1-1) \cdot a + 0.1 = 0 \\ 0.3 \cdot k + 0.3 \cdot a + (\dfrac{89}{130}-1) = 0 \end{cases} \quad （例 12.21）$$

$k \approx 0.5641025$，$a \approx 0.4871794$ 仍然是这个方程组的解。

（5）在例 15.2 中，最终产品生产函数是全自变量规

模报酬递增的：$Y = (s_{yk} \cdot K)^{0.4} \cdot (s_{ya} \cdot A)^{0.5} \cdot (s_{yl} \cdot L)^{0.2}$，而

物品 A 的生产函数也是全自变量规模报酬递增的：$\dfrac{\mathrm{d}A}{\mathrm{d}t} =$

$(s_{ak} \cdot K)^{0.5} \cdot (s_{aa} \cdot A)^{0.4} \cdot (s_{al} \cdot L)^{0.2}$，物品 L 的增长率外生给定，

各种物品都没有折旧。据此可以得出方程组（例 15.2），它是

这种情况下的稳态增长条件。由这个稳态增长条件可以解得物

品 K 和 A 的标准化稳态增长率 $k=2$，$a=2$。

可以根据物品 K 和 A 的上述标准化稳态增长率数

值，为物品 L 设计出合乎其稳态增长条件的生产函数

$$\frac{\mathrm{d}L}{\mathrm{d}t} = (s_{lk} \cdot K)^{0.1} \cdot (s_{la} \cdot A)^{0.2} \cdot (s_{ll} \cdot L)^{0.4}$$。该生产函数显然是全自

变量规模报酬递减的。由这个生产函数可以得出物品 L 的稳态

增长条件，将它加入方程组（例 15.2）之后，就可以将其中的

稳态增长条件扩展为：

内生稳态增长模型的生产结构

$$\begin{cases} (0.4-1) \cdot k + 0.5 \cdot a + 0.2 = 0 \\ 0.5 \cdot k + (0.4-1) \cdot a + 0.1 = 0 \\ 0.1 \cdot k + 0.2 \cdot a + (0.4-1) = 0 \end{cases} \quad （例15.21）$$

这其实就是例 4 中的稳态增长条件（例4.1）。$k=2$，$a=2$ 仍然是这个方程组的解。

例 22 在数学形式上与例 15.2 完全一样，只不过例 22 的着眼点在解释彼此相等的稳态增长率解，而例 15.2 的着眼点则是解释一种物品增长率外生给定而其他物品报酬递增时的稳态增长率。这样就可以把这里所做的照搬到例 22 上，使用与这里完全一样的方法将例 22 中的基准物品的稳态增长率解内生化。

（6）在例 17.2 中，最终产品生产函数是全自变量规模报酬不变的：$Y = (s_{yk} \cdot K)^{0.5} \cdot (s_{yh} \cdot H)^{0.4} \cdot (s_{yl} \cdot L)^{0.1}$，物品 H 的生产函数是全自变量规模报酬递增的：$\dfrac{\mathrm{d}H}{\mathrm{d}t} = (s_{hk} \cdot K)^{0.6} \cdot (s_{hh} \cdot H)^{0.5} \cdot (s_{hl} \cdot L)^{0.2}$，物品 L 的增长率外生给定，各种物品都没有折旧。据此可以得出方程组（例 17.2），它是这种情况下的稳态增长条件。由这个稳态增长条件可以解得物品 K 和 H 的标准化稳态增长率 $k=13$，$h=16$。

可以根据物品 K 和 H 的上述标准化稳态增长率数值，为物品 L 设计出合乎其稳态增长条件的生产函数 $\dfrac{\mathrm{d}L}{\mathrm{d}t} = (s_{lk} \cdot K)^{0.02} \cdot (s_{lh} \cdot H)^{0.02} \cdot (s_{ll} \cdot L)^{0.42}$。该生产函数显然是全自变量规模报酬递减的。由这个生产函数可以得出物品 L 的稳态增长条件，将它加入方程组（例 17.2）之后，就可以将其中的稳态增长条件扩展为：

$$\begin{cases} (0.5-1) \cdot k + 0.4 \cdot h + 0.1 = 0 \\ 0.6 \cdot k + (0.5-1) \cdot h + 0.2 = 0 \\ 0.02 \cdot k + 0.02 \cdot h + (0.42-1) = 0 \end{cases} \quad （例17.21）$$

$k=13$，$h=16$ 仍然是这个方程组的解。

（7）在例 24.1 中，最终产品生产函数是全自变量规模报酬递增的：$Y=(s_{yk} \cdot K)^{0.7} \cdot (s_{ya} \cdot A)^{0.6} \cdot (s_{yl} \cdot L)^{0.15}$，物品 A 的生产函数是全自变量规模报酬递减的：$\dfrac{\mathrm{d}A}{\mathrm{d}t}=(s_{ak} \cdot K)^{0.2} \cdot (s_{aa} \cdot A)^{0.3} \cdot (s_{al} \cdot L)^{0.05}$，物品 L 的增长率外生给定，各种物品都没有折旧。据此可以得出方程组（例 24.1），它是这种情况下的稳态增长条件。由这个稳态增长条件可以解得物品 K 和 A 的标准化稳态增长率 $k=1.5$，$a=0.5$。

可以根据物品 K 和 A 的上述标准化稳态增长率数值，为物品 L 设计出合乎其稳态增长条件的生产函数 $\dfrac{\mathrm{d}L}{\mathrm{d}t}=(s_{lk} \cdot K)^{0.3} \cdot (s_{la} \cdot A)^{0.3} \cdot (s_{ll} \cdot L)^{0.4}$。由这个生产函数可以得出物品 L 的稳态增长条件，将它加入方程组（例 24.1）之后，就可以将其中的稳态增长条件扩展为：

$$\begin{cases} (0.7-1) \cdot k + 0.6 \cdot a + 0.15 = 0 \\ 0.2 \cdot k + (0.3-1) \cdot a + 0.05 = 0 \\ 0.3 \cdot k + 0.3 \cdot a + (0.4-1) = 0 \end{cases} \quad （例\ 24.11）$$

$k=1.5$，$a=0.5$ 仍然是这个方程组的解。

（8）在例 24.2 中，最终产品生产函数是全自变量规模报酬递增的：$Y=(s_{yk} \cdot K)^{0.7} \cdot (s_{ya} \cdot A)^{0.6} \cdot (s_{yl} \cdot L)^{0.2}$，物品 A 的生产函数是全自变量规模报酬递减的：$\dfrac{\mathrm{d}A}{\mathrm{d}t}=(s_{ak} \cdot K)^{0.3} \cdot (s_{aa} \cdot A)^{0.3} \cdot (s_{al} \cdot L)^{0.1}$，物品 L 的增长率外生给定，各种物品都没有折旧。据此可以得出方程组（例 24.2），它是这种情况下的稳态增长条件。由这个稳态增长条件可以解得物品 K 和 A 的标准化稳态增长率 $k=6\dfrac{2}{3}$，$a=3$。

可以最终产品 K 和 A 的上述标准化稳态增长率数值，

为物品 L 设计出合乎其稳态增长条件的生产函数 $\dfrac{\mathrm{d}L}{\mathrm{d}t} =$

$(s_{lk} \cdot K)^{0.06} \cdot (s_{la} \cdot A)^{0.1} \cdot (s_{ll} \cdot L)^{0.3}$。由这个生产函数可以得出物品 L 的稳态增长条件，将它加入方程组（例 24.2）之后，就可以将其中的稳态增长条件扩展为：

$$\begin{cases} (0.7-1) \cdot k + 0.6 \cdot a + 0.2 = 0 \\ 0.3 \cdot k + (0.3-1) \cdot a + 0.1 = 0 \\ 0.06 \cdot k + 0.1 \cdot a + (0.3-1) = 0 \end{cases} \quad （例 24.21）$$

$k = 6\dfrac{2}{3}$，$a=3$ 仍然是这个方程组的解。

经过将外生给定增长率内生化的操作之后，以上讨论的所有 8 个例子都变成了"报酬递减与报酬递增共存"的经济：都是三种物品中既有在生产上全自变量规模报酬递增的，也有在生产上全自变量规模报酬递减的，并且标准化稳态增长率最高的物品总是报酬递增的，而标准化稳态增长率最低的物品则总是报酬递减的。这提供了有趣的例证来印证命题 26：

在一个折旧率不随时间而变化的正则生产函数经济中，如果没有任何物品的增长率外生给定，不存在"无外来投入的规模报酬不变系统"，则当该经济的稳态增长率有非零的解、各种物品的稳态增长率解并不全都彼此相等但正负号全都相同时，该经济中各种物品的生产既有全自变量规模报酬递增的，也有全自变量规模报酬递减的，且稳态增长率解绝对值最高的自变量物品的生产是全自变量规模报酬递增的，而稳态增长率解绝对值最低的自变量物品的生产则是全自变量规模报酬递减的。

第七章　结　论

本书的导论已经清楚地表明了全书关注的核心：一个经济的总量生产函数应当具有什么样的结构，才能使整个经济的增长进入"卡尔多稳态"？在"卡尔多稳态"下，最终产品的产出、劳动和物质资本的增长率都大致稳定不变，长期维持着正的增长率，且产出和物质资本的增长率显著高于人口的增长率。

本书各章的研究已经对这个问题做出了清楚的回答。本书的数量化分析所得出的结论是：如果各种物品都没有折旧的话，

——要使整个经济的增长进入"卡尔多稳态"，最终产品生产函数中的任何自变量物品都不能在其本身的生产中有太高的贡献率，这一贡献率尤其不能大于 1，否则就会使整个经济陷入增长率不断上升的爆炸性增长，使表示稳态增长条件的线性联立方程组中某些物品的稳态增长率解小于零；

——如果某种物品（如劳动）有外生给定的增长率，则即使其他物品的生产都是全自变量规模报酬递增或都是报酬递减，整个经济的增长仍有可能进入"卡尔多稳态"；

——如果在一个经济中存在着"无外来投入的规模报酬不变系"，其中的每种物品都在生产上全自变量规模报酬不变且只使用系统中的物品作投入，则即使其他物品都在生产上报酬递增或都在生产上报酬递减，整个经济的增长仍有可能进入

"卡尔多稳态"；

　　——如果没有任何外生给定的增长率，所有物品的增长率都内生决定，且不存在"无外来投入的规模报酬不变系统"，则只有当报酬递增物品与报酬递减物品并存时，当既存在着生产上全自变量规模报酬递增的物品同时又存在着生产上全自变量规模报酬递减的物品时，整个经济的增长才可能进入"卡尔多稳态"；

　　——如果没有任何外生给定的增长率，所有物品的增长率都内生决定，则无论是所有物品的生产都全自变量规模报酬不变，还是所有物品的生产都报酬递增，或是所有物品的生产都报酬递减，都会使整个经济的增长不可能进入"卡尔多稳态"：当所有物品的生产都全自变量规模报酬不变时，所有物品的稳态增长率都只能彼此相等，最终产品和物质资本的稳态增长率不可能高于人口增长率；当所有物品的生产都全自变量规模报酬递增时，必定有某些物品的稳态增长率非零的解小于零，不可能是所有物品的稳态增长率都大于零；当所有物品的生产都全自变量规模报酬递减时，整个经济不可能有非零的稳态增长率。

　　本书第一章第二节的最末已经注明：本书的全部数量分析的基础都是，任何自变量物品在不同物品生产之间的使用上都不存在外部性和非竞争性。以上的所有结论都是在这一假定的基础上推导出来的。这就说明，最终产品生产函数中的任何自变量物品在不同物品生产之间的使用上的外部性和非竞争性，都不是经济增长进入"卡尔多稳态"的必要条件。即使整个经济中的任何物品在使用中，在不同物品生产之间都不存在外部性和非竞争性，只要满足了以上所说的条件，整个经济的增长仍有可能进入"卡尔多稳态"。

补论：自变量物品的非竞争性对经济增长的作用

保罗·罗默是 1986 年以来兴起的"新增长理论"研究浪潮的领军人物。他在其 1986 年发表的开创性论文《递增报酬与长期增长》中，建立了将技术水平（知识）的增长内生化的长期增长模型。在这篇论文中，保罗·罗默特别强调厂商对研究技术投资的"外部性"（externality）。他的模型假定，厂商为生产自己的产品而对技术研究所做的投资不但会增加它自己的最终产品产量，而且会增加整个经济中技术（知识 knowledge）的总存量（Paul M.Romer，1986）。

保罗·罗默的这种模型给人留下了一种印象，似乎要将一个进入"卡尔多稳态"增长的经济中的技术增长率内生化，就必须求助于自变量物品使用上的"外部性"：提高本厂家生产技术的投入不仅增加了本企业的产量，也增加了整个经济中的技术存量；用于研究技术的同一份投入一方面"生产"了最终产品的产出，另一方面则"生产"了技术的增量。而自变量物品使用上的这种"外部性"最终来源于技术这种"物品"在消费上的"非竞争性"，这种非竞争性意味着一个厂商消费（使用）某一项技术并不妨碍另一个厂商同时消费（使用）这项技术。

但是，要真正搞清自变量物品的非竞争性对经济增长的作用，我们首先必须区分自变量物品在生产性消费（使用）上的两种不同的"非竞争性"：一种是同一件自变量物品同时加入多个不同企业、不同人对同种物品的生产，这是"同种物品生产上的非竞争性"；另一种则是同一件自变量物品同时加入多个不同种物品的生产，这是"不同种物品生产之间的非竞争性"。

总的来说，任何自变量物品在"同种物品生产上的非竞争性"，不仅对经济增长有"水平效应"，提高给定资源下的经济增长率，而且对经济增长有"增长效应"，能够提高整个经济的稳态增长率。但是"同种物品生产上的非竞争性"的这些作用，都必须通过其对该种物品生产的全自变量规模报酬程度的影响才能发生。

在经济增长模型中，"同种物品生产上的非竞争性"在数学模型中有两种不同的表现：

一种表现是技术在与不同的生产要素或要素组合相结合时的非竞争性，它在索洛的新古典生产函数中已经得到了充分的体现。

新古典经济增长模型出现之后，经济增长理论界已经形成了共同的术语，将 $Y = F(K, A \cdot L)$ 称为具有哈罗德中性技术进步的生产函数，$Y = F(A \cdot K, L)$ 称为具有资本增进型技术进步的生产函数，$Y = A \cdot F(K, L)$ 称为具有希克斯中性技术进步的生产函数（David Romer，1996，第一章）。在这些生产函数中，技术水平 A 不是乘以某种生产要素（资本 K 或劳动 L），就是乘以生产要素的某种组合 $F(K, L)$。

但是这种乘法表达的其实是技术在与不同的生产要素或要素组合相结合时的非竞争性：任何一件技术（A 中的某一小部分）都与某一类生产要素或生产要素组合中的任何一小部分相结合，如 $A \cdot L$ 表示 A 中的任何一小部分都既参与这一份劳动的生产过程，也参与另一份劳动的生产过程，这些不同的劳动都在各自的生产中使用同一个技术而互不妨碍，如此等等。而当一个生产函数对所有生产要素规模报酬不变时，技术水平这样与生产要素或生产要素组合相乘就使该生产函数成为全自变量规模报酬递增的。例 7 中所说的索洛的"中性技术变化"生产函数 $Y = A \cdot K^{\alpha} L^{1-\alpha}$，就是这方面的典型例证。

"同种物品生产上的非竞争性"在数学模型中的另一种表现是，技术知识在参与不同企业对同种物品的生产时的非竞争性。

　　保罗·罗默在他1986年的那篇论文中使用的生产函数是这方面的典型代表。这篇论文中假定生产消费品的第 i 个厂商具有生产函数 $F(k_i, K, x_i)$，其中的 k_i 是该厂商自己的知识投入，x_i 是该厂商自己的其他要素投入，$K = \sum_{i=1}^{n} k_i$ 则是知识的总水平，它是全部 N 个生产消费品的厂商各自在知识上的投入之和。在这样的生产函数中，技术知识在参与不同企业对同种物品的生产时显然具有非竞争性。罗默假定生产函数 F 是 k_i 和 x_i 的凹函数并对 k_i 和 x_i 是一次齐次的，但是由于 k_i 对 K 的正的外部性，知识对生产函数 F 是全局边际生产力递增的（Paul M.Romer, 1986）。这就使生产函数 F 对其全部三种自变量必定是规模报酬递增的。

　　戴维·罗默在其宏观经济学教科书中将保罗·罗默1986年论文中的生产函数具体化为：单个厂商 i 的生产函数为 $Y_i = B^{1-\alpha} K^\alpha K_i^{1-\alpha} L_i^{1-\alpha}$，而整个经济的总生产函数则为 $Y = B^{1-\alpha} K^\alpha K^{1-\alpha} L^{1-\alpha}$，其中的 B 为一常数（David Romer, 1996，第三章3.5）。这是一个最显著的例子，表明技术知识在参与不同企业对同种物品的生产时的非竞争性将大大提高生产函数的规模报酬程度，使其变为全自变量规模报酬递增。

　　"同种物品生产上的非竞争性"在数学模型中的这两种表现最终都提高了其参与的物品生产的全自变量规模报酬程度，由此产生了它对经济增长的"水平效应"和"增长效应"。

　　根据第一章的式（Ⅰ.9.5），没有折旧时第 i 种物品的增长率 $gx_j(t) = x_j^{-1}(t) \cdot z_j[x_j(t)]$，而根据式（Ⅰ.3），则有

$z_j\left[t\cdot x_j\right]=t^r\cdot z_j\cdot\left[x_j\right]$，其中的 r 即为第 j 种物品生产的规模报酬程度。只要我们选取投入最低时的投入向量作式（Ⅰ.3）中的 x_j 就会恒有 $t\geqslant 1$。这时就可以清楚地看到全自变量规模报酬程度 r 提高对经济增长的"水平效应"：它提高了在任何给定资源 $t\cdot x_j$ 下物品 j 的增长率。

根据推论 15、推论 22 和最后一个推论可以推知，当某物品的生产由规模报酬不递增变为全自变量规模报酬递增时，其稳态增长率将变得既高于报酬递减物品的增长率，也高于外生给定的增长率和报酬不变物品的增长率。对各种不同情况下的稳态增长条件的更广泛分析还可以说明，在大多数情况下，某物品生产的全自变量规模报酬程度提高并变为报酬递增都可以提高其稳态增长率，甚至使该物品以致整个经济进入爆炸性增长。这就是全自变量规模报酬程度 r 提高对经济增长的"增长效应"：它提高了某些物品的稳态增长率或永久性地提高了某些物品的增长率。

这样，任何自变量物品在"同种物品生产上的非竞争性"，通过提高其参与的物品生产的全自变量规模报酬程度，不仅对经济增长有"水平效应"，而且对经济增长有"增长效应"。但是"同种物品生产上的非竞争性"在提高经济增长率上的这些作用，都必须通过、也只能通过提高其参与的物品生产的全自变量规模报酬程度。只要在设计总量生产函数时适当规定了各种物品生产的全自变量规模报酬程度，特别是适当地规定了某些物品生产的全自变量规模报酬递增，就足以在经济增长模型中表现出任何自变量物品在"同种物品生产上的非竞争性"的作用。

实际上，本书的全部数量分析都表明：即使所有自变量物品的增长率都内生决定，进入"卡尔多稳态"增长也并不要求任何物品的生产性使用上存在"不同种物品生产之间的非竞争性"和"外部性"。证明这一点的，是本书分析前提中有关一种物品用于各种物品生产上的份额的假定。

在本书的数量分析中，符号 s_{ji} 代表第 i 种自变量物品在整个经济的全部存量中用于生产第 j 种物品的份额。本书全部数量分析的前提之一是式（I.2）所表示的不同物品的生产间"完全不存在非竞争性"：$x_{ji} = s_{ji} \cdot x_i$, $1 \geqslant s_{ji} \geqslant 0$, $\sum_{j=1}^{n} s_{ji} \equiv 1$ 即使 $n > 1$。实际上，式（I.2）中的 $\sum_{j=1}^{n} s_{ji} \equiv 1$ 意味着对任何物品 i 恒有；

$$\sum_{j=1}^{n} s_{ji} \cdot x_{ji} = x_i \qquad （VII.1）$$

这表明任何物品 i 在整个经济中的存量都正好等于它在各种物品生产中起作用的数量之和。

这样一个等式之所以意味着不同物品的生产间"完全不存在非竞争性"，是由于它表示把物品 i 在整个经济中的存量分成 n 个部分，每个部分分别在一种物品的生产中起作用，而且在一种物品生产中起作用的那些物品 i 绝不会在另一种物品的生产中起作用，因而将在各种物品生产中起作用的物品 i 的数量加总起来就正好等于该物品在整个经济中的存量。

如果任何物品 i 在不同物品生产间的使用上存在非竞争性，则在某种物品生产中起作用的那件物品 i 就会在另一种物品的生产中起作用；同一件物品同时在两种以上物品的生产中起作用，就使在每种物品生产中起作用的物品 i 的数量之和大于实际存在并投入这些物品生产中的物品 i 的总量。这样，物品 i

在不同物品生产间的使用上存在非竞争性，意味着 $\sum_{j=1}^{n} s_{ji} > 1$。在非竞争性的极端情况下，甚至可能物品 i 在整个经济中的存量 x_i 都加入了某种物品的生产，同时它或它的某些部分又分别加入其他许多物品的生产。在那种情况下，$\sum_{j=1}^{n} s_{ji}$ 将会是 1 的好多倍。

由于本书的分析前提之一是假定对任何物品 i 都恒有 $\sum_{j=1}^{n} s_{ji} \equiv 1$，本书的全部分析都是在假设不同物品的生产间完全不存在非竞争性和外部性的基础上进行的。在这个基础上，本书已经指出了在哪些条件下一个经济可以进入"卡尔多稳态"增长。这就表明，自变量物品在不同物品生产间的使用上的外部性和非竞争性并非整个经济进入"卡尔多稳态"增长的必要条件，不同物品生产间的非竞争性和外部性并非正的稳态经济增长率高于人口增长率的前提条件。即使所有自变量物品的增长率都内生决定，进入"卡尔多稳态"增长也并不要求任何物品在不同物品生产间的使用上存在"外部性"和"非竞争性"。

我们还可以根据本书所列基本模型，说明在一个严格正则生产函数经济中，自变量物品在不同物品生产间的使用上的非竞争性对经济增长有哪些作用。在谈到这些作用时我们说到"改变"，这种改变总是相对于任何物品在不同物品生产间的使用上都不具有非竞争性时的状况说的。在这种分析中，我们主要利用下面这个数量上的特点：至少对某些物品，在存在不同物品生产间的非竞争性的条件下，份额 s_{ji} 比不存在这种非竞争性的情况下要大。

根据式（I.9.1），在一个严格正则生产函数经济中，任何自变量物品 j 的生产函数都可以表示为 $\dfrac{\mathrm{d}x_j(t)}{\mathrm{d}t} =$
$z_j\left(s_{j1} \bullet x_1, s_{j2} \bullet x_2, \cdots, s_{ji} \bullet x_i, \cdots, s_{jn} \bullet x_n\right)$，而根据式（I.6.2），
最终产品的总产出流量也是一个类似于上式等号右边的函数。

由于至少某些 s_{ji} 在存在不同物品生产间的非竞争性的情况下大
于不存在这种非竞争性的情况时，这种非竞争性的存在会在各
种自变量物品存量给定的条件下增大某些自变量物品的单位时
间增量，从而增加给定时点上某些自变量物品的存量，进而增
加给定时期中最终产品的总产量。用经济增长理论界的术语来
说：自变量物品在不同物品生产间的使用上的非竞争性有"水
平效应"，它增加任一时点上的自变量物品存量和最终产品总
产出的水平，从而会改变稳态增长的路径。

更重要的一个问题是，自变量物品在不同物品生产间的使
用上的非竞争性是否有"增长效应"，它能否改变稳态下的稳
态增长率。对这个问题的回答取决于具体情况。

如果有一种外生给定的增长率而其他物品的生产都全自变
量规模报酬不变，则自变量物品在不同物品生产间的使用上的
非竞争性不会有增长效应，不可能影响任何物品在稳态增长路
径上的稳态增长率。根据第二章的命题 6，如果有一种外生给
定的增长率而其他物品的生产都全自变量规模报酬不变，则任
何物品的稳态增长率都只能等于那种外生给定的增长率。在这
种情况下，自变量物品在不同物品生产间的使用上的非竞争性
并不能改变任何物品的稳态增长率。

在其他情况下，问题就要复杂得多。根据式（I.10.3），
第 j 种物品的稳态增长率应当满足条件 $gx_j^* = \displaystyle\sum_{i=1}^{n} \alpha_{ji} \bullet gx_i^*$，

而且要同时为 n 种物品满足这样的 n 个方程；与此同时，任何物品在严格正则生产函数经济中的稳态增长率当然必须满足增长率的一般决定式（I.9.5） $gx_j(t) = \dfrac{\dfrac{\mathrm{d}x_j(t)}{\mathrm{d}t}}{x_j(t)} = x_j^{-1}(t) \cdot z_j\left(s_{j1} \cdot x_1, s_{j2} \cdot x_2, \cdots, s_{ji} \cdot x_i, \cdots, s_{jn} \cdot x_n\right)$；而根据式（I.3.2），式（I.10.3）中的 $\alpha_{ji} = \dfrac{\partial z_j}{\partial\left(x_{ji}\right)} \cdot x_{ji} \cdot z_j^{-1} = \dfrac{\partial z_j}{\partial\left(x_i\right)} \cdot x_i \cdot z_j^{-1}$。

本书的分析表明，在外生给定增长率不超过一个的条件下，我们可以为整个经济选定一个"基准物品"，在有外生给定增长率时，增长率外生给定的那种物品自然就是"基准物品"。基准物品的稳态增长率与其他物品的稳态增长率之间的比例关系，就是由 $n-1$ 个式（I.11.3）那样的方程组成的联立方程组决定的，在其中系数 α_{ji} 当然起决定作用。

第一章式（I.10.4）中的联立方程组表明，如果所有的系数 α_{ji} 都已经给定，则各种不同物品的稳态增长率之间将有完全确定的数量关系。在这种情况下，如果有外生给定的增长率，则其他物品的稳态增长率也就随之确定，其依据就是外生给定增长率与其他物品之间完全确定的数量关系。而如果没有外生给定的增长率，则即使所有的系数 α_{ji} 都已经给定，各种不同物品的稳态增长率之间将有完全确定的数量关系，也无法确定任何一种物品稳态增长率的具体数值。在这种情况下，稳态增长率的具体数值只能根据整个经济进入稳态增长时各种物品的存量及其生产函数而历史地确定。

由此看来，自变量物品在不同物品生产间的使用上的非竞争性可能通过两个途径产生"增长效应"，改变稳态增长路径上的稳态增长率：

第一个途径是，在某些严格正则生产函数下系数 α_{ji} 可能随着各种自变量物品 x_i 数量的变化而变化。如果有一些物品具有这样的生产函数，自变量物品在不同物品生产间的使用上的非竞争性就可能通过改变进入稳态增长时的自变量物品存量（它的"水平效应"）而改变某些系数 α_{ji}，由此而至少改变某些物品的稳态增长率。在这种情况下，即使有外生给定的增长率，自变量物品在不同物品生产间的使用上的非竞争性也可能产生"增长效应"。

当然，如果整个经济中所有物品的生产函数都能保证系数 α_{ji} 不会随着各种自变量物品 x_i 数量的变化而变化（在"柯布—道格拉斯经济"中就是如此），自变量物品在不同物品生产间的使用上的非竞争性就不可能通过这个途径产生"增长效应"。在这种情况下，只要有外生给定的增长率，每种特定物品的稳态增长率就都不会受自变量物品在不同物品生产间的使用上是否具有竞争性的影响，因为它们都是由外生给定增长率通过同样的确定的数量关系决定的。

自变量物品在不同物品生产间的使用上的非竞争性产生"增长效应"的第二个途径是，在没有外生给定增长率时，它可能通过其"水平效应"改变进入稳态增长时的自变量物品存量，由此改变整个经济进入稳态增长时各种不同物品的稳态增长率，从而决定了不同于没有这种非竞争性时的稳态增长率。

参考文献

1. Barro, Robert J, Becker, Gary S. Fertility Choice in a Model of Economic Growth[J]. Econometrica, 1989, 57(2): 481−501.

2. Cass, David.Optimum Growth in an Aggregative Model of Capital Accumulation[J]. Review of Economic Studies, 1965, 32(7): 233−240.

3. Kaldor, Nicholas. Capital Accumulation and Economic Growth[M]. New York: St. Martin's Press, 1961: 177−222.

4. Lucas, Robert E, Jr. On the Mechanics of Economic Development[J]. Journal of Monetary Economics, 1988, 22(7): 3−42.

5. Mankiw, N Gregory, Romer, David, Weil, David N.A Contribution to the Empirics of Economic Growth[J]. Quarterly Journal of Economics, 1992, 107(5): 407−437.

6. Ramsey, F P. A Mathematical Theory of Saving[J]. Economic Journal, 1928, 38(12): 543−559.

7. Romer, David. Advanced Macroeconomics[M]. The McGraw−Hill Companies, Inc. 1996. 戴维·罗默. 高级宏观经济学 [M]. 北京 : 商务印书馆 , 1999.

8. Romer, Paul M.Increasing Returns and Long−Run Growth[J]. Journal of Political Economy, 1986, 94(5).

参
考
文
献

9.Romer, Paul M.Endogenous Technological Change[J]. Journal of Political Economy, 1990, 98(10): S71−S102.

10. Solow, R. M. A Contribution to the Theory of Economic Growth[J]. Quarterly Journal of Economics, 1956, 70: 65−94.

内
生
稳
态
增
长
模
型
的
生
产
结
构